Kurt Tepperwein

# Du machst mich krank

Kurt Tepperwein

# Du machst mich krank

Die Sprache der Symptome erkennen und verstehen

Warum viele Beziehungen so ungesund sind

mvg Verlag

**Bibliografische Information der Deutschen Bibliothek**
Die Deutsche Bibliothek verzeichnet diese Publikation in der Deutschen Nationalbibliografie; detaillierte bibliografische Daten sind im Internet über http://dnb.ddb.de abrufbar.

**Unsere Web-Adresse:**
http://www.mvg-verlag.de

5. Auflage Januar 2005 (Sonderaktion)
Dieser Titel ist auch unter der ISBN 3-478-08391-5 erhältlich



Umschlaggestaltung: Felix Weinold, Schwabmünchen
Satz: Redline, D. Ott
Druck- und Bindearbeiten: Ebner & Spiegel, Ulm
Printed in Germany 07022/120401
ISBN 3-636-07022-3

# Inhalt

# Vorwort

In meiner Praxis konnte ich immer wieder erleben, dass Partnerschaften scheiterten, bevor sie richtig begonnen hatten. Die Chance zur Entwicklung wurde nicht erkannt, weil jeder nur Bequemlichkeit suchte. Solange ich aber etwas nicht haben will, etwas nicht erleben will, werde ich immer wieder damit konfrontiert, sei es durch den Partner, durch andere Beziehungen oder die Lebensumstände. Das Ziel der Evolution ist nicht Bequemlichkeit, sondern Fortschritt und Bewusstseinserweiterung, um ein „Wir-Bewusstsein" zu entwickeln. Jeder Widerstand zieht die abgelehnte Erfahrung in mein Leben. Mein Partner ist also niemals die Ursache für mein Problem. Ich bin die Ursache – mein Partner bringt es nur zum Vorschein. Scheinbar macht mich der andere krank, aber in Wirklichkeit ist es mein Widerstand, der mich krank macht. Mein Partner macht mich gesund, indem er mir die Chance gibt, den Widerstand aufzulösen.

Vor allem aber hilft mir der Partner, zur wirklichen Liebe zu finden und damit mein wahres Wesen zu erkennen. Partnerschaft ist nicht der einzige Weg zu diesem Ziel, aber es ist ein sehr direkter, der obendrein sehr schön sein kann. Wie effektiv er ist, hängt allein von unseren Offenheit und Bereitschaft ab, sich ganz darauf einzulassen. Indem wir uns dieses bewusst machen, erkennen wir die große Chance jeder Beziehung und die scheinbare Schwierigkeit als Möglichkeit, uns selbst wieder einen Schritt näher zu kommen.

Partnerschaft ist ein Weg, auf den man sich gemeinsam begibt, um bei sich selbst anzukommen. Es ist mir eine Freude, Ihnen mit diesem Buch einen Ratgeber an die Hand geben zu können, der Ihnen in allen Beziehungskrisen weiterhelfen kann.

# Dank

Ganz besonders möchte ich an dieser Stelle meinem Freund und Co-Autor, Karsten Grimberg, danken, der mit seinem einfühlsamen Wesen und seinem medizinischen Wissen viel dazu beigetragen hat, dieses Buch zu dem zu machen, was es nun sein kann: ein Helfer in einer schwierigen Beziehungssituation.

*Kurt Tepperwein*

# Teil I

## 1. Einleitung

Beziehungen haben in unserem Leben eine zentrale Bedeutung. Nur wenige ziehen das Alleinsein vor, nicht selten, um den unangenehmen Seiten einer Partnerschaft aus dem Weg zu gehen. Diese manchmal schwierigen Phasen bleiben in keiner Beziehung aus und dies beschränkt sich nicht nur auf die Partnerschaft. Ob mit Kollegen oder im Sportverein – überall gibt es immer wieder Reibungspunkte.

Wie groß der Einfluss solcher Auseinandersetzungen auf unsere Stimmung ist, weiß wohl so ziemlich jeder. Aber auch unser Körper bleibt von diesen Einflüssen nicht verschont. Die Weisheit unserer Sprache bringt dieses sehr deutlich zum Ausdruck. „Du brichst mir das Herz ... Du nimmst mir die Luft zum Atmen“, „Du gehst mir auf die Nerven“ sind nur einige Beispiele, die auf diesen Zusammenhang hinweisen.

Was aber steht in Wahrheit hinter diesen Geschehnissen? Wie sind die wirklichen Zusammenhänge zwischen unseren Beziehungen und unserer Gesundheit?

Diesen Fragen werden wir in diesem Buch nachgehen und erkennen, dass wir selbst den Schlüssel in der Hand halten.

Vor allem soll dieses Buch aber als praktischer und unkomplizierter Ratgeber dienen. Aus diesem Grunde besteht es zum größten Teil aus drei Registern, die ein einfaches Nachschlagen ermöglichen.

# Zum Umgang mit diesem Buch

Im ersten Teil dieses Buches gehen wir auf die Bedeutung von Beziehungen ein, um die gesundheitlichen Zusammenhänge und den Sinn einer Begegnung zu verstehen. Dies führt zu einem universalen Schlüssel, den wir in jeder Lebenskrise erfolgreich anwenden können.

Der zweite Teil des Buches ist in erster Linie als Nachschlagewerk gedacht und gliedert sich in drei Registerteile.

Im *Register 1* werden typische Beziehungsprobleme beleuchtet und Hintergründe und Lösungswege aufgezeigt.

Die möglichen gesundheitlichen Folgen können Sie im *Register 2* nachschlagen. Hier sind den jeweiligen, scheinbar negativen Gemütszuständen, die jede Krise begleiten, die möglichen körperlichen Folgen zugeordnet.

*Register 3* geht auf die Ursachen und die Bedeutung der Krankheitsbilder ein und zeigt auf, was zu tun ist.

Suchen Sie also im Inhaltsverzeichnis zum jeweiligen Register nach der problematischen Beziehungsphase, nach dem Gefühl oder nach dem Krankheitsbild, dass Sie gerade interessiert.

Jede Auseinandersetzung ist einzigartig und hat ihre Eigenheiten. Sie besteht aus vielen einzelnen Komponenten, von denen jede eine wichtige Botschaft enthält. In diesem Buch kann verständlicherweise nicht auf alle Besonderheiten eingegangen werden und das ist auch nicht der Sinn. Dieses Buch kann Ihnen nur einen Ansatz für Ihre individuelle Problemlösung anbieten. Dafür gibt es Ihnen aber den Schlüssel an die Hand, mit dem Sie Ihre Probleme selbst lösen können. Die Beispiele im zweiten Teil von: „Du machst mich krank!“ sollen Ihnen einen Rahmen bieten, aber vor allem Ihre Fähigkeit entwickeln, die Botschaften, die in allen Erscheinungen und Abläufen enthalten sind, selbst zu erkennen und richtig zu deuten.

# 2. Lernfeld Partnerschaft

## Allgemeines

„Hat Partnerschaft einen Sinn?“ Das ist die Frage, über die sich schon viele Philosophen den Kopf zerbrochen haben. Selbst wenn man die Frage mit „Ja“ beantwortet, schließt sich dem sofort die nächste Frage an: „Welchen Sinn?“

Wie immer im Leben ist die Beantwortung jeder Frage abhängig vom eigenen Standpunkt.

Zum Beispiel hat – rein materialistisch gesehen – Partnerschaft auf jeden Fall einen Sinn. Früher war das ein wesentlicher Grund für das Zusammenleben zweier Menschen. Heute hat das nicht mehr diese Bedeutung, zeigt sich aber z. B. auch noch in dem steuerlichen Vorteil der Ehe.

Von einer anderen Ebene aus betrachtet, erscheint Partnerschaft sehr bereichernd und damit ebenso sinnvoll. Gibt sie doch Geborgenheit, Zärtlichkeit, Vertrauen – Dinge, die uns sehr am Herzen liegen und uns sehr gut tun.

Im Rahmen dieses Buches beleuchten wir die Frage: „Hat Partnerschaft einen Sinn?“ in einem größeren Kontext. Von diesem Standpunkt aus wird sie nicht alleine für sich betrachtet, sondern in Bezug auf die dahinter stehende Frage: „Hat das Leben einen Sinn?“ Auch diese Frage kann man natürlich von verschiedenen Seiten betrachten. Im Folgenden werden wir das aus der menschlichen Perspektive tun und versuchen, dabei einen gemeinsamen Nenner zu finden.

Fangen wir doch gleich mit einem der einfachsten gemeinsamen Nenner aller Menschen an. An dieser Stelle wage ich zu behaupten, dass jeder Mensch das Bestreben hat, glücklich zu sein oder es zu werden. Manche würden stattdessen vielleicht lieber einen anderen Begriff wählen, wie zum Beispiel Zufriedenheit, Freude, Glückseligkeit etc. Gemeint ist ein Ausdruck für die Sehnsucht, die jeder in sich fühlen kann, wie immer er sie bezeichnen will.

Mit der Ausrichtung, glücklich zu sein oder zu werden, denkt und handelt jeder in dem Rahmen und mit den Möglichkeiten, die ihm zur Verfügung stehen. So schafft er sich Dinge in seinem Leben, von denen er glaubt, dass sie ihn glücklich machen, und vermeidet die Dinge, von denen er glaubt, dass sie ihn nicht glücklich machen. Die Handlungen können dabei sehr unterschiedlich sein. Die einen raffen sich auf, arbeiten viel oder begeben sich in Askese, um dadurch den ersehnten Zustand zu erreichen. Andere sind davon überzeugt, dass Anstrengung sie nicht dahin führen wird, und versuchen, nur das zu tun, was keine Mühe macht, ihnen leicht fällt und nicht wehtut. Manche resignieren, glauben nicht oder nicht mehr, dass sie zu ihrem Glück aktiv beitragen können. Sie warten darauf, dass etwas geschieht, sind unglücklich und fühlen sich als Opfer.

Vom Standpunkt des Menschen betrachtet (und das ist der einzige Standpunkt, der für dieses Buch interessant ist, denn wir sind Menschen), ist der Sinn des Lebens also, glücklich zu sein.

Jede Kraft, jede Aktivität des Menschen wächst letztendlich aus dieser Sehnsucht heraus. Alle Religionen, alle Philosophien versuchen einen Weg aufzuzeigen, an dessen Ende die Erfüllung dieser Sehnsucht steht. Auch wenn es dann nicht mehr als „glücklich sein“ bezeichnet wird, sondern viele andere Namen hat wie Vollkommenheit, Einheit, Gott, Nirvana etc. Das sind Begriffe, die von denjenigen gewählt wurden, die dieses Ziel erreicht hatten und versuchten, diesen Zustand zu beschreiben. Womit sie uns auch alle ganz deutlich zu verstehen geben wollten, dass man diese Begriffe nur verstehen kann, wenn man den Zustand erreicht hat. Leider haben das viele Menschen missverstanden und diskutieren noch heute über Gott, Einheit, Nirvana etc.

Halten wir uns also an das, wozu wir einen Bezug in uns finden können, was wir fühlen können, und nicht an etwas, was rein theoretisch ist und uns nur von uns selbst entfernt. Was uns aber alle Philosophien und Religionen sagen, ist, dass wir am Ende, wann immer das sein wird, alle unser Ziel erreichen können und werden. Leider haben sich in Bezug auf die Sicherheit des Erreichens in manchen Religionen und Glaubensrichtungen Veränderungen eingeschlichen, die an das Erreichen des erwünschten Zieles Bedingungen knüpfen. Erfüllt man diese, wird man glücklich. Falls nicht, kommt man in die Hölle oder so ähnlich. Die Bedingungen veränderten sich im Laufe der Zeit und passten sich den gegebenen Umständen und vor allem den Bedürfnissen an.

In dieser gemeinsamen Aussage, in dem Vertrauen und der Zuversicht, dass wir alle das Ziel unserer Sehnsucht erreichen werden, liegen die große Kraft und das große Geschenk aller Philosophien, Religionen, Glaubensrichtungen etc. Sie stärkt unsere Sehnsucht, unser Vertrauen und treibt unsere Suche damit an. Es ist eine wichtige Komponente, die unser Voranschreiten auf dem Weg zum Glück fördert.

Wie verheerend die oben erwähnten Veränderungen in manchen Religionen und Glaubensrichtungen wirklich sind, wird dadurch deutlich: Durch das geschickte Einfügen von Bedingungen wurde dem Menschen suggeriert, dass er etwas falsch machen könnte. Diese Möglichkeit lässt ihn in seinem Voranschreiten zögern, denn er will ja nichts dem Erreichen seiner Sehnsucht in den Weg stellen. Das Ziel ist ihm zu wichtig, um einen Fehler zu riskieren, der ihn dann nachher in der Hölle schmoren lässt, anstatt glücklich zu sein. Bevor er also einen falschen Schritt macht,

macht er lieber gar keinen und versucht währenddessen, Sicherheit und Klarheit darüber zu finden, wie der nächste Schritt sein muss. Zweifel, Zögern, Resignation und Stillstand sind die Folgen. Das Problem ist nur, dass er es theoretisch nie herausfinden wird. So dreht er sich im Kreis und sucht überall nach Antworten auf seine Fragen, um dann letztendlich wieder auf sich selbst zurückgeworfen in sich selbst nach den Antworten zu suchen.

Wie immer also das Ziel nachher aussehen mag und wie man es bezeichnen will, ist doch ganz gleichgültig, wenn wir nur unsere Sehnsucht erfüllt fühlen. Das ist alles, was wir wollen, und nur das kann ein für uns sinnvolles Leben sein.

Wenn also Partnerschaft einen Sinn hat und dieser nicht konträr zum Sinn des Lebens stehen soll, dann kann er nur darin liegen, dem Menschen zu seinem Glück zu verhelfen. Aber was ist das Glück des Menschen? Was bedeutet die Erfüllung seiner Sehnsucht?

Wie wir schon festgestellt haben, gibt es für diese Fragen keine befriedigende und nützliche Antwort, weil wir sie nicht verstehen können, solange wir das Ziel nicht erreicht haben. Warum interessiert uns diese Frage also so sehr? Ist es der Zweifel, ob es wirklich so ist, wie wir es uns ersehnen? Teilweise ja, obwohl es uns ja alle bestätigen, die dieses Ziel jemals erreicht haben, und damit unser Vertrauen stärken. Doch was wir uns vor allem von der Antwort erhoffen, ist eine Wegbeschreibung zu unserem Ziel, dem Glück. Eine klare Aussage darüber, was wir tun und was wir lassen sollen. Dahinter steht eigentlich die Angst, den falschen Weg zu gehen, in eine Sackgasse zu geraten oder einen unnötigen Umweg zu machen, also etwas falsch zu machen.

Ähnlich wie mit dem Ziel, so ist es auch mit dem Weg dorthin. Wir verstehen nicht richtig, was mit den vielen weisen Ratschlägen gemeint ist. Wir können es auch nicht verstehen, da wir den Weg noch nicht gegangen sind. Erst wenn wir den Weg gegangen sind, werden wir es verstehen. Wir haben zu diesen vielen Ratschlägen genauso wenig Bezug wie zu den Begriffen, die das Ziel beschreiben (Gott, Einheit ...). Wir fühlen es nicht in uns.

Also gehen wir wieder zurück zu uns selbst. Horchen wir in uns selbst hinein. Wenn wir in uns eine Sehnsucht fühlen, dann muss es auch einen findbaren Weg in uns geben. Genau dieses sagen übrigens auch alle Philosophien und Religionen. Ich kann diesen Weg natürlich auch negieren, wenn ich ihn nicht sehen will, aber er ist in mir. Schauen wir also mal hin, was in uns ist. Das eine ist unsere Sehnsucht, ein Gefühl von dem, was ich will. Das andere sind Gefühle wie Hunger, Müdigkeit, Lust, irgendetwas zu tun, Ärger usw.

Nun fragen sich viele – und vielleicht auch einige, die schon so viel und so lange nach innen geschaut haben –, wo denn da ein erkennbarer Weg sein soll. Das ist genau der Weg! Es geht nur darum, das zu fühlen und anzunehmen, was in uns ist. Ob das nun unsere Gedanken sind, ob das Ärger, Freude, Wut oder Dankbarkeit sind. Egal was gerade da ist, es will nur wahrgenommen und gefühlt werden. Das ist alles! Wir haben uns als freie Wesen, die wir sind, entschieden, etwas Bestimmtes zu erleben, was uns nicht unbedingt bewusst sein muss. Haben wir es erlebt, gefühlt, dann hat sich der Zweck, warum wir es erschaffen haben, erfüllt. Wir entscheiden uns neu, was wir nun erleben wollen, womit der Kreislauf von vorne beginnt. Es ist ein Spiel.

Wollen wir nun etwas nicht mehr erleben, weil wir vielleicht den Standpunkt geändert haben, unsere Meinung geändert haben, dann leisten wir Widerstand und wehren uns gegen die gegebenen Verhältnisse. Wir sind nicht mehr im Fluss des Lebens. Das ist die Ursache allen Leids: Wir weigern uns zu erleben, was wir uns selbst ausgesucht haben. Doch bevor ich es nicht erlebt, gefühlt habe, kann es sich nicht auflösen. Es begleitet uns und drängt sich immer wieder in den Vordergrund, um seine ursprünglichen Absichten zu erfüllen.

Indem ich alles annehme, was gerade da ist, und es bereitwillig erlebe, lösen sich alle diese Verstrickungen auf. Das ist damit gemeint, wenn es heißt: „Seid ehrlich", und genau das ist damit gemeint, wenn es heißt: „Die Wahrheit wird euch frei machen." Das, was wirklich ist, ist die Wahrheit. Und das, was ich in mir wahrnehme, ist wirklich da und will nur gefühlt werden. Die Wahrheit ist immer einfach. Es gibt nichts Besonderes zu tun. Das ist der Weg zur Erfüllung unserer Sehnsucht. Was trennt uns davon?

Vieles, was in uns ist, wollen wir nicht fühlen. Wir wollen nicht, dass so etwas in uns ist, verleugnen Hass, Aggressionen, Intoleranz, aber auch Macht, Kraft u. a. Unsere Vorstellungen, wie wir sein sollen, was gut und schlecht ist, wie wir sein möchten bzw. auf keinen Fall sein möchten, bestimmen, was wir in uns annehmen bzw. nicht haben wollen und verleugnen.
Wir tragen aber alle Eigenschaften in uns und solange wir bewerten, also aussortieren, was wir haben wollen und was nicht, verdrängen wir einen Teil. Und dieses Verdrängen ist anstrengend und verursacht, dass wir leiden.

Das Potenzial zur Erfüllung unserer Sehnsucht tragen wir in uns. Wenn wir aber nur einen Teil von uns annehmen, dann nehmen wir auch nur einen Teil unseres Glücks an. Es geht darum, alles anzuerkennen, was in mir ist. Genau das drückt sich in der einen immer wieder auftauchenden Frage aus: „Wer bin ich wirklich?" Hinter dieser Frage steht nichts anderes als die Suche nach mir selbst, nach dem Teil, der mir unbewusst ist, den ich verdränge und nicht sehen will.

So suchen wir überall nach der Antwort auf diese alles entscheidende Frage und erkennen nicht, dass das Leben selbst der ideale Lehrer ist. Im Außen können wir wunderbar erkennen, welche Teile wir von uns ablehnen und was wir angenommen haben. Alles, was wir bei anderen ablehnen, nicht gut finden, zeigt uns, was wir bei uns selbst nicht gut finden und dementsprechend auch nicht sehen wollen. Bei anderen Menschen schauen wir ungehemmt auf diese Dinge, weil wir glauben, dass es nichts mit uns zu tun hat. Ein schöner Irrtum!

Jeder kennt das aus seinem Leben, dass er manchmal von Situationen genervt ist, die ihn zu einem anderen Zeitpunkt völlig gleichgültig lassen. Früher haben uns manche Eigenschaften, Verhaltensweisen etc. gestört, die uns heute überhaupt gar keine Probleme mehr machen. Dieses zeigt doch offensichtlich, dass es an uns liegt, wie bestimmte Dinge im Außen oder Eigenschaften von Menschen auf uns wirken. Der andere, unser Gegenüber, ist dabei nur der Auslöser.

Bemerkenswert ist dabei auch, dass wir Eigenschaften teilweise gar nicht mehr wahrnehmen, wenn sie uns nicht mehr stören, bzw. manche uns erst später anfangen zu nerven, obwohl sie schon immer da waren: ein weiteres Zeichen dafür, dass die Ursache für die Wirkung, die andere Menschen auf uns haben, offensichtlich in uns liegt.

Bei genauerer und ehrlicher Betrachtung können wir auch den Zusammenhang erkennen, warum wir manchmal mit unseren Mitmenschen nicht klarkommen. Gesund lebende Menschen, vielleicht sogar fanatisch in unseren Augen, stören uns nur dann, wenn sie ein schlechtes Gewissen in uns auslösen oder uns an unseren eigenen Fanatismus erinnern. Ansonsten würden wir sie genauso wenig beachten wie die völlig ungesund lebenden Menschen. Dass viele sich an Menschen stören, die keinen besonderen Wert auf ihr Äußeres legen, liegt doch meistens daran, dass ihre eigene Eitelkeit ein solches Verhalten gar nicht zulassen würde. Warum ärgert es manchen, wenn jemand ganz ungeniert sagt, was er denkt? Doch nur weil er sich selbst nicht traut zu sagen, was er denkt.

Letztendlich zeigt uns unser Gegenüber nur, was eigentlich mit uns los ist. Die Aggression gegen andere richtet sich immer gegen uns selbst. Intoleranz, Hass, Wut usw. gelten immer nur uns selbst. Dass ein solches Verhalten, mit dem wir uns ja im Allgemeinen nicht wohl fühlen, früher oder später auch zu körperlichen Krankheitssymptomen führt, ist inzwischen schon weithin bekannt und angenommen.

Eigenschaften, die wir bei uns selbst angenommen haben, stören uns auch nicht mehr bei anderen. Jemand, der seine eigene Unzuverlässigkeit kennt und angenommen hat, der kann sie auch bei seinem Nächsten akzeptieren.

Es gibt allerdings auch eine Kehrseite dieser Medaille, die leider selten erwähnt wird. Sie funktioniert nach dem gleichen Prinzip. Unsere Umwelt spiegelt uns nicht nur die eine Seite unseres Seins wider, die, die wir als unangenehm bezeichnen, sondern alle Seiten unseres Seins. In unserem Unbewussten befinden sich nicht nur die Eigenschaften und Fähigkeiten, die wir mit unserer derzeitigen Einstellung lieber nicht haben wollen, sondern auch die Eigenschaften und Fähigkeiten, die wir als äußerst positiv bezeichnen würden. Wir sind von Menschen begeistert und sagen, dass wir sie lieben, wenn sie aus unserer Sicht besondere Eigenschaften oder Gaben haben. Wir versuchen, in ihrer Nähe zu sein, vielleicht sogar uns an sie zu klammern und sie an uns zu binden, nur um dieses Potenzial zu haben. Wir nennen es zwar häufig Liebe, aber ehrlich betrachtet ist es wohl meistens Neid. Leider haben wir Schwierigkeiten, diese Eigenschaften, auf die wir neidisch sind, auch als unser eigenes Potenzial anzuerkennen. Wir glauben nicht, dass sie auch zu uns gehören, dass wir ein solches Potenzial in uns tragen, dass wir es verdient haben und wir dieses tatsächlich in unser bewusstes Leben integrieren können.

Ob wir das glauben oder nicht, unsere Welt spiegelt unser ganzes Sein wider. Wenn wir Menschen wunderbar finden, ihre Eigenarten und Charakterzüge lieben, dann ist das nur ein Spiegel unseres eigenen Seins, auch wenn wir es nicht wahrhaben wollen. Wir tragen alles in uns, ob „negativ“ oder „positiv“, ob bewusst oder unbewusst.

Jede Bewertung ist ein Zeichen, dass ich einen Teil von mir noch nicht angenommen habe. Widerstand, Ablehnung, Kritik richten sich immer gegen mich selbst. Jedes „Habenwollen“, jedes Brauchen ist ein Nicht-Anerkennen meiner eigenen Fähigkeiten. So ist das Außen nur ein Spiegel meines Seins. Es zeigt mir, wo ich noch nicht „ganz“ bin, und hilft mir, „ganz“ zu werden. Das ist damit gemeint, wenn es heißt, „eins zu werden“ mit allem. Dann habe ich mein ganzes Sein angenommen und mein Potenzial verwirklicht. Meine Sehnsucht ist erfüllt: Ich bin glücklich!

Jedes Miteinander hilft uns also zu erkennen, was wir noch nicht als einen Teil von uns angenommen haben. Das ist die Absicht, die hinter jedem anderen Zweck von Partnerschaft steht: zu erkennen, wer wir wirklich sind.

Nun neigen wir ja leicht dazu, allem Unangenehmen aus dem Weg zu gehen, weshalb wir viele Menschen meiden. Damit nehmen wir uns natürlich selbst die Möglichkeit, an ihnen zu wachsen. Wir gehen davon aus, dass der andere tatsächlich für unser Wohlbefinden bzw. Nicht-Wohlbefinden verantwortlich ist. Dabei sind wir es, die mit der Art, dem Handeln, dem Ausdruck usw. des anderen nicht zurechtkommen. Uns stört etwas, wir halten etwas für falsch, unrichtig und böse, uns passt etwas nicht.
Viele Menschen aber haben diese Tatsache noch nicht erkannt und projizieren das, was in ihnen ist, nach außen, auf andere Menschen: „Du hast mich verletzt!“, „Du hast mich enttäuscht und betrogen! … . Du bist schuld! … . Du machst mich glücklich!“ Manchmal auch in einer anderen Form: „Ich muss aufpassen, dass ich nicht verletzt, betrogen, enttäuscht usw. werde!“ Diese Menschen fühlen sich als Opfer, abhängig davon, wem sie

nun gerade begegnet sind bzw. ob sie das „Glück" haben, den richtigen Partner bzw. die richtige Partnerin zu treffen. Dabei sind wir es, die die entsprechenden Beziehungen und Partnerschaften anziehen. Und deshalb ist es auch immer der „richtige Mensch", der uns begegnet. Ob nun als Partner, Kollege, Freund oder Feind, immer haben wir uns diesen Menschen ausgesucht, damit er uns etwas zeigt, uns hilft, uns weiter zu „entwickeln", damit mehr von uns an die Oberfläche kommt, damit wir mehr und mehr erkennen, wer wir wirklich sind.

Das ist der Sinn unseres Daseins, das ist das, was wir eigentlich wollen: erkennen und sein, was wir wirklich sind.

Die Instanz in uns, die sich dessen bewusst ist, lässt uns die Menschen und Partner treffen und aussuchen, die diesem Ziel am effektivsten dienen. Diese Instanz kennt auch kein „gut und böse" oder „richtig und falsch"; sie sieht die Dinge so, wie sie sind, ohne unser so genanntes „Schubladensystem". Und genau das will sie uns auch erkennen lassen, damit wir nicht mehr irgendwelche Dinge ablehnen, die ja letztlich unsere eigenen sind. Mit diesem Widerstand behindern wir unsere Entwicklung. Genau genommen stimmt das eigentlich nicht, denn Entwicklung geschieht in jedem Fall. Die Instanz in uns, unser höheres Selbst, bewertet nicht und sortiert nicht aus. Unsere Entwicklung können wir nicht behindern. Das Einzige, was geschieht, ist, dass wir es als leidvoll empfinden, weil wir es nicht haben wollen, es bewerten und Widerstand leisten. Das ist der Grund allen Leids. Würden wir die Situationen bereitwillig erleben, unseren Widerstand aufgeben, dann würden auch wir erkennen, dass es kein „gut und böse", „richtig und falsch" gibt. Wir würden eins werden mit diesem höheren Bewusstseinszustand, der eben nicht mehr bewertet und der offensichtlich mehr Fähigkeiten besitzt und größeren Einfluss auf die Gestaltung unserer Außenwelt hat als wir.

Dieser Übergang ist natürlich ein fließender und jeder von uns befindet sich irgendwo auf dem Weg dorthin. Je weiter wir gekommen sind, desto gelassener können wir auf die so genannten äußeren Umstände reagieren, umso angstfreier sind wir und desto größer ist unsere Fähigkeit entwickelt, Einfluss auf die Gestaltung unserer Außenwelt zu nehmen. Wir sind tatsächlich die Schöpfer und werden jetzt mehr und mehr zu dem bewussten Schöpfer unserer Welt.

Wenn man diese Zusammenhänge betrachtet, dann zeigt sich die bedeutende Rolle der Partnerschaft für unsere Entwicklung. Sie beginnt mit dem Verliebtsein, einer Phase, in der wir den anderen nur von der besten Seite sehen und nichts da ist, was uns von ihm abstößt. In dieser Zeit entstehen Nähe und Vertrautheit.

Erst langsam beginnen wir dann auch Eigenschaften wahrzunehmen, die wir nicht so sehr mögen. Die Verbindung ist aber inzwischen so stark geworden, dass sie dadurch nicht auseinander geht. Wir setzen uns also nun mit etwas Unangenehmen auseinander, dem wir sonst aus dem Weg gehen würden. Je größer die Vertrautheit wird, desto mehr Konfrontation können wir aushalten. Das ist der große Wert der Partnerschaft. Durch ihre Bedeutung im Leben des Menschen ist sie für vieles die intensivste Lehre.

## Kommunikation

Eine Partnerschaft und Ehe sind nicht unbedingt gut, wenn es in ihnen keine Probleme und Streitereien gibt – auch wenn das bei vielen Menschen immer noch das angestrebte Ziel ist. Mit anderen Worten bzw. in der Konsequenz heißt das dann, dass Beziehungen, in denen eben Streit und Probleme vorkommen, nicht gut sind. Diese Einstellungen deuten aber eher auf eine konfliktscheue Gesellschaft hin.

Es geht nicht darum, Situationen, Streit oder Probleme zu vermeiden, sondern vielmehr darum, einen entsprechenden Umgang mit diesen zu finden. Unser Leben ist ständigen Veränderungen unterworfen, davon wird auch eine Partnerschaft nicht verschont. Da bleibt es nicht aus, dass wir mit Situationen konfrontiert werden, die neu für uns sind, mit denen wir im ersten Moment nicht umzugehen wissen. Diese nicht sehen zu wollen, weil es dann vielleicht zu Streit und Problemen kommt, ist keine Lösung und führt nur zur Verdrängung und zu Verstrickungen. Daraus folgen dann früher oder später scheinbar unüberwindbare Konflikte, vor denen die Partner dann weglaufen und lieber die Beziehung beenden, als sich dieser Situation zu stellen. Sie fühlen sich tatsächlich überfordert und das alles nur, weil sie die Auseinandersetzung scheuen. Der Sinn einer Partnerschaft ist nicht, sich mit Hilfe des anderen ein schönes, bequemes, konfliktfreies Leben zu machen, sondern aneinander zu wachsen und gerade die Verschiedenheiten, die meistens auch die Ursachen für Probleme sind, zu nutzen, um sich zu entwickeln.

Voraussetzung dafür ist das Miteinander-Kommunizieren, ein nie endendes Sich-Mitteilen und gegenseitiges Austauschen. Kinder tun das wie selbstverständlich, wenn sie nicht schon durch Umfeld und Erziehung darin eingeschränkt wurden. Sie machen deutlich, wenn ihnen etwas nicht passt, fragen, wenn sie etwas wissen wollen, und teilen uns alles mit, was sie bewegt und ihnen wichtig ist. Die meisten Erwachsenen haben das verlernt. Die Gründe dafür sind vielfältig, doch hauptsächlich liegen sie in der Angst vor Konflikten. Sie haben Angst vor Ablehnung und möglichem Verlust. Dabei ist genau dies letztendlich die Folge ihres Verhaltens. Sich nicht zeigen zu können kommt einer Ablehnung nahezu gleich und die Entfremdung, die im Laufe der Zeit durch

mangelnden Austausch entsteht, unterscheidet sich nur äußerlich von einer Trennung.
Mit der Bereitschaft, wirklich im ständigen Austausch miteinander zu leben, sind die Spielregeln der Kommunikation ein Leichtes. Zuerst einmal sollten sich beide bewusst sein, dass alle eigenen Gedanken und Gefühle nur Gedanken und Gefühle sind. Sie sind weder gut noch böse, weder richtig noch falsch. Das Gleiche gilt natürlich auch für die Gedanken und Gefühle des Partners. Jeder Mensch hat seinen eigenen, einzigartigen Standpunkt. Vor dem Hintergrund, dass die Partnerschaft letztendlich ein Hilfsmittel der eigenen Entwicklung ist und dass alle Lebensumstände, einschließlich die des Partners, nur unser eigenes Sein widerspiegeln, können wir jegliche Kritik und das Bestreben, den anderen ändern zu wollen, loslassen. Das sind die Voraussetzungen für eine wirkliche Kommunikation. Erst jetzt ist wirkliches Zuhören möglich. Rechthaberei und faule Kompromisse finden nun keinen Raum mehr. Gemeinsam kann man nun Lösungen finden, aus denen beide als Gewinner hervorgehen.

Wenn Sie etwas mit Ihrem Partner teilen wollen, dann verschaffen Sie sich die Möglichkeit dazu und warten Sie nicht, bis der Zeitpunkt und der Ort zufällig stimmen. Trauen Sie sich jederzeit, das zu sagen, was Sie denken, und das zum Ausdruck zu bringen, was Sie fühlen. Motivieren Sie Ihren Partner, das Gleiche zu tun, und leben Sie nicht aneinander vorbei. Sollte sich dadurch wirklich zeigen, dass Sie nicht zusammenpassen, dann doch lieber gleich eine Trennung als nach weiteren unerfüllten Jahren. Sie verbauen sich selbst die Möglichkeit einer erfüllten Partnerschaft.

Seine Gedanken und Gefühle jederzeit mitteilen zu können, ohne diese zu bewerten, ist eine Fähigkeit, die wir uns in der Partnerschaft wunderbar aneignen können. Ohne diese Fähigkeit ist eine erfüllte Partnerschaft nicht möglich.

# Toleranz

Viele Partnerschaftsprobleme haben ihren Ursprung in der Überzeugung, dass der Partner etwas falsch macht, nicht gut genug ist oder sonstige Einstellungen und Verhaltensweisen hat, die dem harmonischen Miteinander im Weg stehen. Mit dieser Einstellung kritisiert man den anderen und versucht, ihn zu ändern. Gelingt das nicht, bleibt einem früher oder später nur die Trennung.

Toleranz wird oft missverstanden. Sie bedeutet nicht, den anderen in allem großartig zu finden oder ihn zu bewundern. Es bedeutet nur anzunehmen, dass der andere so ist, wie er ist, egal ob er stark oder schwach ist. Jemanden nicht zu tolerieren heißt, ihn verändern wollen. Mit anderen Worten heißt das, der andere soll nicht so sein, wie er ist. Da er aber so ist, bedeutet es konsequent zu Ende gedacht, dass er gar nicht sein soll.

Toleranz bedeutet, dass man den Partner so annimmt, wie er ist, und erkennt, dass er sogar vollkommen so ist, wie er ist. Man versucht weder, ihm etwas beizubringen, noch ihn sonst irgendwie zu ändern. In dem Bewusstsein, sich den Partner angezogen zu haben, um mit ihm gemeinsam zu wachsen, erkennt man, dass er nur Spiegel des eigenen Seins ist und damit in dem Moment der ideale Partner.

Im Umgang mit dem Partner kann man erkennen, wie weit man auf dem Weg der Selbstannahme gekommen ist. Kann man sich selbst so annehmen, wie man ist, dann versucht man auch nicht mehr, seinen Partner zu verändern. Toleranz kann man nicht machen, sie ergibt sich aus der Eigenliebe. In dem Maße, wie ich mich selbst liebe, bin ich tolerant gegenüber meinen Nächsten.

# Ehrlichkeit

Das Thema „Ehrlichkeit" ist in unserer Gesellschaft ein besonders schwieriges Kapitel. Keiner spricht gerne darüber, weil er doch in der Regel selbst ein Unbehagen dabei fühlt. Wer kann schon von sich sagen, dass er uneingeschränkt ehrlich ist? Und trotzdem hat Unehrlichkeit überhaupt keinen guten Ruf. Dabei gibt es keinen gemeinsamen Nenner, wie der Umgang mit der Ehrlichkeit aussehen soll. Uneingeschränkte Ehrlichkeit wird vielfach als nicht sinnvoll bzw. taktlos und sogar als rücksichtslos bezeichnet. In allen Bereichen unseres Lebens ist die „Notlüge", wie man sie so schön bezeichnet, an der Tagesordnung. Im Geschäftsleben wird sie gar nicht mehr als Unehrlichkeit bezeichnet, sondern vielmehr als taktische Maßnahme, deren Beurteilung direkt proportional zum Erfolg steht. Unser politisches und wirtschaftliches System könnte in der Form gar nicht existieren, wenn man konsequente Ehrlichkeit fordern würde.

Im Allgemeinen bezieht man die Ehrlichkeit nur auf den verbalen Ausdruck des Menschen. Nur eine falsche Aussage, die Lüge, gilt als Unehrlichkeit. Ein Handeln, das eigentlich gar nicht dem entspricht, wonach einem im Moment zumute ist, wird nur selten mit Unehrlichkeit in Zusammenhang gebracht. Man lächelt, obwohl man vielleicht sehr traurig ist. Wut und Aggression werden runtergeschluckt, sind sie doch eines erwachsenen, reifen Menschen unwürdig. Man nimmt eine Einladung wahr, obwohl man gar keine Lust hat, und schreibt Geburtstagskarten, die einem schon lange zum Hals raushängen. Auch dies gehört alles in das Kapitel Ehrlichkeit.

Ehrlichkeit bedeutet, nicht nur die Wahrheit zu sagen, sondern in allem authentisch zu sein, zum Ausdruck zu bringen, was wirklich da ist. Schlechte Laune wird nicht mit einem Lächeln überspielt, und auch Wut und Zorn können offen gezeigt werden.

Voraussetzung für ehrliches Verhalten ist demnach das Erkennen, das Wahrnehmen dessen, was gerade da ist. Vielen Menschen fällt das gar nicht leicht. Jahrelang haben sie ihre Unsicherheit, ihre Wut und ihre Traurigkeit nicht sehen wollen und überspielt, so dass es kein Wunder ist, dass sie sie gar nicht mehr richtig wahrnehmen. Es ist viel einfacher, unser Vorgehen zu rechtfertigen und zu verteidigen, als nach dem ehrlichen Grund zu suchen. Angriff ist die beste Verteidigung, heißt es im Volksmund, und dementsprechend ziehen viele den Angriff vor, als etwas zuzugeben.

Ehrlichkeit ist eine Frage des Mutes, etwas zuzugeben, was wir eigentlich nicht haben wollen, vor dessen möglichen Konsequenzen wir vielleicht sogar Angst haben. Mit jeder Unehrlichkeit geben wir nur zum Ausdruck, dass wir vor etwas Angst haben, und nähren damit gleichzeitig die Angst. Natürlich finden wir viele vernünftige und einleuchtende Gründe, die unser Verhalten vor uns selbst rechtfertigen. Am beliebtesten ist das Argument der „Rücksicht“, denn Rücksichtslosigkeit gegenüber unseren Mitmenschen kann ja nun wirklich nicht der richtige Weg sein. Man kann doch dem Nächsten nicht einfach irgendwelche Dinge sagen, die ihn verletzen, nur weil einem gerade danach ist.

Letztendlich ändert das nichts an der Tatsache, dass der eigentliche Grund für unsere Unehrlichkeit Angst ist. Häufig ist es die Angst vor Ablehnung, die Angst, nicht geliebt zu werden. Grundsätzlich lassen sich alle diese Ängste in einer zusammenfassen: die Angst vor unserer möglichen Unfähigkeit, mit irgendwelchen Situationen klarzukommen.

Das ist der Grund, warum die Ehrlichkeit eine so große Herausforderung für uns bedeutet, müssen wir uns doch jeder Angst stellen, wenn wir ehrlich sein wollen, und das erfordert sehr viel Mut.

Es ist der einzige Weg, wirklich glücklich zu werden. Unsere Ängste können wir nur loslassen, wenn wir uns mit ihnen konfrontieren. Nur so können wir erkennen, dass sie unnötig sind, dass uns in Wahrheit nichts passieren kann. Ehrlichkeit ist der Schlüssel.

Unser sehnlichster Wunsch ist es, so geliebt zu werden, wie wir wirklich sind. Wir wollen uns weder verstellen noch Dinge tun, die uns gar nicht entsprechen. Doch wie können wir von anderen erwarten, dass sie uns so annehmen, wie wir sind, wenn wir selbst dazu nicht in der Lage sind? Wie sollen sie unser wahres Sein annehmen, wenn wir es gar nicht zum Ausdruck bringen und ihnen zeigen? Wir wünschen uns Menschen, die uns motivieren und auffordern, ganz ehrlich zu sein, mit der Versicherung, dass sie uns dann auch noch lieben. Aber das können diese nur, wenn sie selbst diesen Schritt schon getan haben und sich selbst so annehmen, wie sie sind. Und so warten viele darauf, dass der andere den ersten Schritt tut.

In der Partnerschaft kann man das immer wieder beobachten. Also machen Sie den ersten Schritt, stehen Sie zu sich, fordern Sie Ihren Partner auf und motivieren Sie ihn zur Ehrlichkeit. Ehrlichkeit ist die Grundlage für Vertrauen und Vertrauen ist die Basis einer wirklichen Partnerschaft. Vertrauen schafft den Boden, sich mit all seinen Seiten zeigen zu können. Es gibt uns das Gefühl, nach dem wir uns so sehnen: „Ich kann so sein, wie ich bin, und ich werde geliebt, so wie ich bin."

Das ist das Gefühl von Geborgenheit, hier können wir entspannen und wieder auftanken. Deshalb ist Ehrlichkeit so wichtig. Wo keine Ehrlichkeit ist, kann auch kein Vertrauen sein. Es fehlt die Basis und unsere Sehnsucht nach Geborgenheit bleibt unerfüllt. Hier können wir nicht auftanken, im Gegenteil: Eine solche Partnerschaft kostet Kraft.

Partnerschaft bietet uns den optimalen Boden, immer ehrlicher und authentischer zu werden. Die gegenseitige Liebe hält manche Herausforderungen aus, vor denen wir sonst davonlaufen würden. Jede Krise, jeder Konflikt sind die Aufforderung zur Ehrlichkeit. Jedes „Ja“ zu uns selbst lässt uns unserer Sehnsucht wieder einen Schritt näher kommen.

So wie wir diese Sehnsucht nach Frieden und Glücklichsein in uns tragen, so tragen wir auch den Weg dorthin in uns. Doch wenn wir nicht annehmen, was in uns ist, und es nicht entsprechend zum Ausdruck bringen, wie sollen wir dann das erwünschte Ziel erreichen? Unser Potenzial entfaltet sich von selbst, wenn wir der Selbstentfaltung nur den entsprechenden Raum geben. Es gibt nichts zu tun, als „Ja“ zu sagen zu dem, was da ist. Denn: „Die Wahrheit wird euch frei machen.“

## Eigenverantwortung

Gibt es einen Zufall oder hat alles, was existiert, eine Ursache? Was ist die Ursache, die allem zugrunde liegt?

Als Zufall haben wir lange Zeit die Dinge bezeichnet, für die wir keine Erklärung finden konnten. Auf dem Wege des weiteren Forschens ließen sich dann einige Zufälle eliminieren, da sich eine Ursache finden ließ. Auch wenn wir heute noch nicht jede wahrnehmbare Wirkung verstehen und erklären können, gehen wir davon aus, dass jede Erscheinung eine Ursache hat.

So ähnlich verfahren wir auch persönlich, vor allem, wenn wir mit Situationen konfrontiert werden, die uns unangenehm sind. Wir suchen die Ursachen dafür, um die Situation verändern zu können. In der Partnerschaft äußert sich das meistens in dem so genannten Du-Spiel und statt „Ursache“ benutzen wir das Wort „Schuld“:

- Du bist schuld.
- Du musst ja immer deinen Kopf durchsetzen.
- Du schränkst mich ein.
- Du vertraust mir nicht.
- Du willst dich nur nicht darauf einlassen.
- Du hörst mir nie zu.
- Du willst mich ja gar nicht verstehen.
- Du willst ja nur haben.
- Du stellst Bedingungen.
- Du kannst mich nicht so lassen, wie ich bin.

Dieses Spiel kann man natürlich beliebig fortsetzen. Jede Äußerung bezieht sich nur noch auf den anderen und geht davon aus, dass der Partner die Ursache für die eigene Situation ist. Besonders, wenn es sich um unangenehme Situationen handelt, neigen wir dazu, dem anderen die Schuld zu geben, weil wir selbst die Verantwortung dafür nicht übernehmen wollen. Aber das funktioniert nicht, auch wenn wir das noch so gerne hätten. Wir selbst sind die Ursache für alle unsere Erfahrungen. Dabei sprechen wir von Schuld, wenn es keine gewünschten Erfahrungen sind, und von Kreativität, wenn wir sie bewusst ins Leben gerufen haben.

Das Gleiche gilt aber auch für die angenehmen Seiten und dafür dürfen wir uns ruhig mal auf die Schulter klopfen, wenn wir uns schon auf der anderen Seite mit Selbstvorwürfen quälen. „Du machst mich glücklich" ist auch nur eine Projektion von uns auf unseren Partner. Wir selbst sind die Ursache für unser Glück.

Eigenverantwortung zu übernehmen ist ein wesentlicher Schritt in der menschlichen Entwicklung. Irgendwann fangen wir an, uns zu fragen, inwieweit wir selbst die Ursache für unsere Erfahrungen gesetzt haben. Wir beginnen, bewusst die Verantwortung für unser Handeln zu übernehmen. Je mehr wir erkennen, was wir selbst alles verursachen, desto größer wird die Verantwortung, die wir tragen. Ziel ist die totale Eigenverantwortung, die Erkenntnis, dass wir selbst alles, was wir erleben, verursachen. Einerseits bedeutet dies, dass wir die Verantwortung für unser Sein selbst tragen. Auf der anderen Seite beinhaltet es aber auch das große Potenzial, auf alle Geschehnisse Einfluss zu haben. In dem Maße, wie wir unsere Eigenverantwortung annehmen und uns selbst als Ursache erkennen, entwickeln wir auch unser Potenzial, die Dinge bewusst zu beeinflussen.

Viele Menschen haben große Schwierigkeiten mit der Übernahme von Verantwortung. Müssen sie sich schon mit vielen Situationen auseinander setzen, die ihnen sehr unangenehm sind und große Probleme bereiten, so sollen sie diese jetzt auch noch selbst verursacht haben. Das wollen und können viele auch nicht aushalten. Es ist doch viel leichter, schwierige Situationen zu ertragen, wenn man nichts dafür kann. Man fühlt sich als Opfer und erträgt, was das Schicksal einem gebracht hat.

Weiß man aber, dass man es selbst verursacht hat, auch wenn man die Zusammenhänge nicht versteht, dann ist man aufgefordert, etwas zu tun und das Geschehen als eine Chance zu betrachten. Dann hört das Du-Spiel auf und man spricht nur noch von sich. Das „Du hast mich verletzt" wird zum „Ich fühle mich verletzt." Schuld hat dann keinen Platz mehr.

Wenn beide die Verantwortung übernehmen und bei sich selbst nach den Ursachen der Konflikte suchen, dann hört das Spiel um Recht und Unrecht auf und wahre Partnerschaft kann entstehen. Das Miteinander-Wachsen geschieht dann nicht mehr, indem man von einem Streit in den nächsten wechselt, sondern in gegenseitiger Unterstützung. Eigenverantwortung ist Voraussetzung für die Selbstverwirklichung. Wer im Außen nach den Ursachen der Geschehnisse sucht, kann sein wahres Potential nicht finden, geschweige denn verwirklichen.

Unser Bestreben nach einer harmonischen Partnerschaft führt uns letztendlich zur Eigenverantwortung. Ansonsten können wir die Ebene der Vorwürfe, Beschuldigungen und gegenseitigen Verletzungen nicht hinter uns lassen.

## Freiheit

Viele Menschen sind der Ansicht, dass die Begriffe „Freiheit" und „Partnerschaft" sich nicht vereinbaren lassen. Entweder man ist allein und geht seinen eigenen Weg oder man ist mit einem Partner zusammen und muss Kompromisse eingehen. Einige sind gar nicht bereit für eine Partnerschaft, weil sie keine Kompromisse machen wollen. Sie möchten jederzeit tun und lassen können, was sie wollen. Auf Verhältnisse lassen sie sich gerne ein, doch sobald es ernster wird, blasen sie zum Rückzug. Sie verzichten lieber auf die Annehmlichkeiten, als ihre Freiheit aufzugeben.
Die Entscheidung in einer Beziehung, Kinder ja oder nein, wird von dem Aspekt der Freiheit wesentlich beeinflusst. Die Vorstellung von den Verpflichtungen, die unweigerlich damit verbunden sind, schreckt viele ab. Andere wiederum haben Angst vor der emotionalen Abhängigkeit. Wenn sie sich zu sehr auf den Partner einlassen und sich ihm ganz öffnen, dann wissen sie um ihre Verletzbarkeit. Doch verletzt werden wollen sie auf gar keinen Fall. Sie fühlen sich abhängig. Werden sie geliebt, ist alles in Ordnung. Aber was ist, wenn sich die Gefühle des Partners ändern und dieser die Beziehung nicht mehr will?

Aus Angst vor Enttäuschung und Verletzung lassen sie sich auf eine solche Abhängigkeit nicht ein und bleiben diesbezüglich lieber frei.

Was die meisten Menschen dabei nicht erkennen, ist, dass sie selbst einen Kompromiss machen. Einerseits fühlen sie eine Sehnsucht nach der erfüllten Partnerschaft und auf der anderen Seite haben sie Angst davor. Beiden Gefühlen versuchen sie gerecht zu werden. Je größer die Angst, desto geringer ist die Bereitschaft, sich auf eine Partnerschaft einzulassen. Sie denken, sie wären frei, aber sie sind alles andere als frei.

Solange wir den Partner in irgendeiner Weise brauchen, werden wir mit diesem Kompromiss leben müssen. Die Lösung für dieses Problem und die Freiheit, die damit verbunden ist, liegen in der Unabhängigkeit. Erst wenn wir erkannt haben, dass unser Partner nur ein Spiegel von uns ist und er uns nichts geben kann, was wir nicht selbst in uns tragen, hört das Brauchen auf. Dann enden auch alle Streitereien und Konflikte, die ihren Ursprung in unseren Erwartungen haben. Der andere kann endlich so sein, wie er ist. Wir können ihn in seine Freiheit entlassen und bekommen unsere als Geschenk dazu.

Wenn wir den anderen nicht mehr brauchen, damit er unsere Lücken füllt und unsere Bedürfnisse stillt, dann können wir unsere Partnerschaft wirklich genießen. Wir freuen uns über jeden gemeinsamen Augenblick und sorgen uns nicht, ob es morgen auch noch so schön sein wird. Jetzt sind wir wirklich frei und können uns jederzeit entscheiden, was wir tun wollen.

Äußerlich mag es wie ein Kompromiss aussehen. Vielleicht haben wir eine ganze Familie zu versorgen und es scheint, als wären wir alles andere als frei, aber innerlich sind wir frei. Wir freuen uns an der Situation, aber wir brauchen sie nicht. Wir könnten sie jederzeit loslassen. Wir haben uns frei entschieden und können uns jederzeit wieder anders entscheiden.

Wenn wir unseren Partnerschaftsproblemen nicht aus dem Weg gehen, dann führen sie uns genau in diese Freiheit. Jeder Konflikt bringt uns unserer Unabhängigkeit ein Stück näher. So hilft uns die Partnerschaft wiederum, unser wahres Sein zu erkennen: vollkommen freie Wesen.

## Einheit

Da es in diesem Kosmos keinen Zufall gibt, kann auch eine so wichtige Begegnung wie die mit einem Partner nicht zufällig sein. Vielmehr haben wir diese Begegnung frei gewählt, um bestimmte Lernschritte fortzusetzen, die wir in früheren Zeiten begonnen haben. Denn wir alle streben bewusst oder unbewusst nach der verloren gegangenen Einheit, die uns in dieser dualen Welt besonders deutlich und teilweise schmerzlich bewusst wird. Der Sinn einer Partnerschaft ist daher immer, miteinander und aneinander zu lernen, um schließlich die gesuchte Einheit in uns zu entdecken.

Das Leben eines jeden sensitiven und geistig ausgerichteten Menschen ist von der Sehnsucht nach der verlorenen Einheit geprägt, die immer die Suche nach sich selbst ist.

Wir leben in dieser Welt der Dualität, weil wir nur hier und nur durch die Dualität zur Einheit zurückfinden können. Wir haben uns von ihr getrennt, um die Welt der Erscheinungen zu erfahren. Dabei haben wir unseren Ursprung vergessen. Was uns geblieben ist, ist die Sehnsucht. Und genau diese wird uns wieder in die Einheit führen.

Ein bedeutender Schritt zu dieser Einheit ist die Verbindung mit einem anderen Menschen, mit dem wir zu einer vollkommenen Einheit verschmelzen können. Die Partnerschaft steht in dieser Welt als ein Symbol für die Einheit, für die Vereinigung der Polaritäten. Eine erfüllte Partnerschaft ist ein Ziel der meisten Menschen. Welche Kraft aus dieser Einheit erwächst, wird uns mit dem Akt der Zeugung bewusst. Sie kann Leben erschaffen.

Tief im Innersten sehnen wir uns nach der Einheit, aus der wir gekommen sind und die wir in Wirklichkeit nie verloren haben, die wir gar nicht verlieren, sondern nur vergessen können. Diese Sehnsucht veranlasst uns, den anderen zu suchen. Dabei spüren wir, dass wir das Einswerden mit allem nicht bei einem Teil finden können.

So können wir nur scheinbar das Ende der Getrenntheit im Zusammensein mit einem anderen Menschen erfahren. Früher oder später stoßen wir auf die vielleicht erschütternde Wahrheit, dass wir diese gesuchte Einheit nur in uns selbst finden können. Die Partnerschaft dient uns als Schritt auf unserem Weg dorthin. Aber sie ist nur eine Unterstützung auf dem Weg, die Einheit in uns selbst zu finden.

## Liebe

Es gibt wohl kaum ein anderes Wort, das in so vielen unterschiedlichen Zusammenhängen benutzt wird, wie das Wort „Liebe". Und wahrscheinlich kaum ein anderes, das so viele Missverständnisse hervorruft.

Die meisten Menschen verstehen unter Liebe, ein starkes Gefühl zu haben, berührt und bewegt zu werden. Löst ein anderer in ihnen dieses starke Gefühl aus, dann glauben sie, ihn zu lieben. Er löst damit Freude, Euphorie und Begeisterung aus, aber auch Schmerz, Enttäuschung, Traurigkeit und Leid.

Das hat mit wirklicher Liebe alles nichts zu tun, sondern entspricht vielmehr dem so genannten Verliebtsein. Auch das ist eine wunderbare Sache, sollte aber trotzdem nicht mit Liebe verwechselt werden. Wirkliche Liebe kann man mit Worten nur sehr mangelhaft beschreiben, sie will gelebt werden. Wer liebt, der weiß, was Liebe ist.

Wir alle wollen geliebt werden – am besten von allen Menschen. Deshalb tut uns die Ablehnung so weh, ist sie doch ein untrügliches Zeichen, nicht geliebt zu werden. Aber auch hier zeigt uns das Außen nur, was eigentlich in uns ist. Wir sehnen uns danach, uns selbst zu lieben. Wenn wir es nicht können, erhoffen wir es von den anderen. Die Ablehnung von unseren Mitmenschen ist ein Spiegel für das Defizit unserer Eigenliebe. Hinter all dem steht die Aufforderung, uns selbst zu lieben, uns so anzunehmen, wie wir wirklich sind.

Solange wir den anderen brauchen, ihn verändern wollen, er uns glücklich oder unglücklich machen kann, lieben wir nicht wirklich. Das alles hilft uns, unsere Fähigkeit zu lieben immer mehr zu entfalten, und ist damit an sich sehr gut. Mit wahrer Liebe hat es aber wenig zu tun. Solange wir an unserer Liebe noch etwas ändern können oder die Liebe sich ändert, so lange ist sie noch keine Liebe, denn Liebe ist Wirklichkeit und nicht beliebig zu ändern. Dann sind es bestenfalls Vorstufen der Liebe.

Liebe ist einfach nur. Wir müssen gar nicht lernen zu lieben, weder uns selbst noch den Nächsten, sondern wir brauchen nur zuzulassen, dass Liebe geschieht. Liebe will sich verwirklichen, einfach nur fließen. Lieben kann man nicht lernen und auch nicht verlernen. Es sind nur die Blockaden und Hindernisse, die aufgelöst werden wollen, damit Liebe in mir geschehen kann und als Leben in Erscheinung tritt. Ich selbst und Liebe sind in Wirklichkeit eins. Wir sind Liebe und lieben, wenn wir wirklich wir selbst sind. Solange wir aber Rollen spielen, nach Vorstellungen und Gewohnheiten und nicht unserem wirklichen Sein entsprechend leben, können wir auch nicht wirklich lieben. Wir können uns noch so sehr abmühen, Liebe lernen zu wollen, wir können uns vor den Spiegel stellen und sagen: „Ich liebe mich“, wir tun es nicht, solange wir nicht authentisch sind.

Wenn wir aber wirklich ganz wir selbst sind, dann lieben wir. Wir müssen es uns nicht ständig sagen, vornehmen oder lernen, wir müssen nicht an uns arbeiten. Liebe geschieht einfach, weil sie unser wahres Wesen ist, das sich immer und überall ausdrücken will.

Unsere Sehnsucht, glücklich zu sein, ist nichts anderes als unsere Sehnsucht zu lieben. Wenn wir lieben, sind wir glücklich, und da unser wahres Wesen Liebe ist, ist es auch unsere Bestimmung, glücklich zu sein. Wir brauchen nichts im Außen, um lieben zu können und glücklich zu sein. Wir sind nicht abhängig von irgendwelchen Bedingungen oder dem richtigen Partner, wir brauchen bloß das loszulassen, was uns daran hindert zu lieben.

Und genau dabei ist uns die Partnerschaft so ein hervorragender Lehrer. Unser Wunsch nach einer erfüllten Partnerschaft gibt uns den Mut und die Kraft, die Probleme anzuschauen und uns mit ihnen auseinander zu setzen. Sie lehrt uns Toleranz, Eigenverantwortung und Ehrlichkeit. Sie führt uns in die Unabhängigkeit und die Erkenntnis, dass wir nie getrennt waren. Sie zeigt uns, wer wir wirklich sind, und hilft uns, unser wahres Wesen zu verwirklichen.

Liebe ist das höchste Ziel. Wenn wir lieben, hat sich unsere Sehnsucht erfüllt: Wir sind wahrhaftig glücklich!

# 3. Der Schlüssel für jede Krise

Es gibt tatsächlich eine Universallösung für jedes unserer Probleme. Egal wie es geartet ist, ob andere Menschen miteinbezogen sind oder nicht, ob es ein materielles oder mehr seelisches Problem ist, ob es eine Krankheit ist oder ob es sich um ein Partnerproblem handelt, immer lässt es sich prinzipiell auf die gleiche Weise lösen.

Es ist eine Patentlösung und die einzelnen Schritte sind absolut nicht kompliziert. Wie alle großen Dinge des Lebens ist auch dieser Weg ganz einfach. Es ist keine neue Entdeckung. Dieser Weg ist schon seit Jahrtausenden bekannt und von Weisen weitergegeben worden. Er ist der Kern vieler alter Überlieferungen, doch wurde er meistens nicht verstanden. Nicht, weil er so kompliziert oder schwer zu verstehen war, sondern weil die Menschen noch nicht bereit waren, ihn anzunehmen und umzusetzen.

Doch jetzt ist die Zeit gekommen, wie es auch viele Prophezeiungen vorausgesagt haben. Die Welt verändert sich sehr schnell und der Mensch entsprechend mit ihr. Immer mehr Menschen öffnen sich und sind nun auch bereit, die Qualität des schon immer vorhandenen Schlüssels zu erkennen und anzunehmen.

Drei Schritte sind es, die zum Ziel führen. Wenn wir das Vertrauen haben, dass alles, was geschieht, unserer Entwicklung dient, und wir erkannt haben, dass wir uns alles selbst ausgesucht haben, wenn auch unbewusst, um daran zu wachsen und unser Potenzial zu verwirklichen, dann haben wir die Voraussetzung, diesen einfachen Schlüssel anzuwenden. Voraussetzung ist also die Bereitschaft, Verantwortung für unser Leben zu übernehmen.

## 1 Wo stehe ich?

Bei jedem Problem, bei jeder Schwierigkeit und Krise, egal wie sie sich darstellen, ist es zunächst einmal wichtig zu erkennen, wie die Situation wirklich ist. Der erste Schritt besteht sozusagen aus einer Situationsanalyse. Wir sammeln erst einmal alle so genannten Fakten so, wie sie sich für uns darstellen. Dazu gehört auch ein Blick in die Vergangenheit. Wir tragen alles zusammen, was auch nur annähernd mit dem jetzigen Problem zu tun haben könnte. Unsere Gedanken, vor allem unsere Überzeugungen, also das, was wir glauben und was einen Bezug zu der Situation haben könnte, machen wir uns bewusst. Wichtig dabei ist, dieses so ehrlich wie möglich zu tun und sich daran zu halten, was man wirklich erkennen kann. Spekulationen und vor allem Beschuldigungen und Bewertungen sollten dabei vermieden werden. Es geht nur darum, die Fakten zu erkennen, auch wenn unsere Wahrnehmung immer subjektiv bleibt. Jegliche Beurteilung, Einschätzung und Interpretation bleibt also außen vor.

Am Beispiel irgendeiner beliebigen Partnerschaftskrise will ich diesen ersten Schritt etwas veranschaulichen. Stellen Sie sich einmal vor, dass Ihr Partner fremdgegangen ist, obwohl Sie nie damit gerechnet hatten. Sie sind enttäuscht und verzweifelt, weil Sie Ihre Beziehung den Bach runtergehen sehen. Sie fühlen sich betrogen und haben kein Vertrauen mehr zu Ihrem Partner. Sie reden mit Ihrem Partner und merken, dass Sie nichts mehr glauben können. Sie wissen nicht, ob Sie sich trennen sollen oder ob Sie völlig übertreiben mit Ihrer Reaktion, und haben Angst, nun etwas Falsches zu tun.

Der erste Schritt wäre jetzt also die Situationsanalyse. Dazu können Sie sich einfach einige Frage stellen:

- Was ist tatsächlich passiert?
- Wie war der Ablauf der Geschehnisse?
- Wie fühle ich mich im Moment?
- Was stört mich eigentlich jetzt im Moment?
- Was könnte geschehen, was ich auf keinen Fall will?
- Habe ich das schon einmal erlebt?
- Erinnert mich das an eine andere Situation? – Was wäre, wenn ich es nicht erfahren hätte?
- Wird meine Partnerschaft von anderen Menschen oder Umständen beeinflusst; wie sieht dieser Einfluss aus?
- Was stört mich grundsätzlich an meinem Partner?
- Was gefällt mir an meinem Partner?
- Was wollte ich schon lange ändern?
- Was traue ich mich nicht zu sagen bzw. zu verändern?
- Bin ich glücklich in meiner Partnerschaft?
- Bin ich mit mir selbst zufrieden in dieser Partnerschaft?

Diese Auflistung soll eine Anregung sein, wie man eine Situationsanalyse erstellen kann. Ähnlich kann man natürlich mit jedem anderen Problem verfahren.

Noch einmal sei erwähnt, dass es wichtig ist, jede Interpretation und jede Bewertung der Ergebnisse zu vermeiden. Nehmen Sie die Ereignisse so, wie sie sind, ohne sie als gut oder schlecht zu bezeichnen.

## Was will ich?

Der nächste Schritt besteht darin zu erkennen, was man verändern will und wie man es verändern will.

Wer kennt es nicht, in einer Situation zu stehen, die man verändern will, aber nicht weiß wie? Man weiß, dass man das Alte nicht mehr will, aber nicht, wie das Neue aussehen soll. Wir setzen uns damit auseinander und finden etwas, was sich ganz gut anfühlt. Am nächsten Tag aber stellt es sich wieder ganz anders dar. Wir sind verunsichert, waren wir doch gestern noch ganz klar, und heute wissen wir schon wieder nicht, wo es langgehen soll.

In einer solchen Situation sind wir regelrecht blockiert. Wir gehen nicht weiter, weil wir nicht wissen, wohin. Wir stehen auf der Stelle, drehen uns vielleicht im Kreis, können uns aber nicht für einen Weg entscheiden. Wie auch, wenn wir nicht wissen, was wir wirklich wollen.

Es ist für unser Leben so wichtig, dass wir ein klares Ziel haben, dass wir wissen, was wir wollen. Für viele Menschen ist das allerdings ein schwieriges Thema. Obwohl sie schon so lange danach suchen, können sie es nicht finden. Das bezieht sich nicht nur auf die große Frage, was wir in unserem Leben erreichen wollen, sondern gilt für jeden Teilbereich unseres Lebens.

- Warum ist das so?
- Wieso haben wir Schwierigkeiten zu erkennen, was wir eigentlich wollen?
- Woher kommen unsere Wünsche überhaupt?

Bevor wir nun weitergehen, ist es wichtig, die Hindernisse aufzuzeigen, die uns im Allgemeinen davon abhalten zu erkennen, was wir wirklich wollen. Erst wenn wir diese erkennen und loslassen, können wir unsere wahren Wünsche wieder wahrnehmen.

Viele neigen dazu, sich von anderen sagen zu lassen, was sie wollen. Aber das funktioniert nicht. Nur wir selbst können herausfinden, was wir wollen. Unsere wahren Wünsche finden wir nur in uns, und was in der jeweiligen Situation stimmig ist, finden wir auch nur in uns.

Die eigene Unsicherheit, ob es denn wirklich der eigene Wunsch ist, was sie in sich fühlen, und ob sie das überhaupt wünschen dürfen, lässt viele die Antwort lieber im Außen suchen. Sie geben die Verantwortung ab. So laufen sie nicht Gefahr, etwas falsch zu machen. Und selbst wenn es dann anders kommt, als sie es sich vorgestellt haben und wünschen, können sie sich in Unschuld baden, waren es doch die anderen, die ihnen dazu geraten haben. In dieser Opferhaltung können sie die unerwünschte Situation viel besser ertragen, als wenn sie ich auch noch an die eigene Nase als Verursacher fassen müssten.

In welcher Form wir uns nun sagen lassen, was wir uns wünschen sollen und was wir zu wollen und zu tun haben, ob von anderen Menschen, von Gesetzen und Verordnungen, von Religionen oder unserer Moral, spielt dabei keine Rolle. Keiner außer uns selbst kann uns sagen, was wir wirklich wollen.

Ein anderes Problem, das viele auf der Suche nach ihrem wirklichen Sein begleitet, ist die Frage: „Darf ich überhaupt einen eigenen Willen haben?" Hier gehen die Meinungen auseinander. Missverständnisse und unterschiedliche Interpretationen alter Überlieferungen spiegeln die Standpunkte wider, die nach dem „richtigen Weg" zum Glück suchen. Aber auch Machtinteressen einiger Institutionen und Gemeinschaften geben Antworten auf diese Frage vor, um ihre Anhänger zu kontrollieren und zu manipulieren.

In vielen esoterischen Ratgebern und anderen Schriften kann man die verschiedenen Meinungen dazu lesen: „… gib deinen eigenen Willen auf (häufig auch als Ego bezeichnet), und du wirst frei und glücklich sein." – „… nicht mein Wille, sondern dein Wille geschehe." – usw. Die Tugend der Demut wird in diesem Zusammenhang auch gerne gebraucht.

Das soll nicht bedeuten, dass diese Aussagen grundsätzlich falsch sind, sie wollen nur im richtigen Zusammenhang verstanden werden. Doch aus diesem werden sie gerne herausgelöst, um sie für die eigenen Zwecke zu gebrauchen.

Zusammenfassend kann man diese Standpunkte wie folgt beschreiben: Der eigene Wille steht dem Ziel, welches man bestrebt ist zu erreichen (dem Glücklichsein), im Wege und muss deshalb aufgegeben werden.

Wenn wir von dem eigenen Willen sprechen, setzt das voraus, dass es auch noch einen anderen Willen gibt. Auch dieser hat unterschiedliche Bezeichnungen: „der Wille des höheren Selbst", „der Wille des Lebens", „der göttliche Wille" usw., ein Wille, der, so scheint es zumindest, von uns getrennt ist und mit unserem bewussten Willen nicht identisch ist. In unserer Realität zeigt sich die Existenz eines von uns getrennten Willens offensichtlich, erleben wir doch vieles, was mit unseren Wünschen überhaupt nicht übereinstimmt. Solange die gewünschte Realität mit der erlebten Realität nicht übereinstimmt, muss es also noch einen Willen geben, der von unserem bewussten Willen getrennt ist. Wer oder was ist also dieser Wille, der vielfach auch noch wesentlich kräftiger zu sein scheint als der Wille der Persönlichkeit?

Diesbezüglich gibt es zwei Möglichkeiten. Entweder ist es ein Teil von uns, der uns unbewusst ist, oder es ist etwas vollkommen Getrenntes von uns. Der letztere Fall beinhaltet, dass wir keinerlei Einfluss darauf haben. Für unser Leben bedeutet das, dass unsere gewünschte Realität nur dann entsteht, wenn unsere Wünsche identisch sind mit dem Willen der Instanz, von der wir getrennt sind. Wir müssten also den fremden, stärkeren Willen erkennen, unsere Ziele diesem angleichen, damit die gewünschte Realität entsteht und wir glücklich sind. Wir sind also abhängig und können nur hoffen, dass die fremde Instanz es gut mit uns meint. Um glücklich zu sein, müssen wir unseren Willen aufgeben und den der fremden Instanz annehmen. In jedem anderen Fall entstehen Diskrepanzen zwischen unserem Willen und der erlebten Realität. Wir sind nicht wirklich glücklich, denn wir haben noch unerfüllte Wünsche. Wir verfügen nicht über einen freien Willen.

In dem anderen Fall, wenn die Instanz nicht von uns getrennt ist und sie nur den unbewussten Teil des Individuums (= der Nicht-Geteilte) darstellt, ergibt sich ein ganz anderer Weg zu unserem Glück. Jetzt geht es nicht mehr darum, den eigenen Willen aufzugeben, sondern unseren wirklichen Willen zu entdecken.

Der Konflikt, der hier entsteht, liegt darin, dass das, was wir zu wollen glauben, nicht dem entspricht, was wir, unser bewusster und unbewusster Teil, wirklich wollen. Je mehr wir erkennen, wer wir wirklich sind, je bewusster wir werden, umso mehr werden der bewusste und unbewusste Wille eins. Ist diese Trennung aufgehoben, sind wir der bewusste und vollkommen freie Schöpfer. Wir haben einen freien Willen, den es nur zu entwickeln und anzunehmen gilt.

Viele Menschen denken, dass dieser Unterschied im praktischen Alltag völlig unbedeutend ist. In beiden Fällen sind wir mehr oder weniger unglücklich, da unsere gewünschte Realität mit der tatsächlich erlebten nicht übereinstimmt. Diese Einstellung übersieht einen wesentlichen und entscheidenden Aspekt. Ein Ziel ist nur dann zu erreichen, wenn wir die Verwirklichung für möglich halten. Wenn wir nicht daran glauben, einen freien Willen zu haben, und diese Möglichkeit auch nicht in Betracht ziehen, dann werden wir einen freien Willen nie erleben, obwohl wir das Potenzial vielleicht in uns tragen.

Mit der Ausrichtung, einen freien Willen zu haben, werden wir dieses Potenzial, wenn es da ist, entwickeln und erleben. Was für ein Geschenk, wenn dem wirklich so ist!

Wenn wir nun in die Schriften aller Zeiten schauen und lesen, was alle großen Weisen uns sagten, erkennen wir, dass sie alle von freien Wesen sprachen, mit großer Macht und unendlichen Möglichkeiten. Sie sprachen und sprechen von einem allwissenden, allmächtigen und allliebenden Gott, der untrennbar mit jedem einzelnen Menschen verbunden ist. Alle diese Worte haben nur den einen Sinn, den Menschen auszurichten, seinen Glauben an sein eigenes Potenzial zu entfachen und zu stärken. Denn aus Glaube wird Realität und glauben können wir, was immer wir wollen. Das ist unsere Freiheit und unsere unbegrenzte Macht. Unser Glaube, unsere Überzeugungen bestimmen unsere Realität.

Um die eigene Freiheit und das unendliche Potenzial zu entdecken, ist der Glaube daran die Voraussetzung. Dann gilt es zu entdecken, zu erkennen und zu entwickeln, was wir wirklich sind.

Ein weiteres Hindernis zu erkennen, was wir wirklich wollen, ist unser Zweifel daran, es auch erreichen zu können. Wir können vielleicht alles wollen, was aber noch nicht heißt, dass wir es bekommen bzw. erreichen können. Bevor wir also einen Wunsch an die Oberfläche kommen lassen, möchten wir sicher sein, dass eine Chance auf Erfüllung besteht. Wünsche, an deren Erfüllung wir nicht glauben können, lassen wir am liebsten gar nicht in unser Bewusstsein aufsteigen. Es ist wie ein Selbstschutz vor Enttäuschung und Frustration. Einen Wunsch zu haben, sich nach etwas zu sehnen, auf dessen Verwirklichung unserer Ansicht nach keine Hoffnung besteht, ist schmerzhaft. Wir fühlen uns hilflos und als Opfer. Wir würden stagnieren und hätten keine Motivation mehr, da unsere eigentlichen Wünsche sich ja doch nicht erfüllen.

So ist es also äußerst weise eingerichtet, denn nie wird uns ein Wunsch bewusst, ohne dass uns nicht auch das Potenzial für die Verwirklichung zur Verfügung steht. Je mehr wir an unser unendliches Potenzial glauben, desto deutlicher können wir unsere tiefsten Sehnsüchte wahrnehmen.

Also trauen Sie sich, Ihre Herzenswünsche anzuschauen, und seien Sie sicher, dass Ihnen nur der Teil bewusst wird, den Sie auch verwirklichen können. Legen Sie mal alle Ihre begrenzenden Gedanken, wie „das geht ja doch nicht … . das hat noch keiner geschafft“ usw., beiseite und schauen Sie mal in sich hinein, was Sie sich wirklich von Herzen wünschen: vielleicht eine andere Arbeit, die wie ein Hobby für Sie wäre, oder ein körperliches Wohlbefinden, an das Sie sich kaum noch erinnern können. Und wenn Sie doch mal einen Wunsch spüren, den Sie für unrealistisch halten, dann seien Sie sicher, dass Sie Ihr eigenes Potenzial offensichtlich unterschätzen. Halten Sie fest an Ihrem Wunsch und Sie werden sich auch Ihrer Fähigkeit, das erwünschte Ziel zu erreichen, bewusst.

Das, was wir uns am sehnlichsten wünschen, das sind wir auch. Wir wünschen uns, glücklich zu sein, und das sind wir, wenn wir unser wahres Sein verwirklicht haben. So bringt uns jeder Wunsch, den wir in uns tragen, unserem wahren Sein näher. Wünsche sind uns nicht gegeben, um uns zu prüfen und in Versuchung zu führen. Das entspricht nicht der Absicht eines allmächtigen, liebenden Schöpfers. Sie sind uns gegeben, um uns glücklich zu machen, um uns erkennen zu lassen, wonach wir uns wirklich sehnen, was wir wirklich sind. Erlauben Sie sich also zu wollen, damit Sie erkennen, was Sie wirklich wollen, egal in welcher Situation.

## Wie komme ich dahin?

Der letzte und entscheidende Schritt ist an sich ganz einfach, wie alle großen Wahrheiten des Lebens. Er braucht auch nicht verstanden zu werden, damit er funktioniert oder anwendbar ist. Er will nur angewendet werden. Das Verständnis der Zusammenhänge kann allerdings sehr nützlich sein, damit der Schlüssel wirklich angewendet wird. Der Schlüssel heißt: *„Ehrlichkeit"*!

Es klingt so einfach und scheint doch die schwerste Übung im Leben des Menschen zu sein. Was bedeutet Ehrlichkeit und was ist damit gemeint? Ehrlichkeit bedeutet, authentisch zu sein, zu sagen, was ich denke und meine, zum Ausdruck zu bringen, was wirklich in mir ist. Damit ist nicht gemeint, dass ich alles sagen muss, was ich gerade denke, und auch nicht alles zum Ausdruck bringen muss, was ich gerade fühle, aber ich kann es jederzeit tun, weil mich nichts daran hindert. Ich kann mich entscheiden, was ich tun will, aber wenn ich etwas tue, dann ist es ehrlich und entspricht mir.

Ehrlichkeit beinhaltet auch, alles anzunehmen, wie es ist, nichts, was da ist, zu verdrängen oder es nicht haben zu wollen. Das gilt für unsere Lebensumstände wie auch für unsere Gefühle und Gedanken. Ehrlichkeit ist die Bereitschaft, alles zu erleben, was wir uns selbst ausgesucht haben, es ist die Bereitschaft zu fühlen.

Wir selbst haben uns unser Leben ausgesucht, auch wenn es uns aus unserer jetzigen Perspektive nicht bewusst ist. Das Leben ist ein Spiel, das wir gewählt haben, um es zu erleben. Wenn wir es erlebt haben, schließt sich der Kreis und wir beginnen das Spiel von neuem. Das ist der ganze Sinn des Lebens. Wir legen uns eine Überzeugung zu, wir beginnen, etwas zu glauben, damit es sich manifestiert und wir es erfahren. Wir erleben das, woran wir glauben. Wenn wir nicht glauben, dass es so ist, dann erleben wir auch, dass es nicht so ist. Wir erleben immer, woran wir glauben.

Jetzt haben wir uns das Spiel „Bewusstwerdung" ausgesucht. Wir sind freiwillig in die Dualität gegangen, um uns selbst zu erfahren, um zu erkennen, wer wir wirklich sind. Und auch hier erlebt jeder das, wovon er überzeugt ist. Unsere Überzeugungen sind das Einzige, was uns unterscheidet. Wir sind die Schöpfer!

Es ist wie mit einem Kinofilm. Wir entscheiden uns, ins Kino zu gehen, und suchen uns aus dem großen Angebot einen Film aus, der uns interessiert. Dann sitzen wir im Kino, der Film beginnt und wir identifizieren uns mit Situationen und einzelnen Schauspielern. Wir erleben die Geschichte richtig mit. Wir weinen mit, wir denken mit, wir kämpfen mit, wir fühlen mit. Je mehr wir uns in den Film hineinbegeben, umso weniger ist uns bewusst, dass wir noch vor kurzer Zeit an der Kasse standen und uns genau dieses Erlebnis ausgesucht haben. Wir haben vergessen, dass wir der Ursprung dieses Erlebnisses sind.

Und so geht es uns auch in unserem großen Lebensspiel. Viele haben vergessen, dass sie selbst die Schöpfer sind, die sich etwas ausgewählt haben, um es zu erleben.

Manchmal wollen wir im Kino eine Szene nicht miterleben und wir halten uns die Ohren zu und schließen die Augen, obwohl uns überhaupt nichts geschehen kann. Und genau das machen wir auch im Leben, wir schließen die Augen und Ohren, wenn wir etwas nicht erleben wollen. Wir verleumden, was da ist.

Unehrlichkeit bedeutet, dass wir nicht erleben wollen, was wir uns ausgesucht haben. Wir haben unseren Standpunkt geändert, als wir das Spiel begannen, und jetzt erscheint es uns vielleicht unangenehm, so dass wir es nicht mehr erleben wollen. Wir versuchen, die Leinwand, die Projektionsfläche zu verändern, wir wenden uns von ihr ab oder versuchen, sie zu verdecken, aber all das funktioniert nicht. Unser Bewusstsein entspricht dem Filmprojektor und der Film, den wir einlegen, entspricht unseren Überzeugungen. Egal auf welche Projektionsfläche wir den Filmprojektor oder unser Bewusstsein ausrichten, sie werden uns immer unsere Überzeugungen widerspiegeln. Unser Außen zu verändern, wenn uns irgendetwas nicht gefällt, ist genau so sinnlos, wie eine andere Leinwand zu wählen, weil uns der Film nicht gefällt. Es verändert nichts, wie viele Menschen mit wechselnden Beziehungen bestätigen können.

Wir erschaffen uns die Lebensumstände mittels unserer Überzeugungen so lange, bis wir sie bereitwillig erleben. Erst dann können sie sich verändern. Je größer der Widerstand gegen eine Situation ist, umso sicherer werden wir immer wieder mit ihr konfrontiert. Unehrlichkeit ist das untrügliche Zeichen für Widerstand, während Ehrlichkeit das Annehmen der Lebensumstände und die Bereitschaft, alles zu erleben, signalisiert.

Was hindert uns aber daran, unsere Lebensumstände anzunehmen und zu erleben? Alles, was wir als schlecht, falsch, böse, gefährlich usw. betrachten, möchten wir nicht in unserem Leben haben. Dabei ist der Unterschied zwischen gut und böse nur durch verschiedene Überzeugungen gegeben. Der Horrorfilm und die Liebesromanze sind nur zwei unterschiedliche Filme. Dem Projektor ist es egal, welchen Film er auf der Leinwand sichtbar macht. Der Zuschauer kann dabei die unterschiedlichsten Gefühle erleben: Freude, Angst, Mitgefühl, Zorn usw., aber ihm kann nichts passieren. Und genauso geht es uns auch im Leben. Wir sind die Beobachter und können alles erleben, ohne dass uns wirklich etwas zustoßen kann.

Vergessen wir aber, dass wir die Beobachter sind und unser Leben selbst ausgesucht haben, dann bekommen wir Angst, dass uns etwas zustoßen kann. Wir fangen an, Situationen zu vermeiden, die uns etwas Unangenehmes bringen könnten. Wir fühlen uns ausgeliefert, wie in den Dschungel geworfen, mit der Aufforderung, uns allein durchzuschlagen.

Nur der Zuschauer, der sich bewusst ist, dass er selbst die Eintrittskarte gekauft hat, kann sich ganz unbesorgt in das Erleben fallen lassen. Er weiß, dass ihm nichts geschehen kann, dass er rausgehen kann, wenn er den Film nicht mehr erleben will, und dass er sich einen neuen auswählen kann. Er wird aber nur einen Film verlassen, der ihn nicht berührt, denn er will ja etwas erleben und fühlen. Wir haben uns ein spannendes und aufregendes Leben ausgesucht, weil wir wissen, dass uns nichts geschehen kann. Viele Menschen haben das vergessen und bremsen ihr Leben, um es zu kontrollieren. Sie haben Angst, dass ihnen etwas passieren kann. Dabei sind wir alle freie und unbegrenzte Schöpfer, die ihre eigene Schöpfung erleben.

Alles, was im Leben geschieht, dient uns dazu, diese Wahrheit wieder zu erkennen, und verhilft uns letztendlich dazu, glücklich zu werden. Wir legen uns selbst einen Stein in den Weg, wenn wir nicht ehrlich sind. Es heißt doch nichts anderes, als dass wir die Hilfe und Chance, die in jeder Situation enthalten sind, nicht wollen. Wenn wir nicht ehrlich sind, blockieren wir den Fluss des Lebens. Früher oder später manifestiert sich diese Energieblockade in unserem Körper, was wir als Krankheit bezeichnen. Krankheit ist also nur eine Folge von Unehrlichkeit. Dem Nichtannehmenwollen folgt der Widerstand und „Widerstand" ist nur ein anderes Wort für Blockade. Widerstand haben wir, weil wir Angst haben, uns könnte etwas geschehen, und diese Angst haben wir nur, weil wir vergessen haben, dass wir unser Leben selbst gestalten. Mit dem Vertrauen, dass uns nichts passieren kann, können wir uns dem Fluss des Lebens hingeben, der uns geradewegs und mühelos zu unserem Ziel führt.

Ehrlichkeit ist der Schlüssel. Sie ist die Voraussetzung, dass wir bereitwillig erleben und fühlen. So lösen sich jede Blockade und jedes Problem auf. Jedes Problem enthält schon die Lösung und jede Krankheit beinhaltet die Heilung, wenn wir uns ihr hingeben und sie erleben.

Ehrlichkeit in jeder Situation lässt uns glücklich sein. Denn: „Die Wahrheit wird euch frei machen!"

# 4. Psychosomatik, Beziehung und Gesundheit

Haben unsere Beziehungen einen direkten Einfluss auf unsere Gesundheit? In welchem Verhältnis stehen unsere Beziehungen zu unserer Gesundheit und unserem Wohlbefinden?

Bevor wir nun auf diese Frage näher eingehen, sind zum besseren Verständnis noch einige grundsätzliche Worte zum Thema „Krankheit und Gesundheit" erforderlich. Wenn in diesem Buch die Rede von Krankheit und Gesundheit ist, dann ist damit nicht nur der Körper gemeint, sondern der ganze Mensch mit Körper, Seele und Geist. Dass diese Ebenen nicht voneinander zu trennen sind, zeigt sich in unserem Alltag täglich.

Die Weltgesundheitsorganisation definiert Gesundheit folgendermaßen: „Gesundheit ist das Wohlbefinden auf körperlicher, seelischer und sozialer Ebene." Dieser Definition schließen wir uns weitgehend an. Danach ist Krankheit schlicht und einfach ein Nicht-Wohlbefinden. Vielen mag diese Auffassung, wonach jeder Mensch mehr oder weniger krank ist, zu eng erscheinen. Bei näherer Betrachtung jedoch bekommt Krankheit dadurch eine ganz andere Bedeutung, die den Umgang mit derselben, ihre Ursache und ihren Sinn in einem ganz anderen Licht erscheinen lassen. Jeder Mensch trägt den Wunsch in sich, glücklich zu sein. Das beinhaltet, sich in jeder Situation, auf allen Ebenen wohl zu fühlen. Und jeder Mensch trägt das Potenzial in sich, dieses Ziel zu erreichen. Alles in uns ist darauf ausgerichtet, diesen Zustand der vollkommenen Gesundheit, des Heilseins, des Glücklichseins zu erlangen. Krankheit ist also nichts Schlimmes, im Gegenteil, sie hilft uns, heil zu werden. Genau wie Gesundheit ist Krankheit ein Begriff, der nur im Singular existiert. Es gibt nicht die „Gesundhei-

ten“, genau so wenig, wie es Krankheiten gibt. Beides sind Zustandsformen des ganzen Menschen und beziehen sich nicht auf einzelne Teile des Menschen.
Ausgehend von der Definition, dass Gesundheit das Wohlbefinden auf allen Ebenen bedeutet, wird das Ausmaß deutlich, wie groß der Einfluss unserer Beziehungen auf die Gesundheit ist. Was verstimmt uns schneller und öfter als irgendwelche Konflikte, Meinungsverschiedenheiten, Streitereien, Missverständnisse etc.? Ob in der Arbeit, beim Sport oder zu Hause in der Familie, überall wo wir mit Menschen zusammen sind, werden wir mit Situationen konfrontiert, die uns nicht immer behagen, bei denen wir uns nicht wohl fühlen.

## Psychosomatik

Im Jahre 1818 äußerte der deutsche Arzt Heinroth die Ansicht, dass körperliche Krankheiten psychische Ursachen haben. Damals wurde er von seinen Kollegen einfach ausgelacht, und zwar nicht wegen der Selbstverständlichkeit seiner Aussage, sondern wegen der so abwegig scheinenden Idee, es könne wirklich so etwas wie Psychosomatik, so nannte es Heinroth damals schon, in der wissenschaftlichen Medizin geben.

Diese Schwierigkeit, die Wirklichkeit hinter dem Schein zu erkennen, ist nicht neu. Schon vor 2400 Jahren verkündete Sokrates: „Es gibt keine von der Seele getrennte Krankheit des Körpers“, und Plato, der wohl berühmteste Schüler von Sokrates, beklagte: „Das aber ist der größte Fehler bei der Behandlung von Krankheiten, dass es Ärzte für den Körper und Ärzte für die Seele gibt, wo doch beides nicht getrennt werden kann.“

Es wird jedoch noch immer getrennt gesehen. Anstatt einen

ganzheitlichen Ansatz zu verfolgen, der Körper, Seele und Geist als ein untrennbares Ganzes erkennt, schreitet die Spezialisierung, die Aufteilung des Menschen in immer kleinere Einheiten, weiter fort. Wenn man überhaupt bereit ist, die Psychosomatik für möglich zu halten, dann sucht man nach wissenschaftlichen Beweisen dafür. Ist es nicht Beweis genug, dass wir rot werden, wenn wir verlegen sind, weinen, wenn wir traurig sind? Wir werden blass vor Schreck und bekommen Durchfall vor lauter Aufregung. Dann verschlägt es uns die Sprache und die Haare stehen uns zu Berge. Was immer unsere Seele erlebt, der Körper macht es nach außen sichtbar. Was immer unsere Seele bewegt, bewegt auch den Körper, und diese Wirkung kann nach unserer subjektiven Wahrnehmung positiv oder negativ sein, kann uns krank und leidend oder gesund und glücklich machen.

Doch noch immer lehnen viele Menschen die Psychosomatik ab, wie der Arzt, der auf einem Kongress zu seinem Kollegen sagte: „Immer wenn ich diesen Quatsch mit der Psychosomatik höre, dreht sich mir der Magen um …"

Nicht nur an diesem Beispiel kann man erkennen, wie gut und deutlich unsere Sprache den Zusammenhang zwischen Wohlbefinden und körperlichen Symptomen zum Ausdruck bringt: „Ich habe die Nase voll von dir!", „Du bringst mich noch ins Grab!", „Da kommt mir die Galle hoch!", „Ich finde dich zum Kotzen! … Du gehst mir auf die Nerven!" usw.

Was unterscheidet nun die Psychosomatik von der herkömmlichen Weise mit Krankheit umzugehen? Beide Systeme forschen nach dem Grund des Geschehens, nach der Ursache der Krankheit. Die zentrale Frage, die von allen Seiten gestellt wird, heißt: „Warum?" Die gefundene Ursache ist dann der Ansatzpunkt, um Einfluss auf das Geschehen zu nehmen. Schließlich ist Krankheit etwas Unangenehmes, das, wenn möglich, aufgelöst und überflüssig gemacht werden soll. Mit dieser Frage nach dem „Warum" be-

gegnen wir einem grundsätzlichen Problem unserer Denkgewohnheiten. Normalerweise führen wir alle erlebbaren Erfahrungen auf eine Ursache zurück. Das, was wir wahrnehmen, ist die Wirkung einer Ursache. Diese Ursache geht der Wirkung zeitlich voraus. So konstruieren wir weit reichende Kausalketten, indem wir jede Ursache als Wirkung einer noch weiter davor liegenden Ursache erkennen. So können Sie dieses Buch im Augenblick lesen, weil Sie es sich gekauft haben. Sie haben es sich gekauft, weil Sie es in der Buchhandlung gesehen haben und es Sie interessierte.
Und es hat Sie angesprochen, weil ... Diese Kette kann man beliebig lang fortsetzen, bis man eben an einen Punkt kommt, an dem man keine Antwort mehr weiß. An diesem Punkt wird dann weitergeforscht, um eine Erklärung zu finden.

Dieses kausale Denkkonzept ist für die meisten Menschen der einzige Weg, die Abläufe im Universum zu erklären. So forscht man überall nach den Ursachen für die unterschiedlichen Manifestationen, um ein klares Verständnis für die Zusammenhänge zu bekommen. Doch dies ist nicht der eigentliche Grund dieses Strebens. Was brächte es der Menschheit, wenn sie um die kleinsten Zusammenhänge und Bausteine unseres Universums wüsste? Dadurch würde sich nichts verändern, alles bliebe, wie es ist. Die Motivation dieser Ursachensuche ist die Hoffnung, mit dem entsprechenden Verständnis in die Zusammenhänge steuernd eingreifen zu können. Wir wollen die Dinge, die uns nicht gefallen, so verändern, wie wir sie gebrauchen, wenn sie uns nützlich erscheinen. Wenn ich weiß, warum ich keinen Partner finde, welches Verhalten und welche Ursachen dem zugrunde liegen, dann kann ich dieses entsprechend ändern und finde dann meinen Partner.

In diesem kausalen Weltbild hat jede Erscheinung eine Ursache. Darum ist es nicht nur sinnvoll, sondern vor allem notwendig, jede Ursache wiederum nach ihrer Ursache zu hinterfragen. Wie man sich leicht vorstellen kann, führt das zwar zur Erforschung der Ursache hinter der Ursache, aber jedoch niemals zu der letztendlichen Ursache, denn diese hat ja wiederum eine Ursache: ein nie endendes Hinterfragen, das man entweder an einem beliebigen Punkt abbricht und das Ergebnis als absolute Wahrheit darstellt, weil man gerade nicht weiterkommt, oder man bleibt bei einem unlösbaren Rätsel stehen.

Eine andere Betrachtungsweise, von der auch die Psychosomatik ausgeht, sucht die Ursache nicht in der Vergangenheit, sondern in der Zukunft. Sie spricht von einer Zweckursache und geht davon aus, dass jeder Manifestation, jeder Erscheinung ein Zweck, eine Absicht zugrunde liegen. Sie beinhalten eine Information, eine Idee mit einem Ziel, welches auf die Zukunft ausgerichtet ist. Als Beispiel für diese Zusammenhänge soll uns an dieser Stelle das Entstehen eines Hauses dienen. Am Anfang stand die Absicht eines Bauherren, ein Haus zu bauen. Daraufhin suchte er sich einen Architekten, der die Pläne für das Haus entwarf. Danach wurden Baumaterial, Handwerker und Maschinen beschafft und das Haus fertig gestellt.

Nun könnte man sagen, dass das Haus deshalb dort steht, weil die Handwerker mit Hilfe von Maschinen die Baumaterialien so zusammengefügt haben, dass daraus dieses Haus entstanden ist. Man könnte auch noch einen Schritt weitergehen und denken, dass der Architekt die Ursache für die Entstehung des Hauses ist, denn er hat ja die Pläne gemacht, worauf dann die Baumaterialien und die Handwerker bestellt wurden.

Die wirkliche Ursache aber war die Idee des Hausherrn, ein Haus zu bauen. Würde man die Baumaterialien wegnehmen, dann würde die Absicht des Bauherrn, ein Haus zu bauen, dafür sorgen, dass andere Materialien besorgt würden. Würde der Architekt ausfallen, würde der Bauherr sich einen anderen suchen. Würde der Bauherr allerdings seine Absicht ändern und kein Haus mehr bauen wollen, dann würde das Haus nicht zustande kommen. Er würde keinen Architekten beauftragen, es würden keine Baumaterialien besorgt und auch keine Handwerker beauftragt. Die Absicht des Bauherrn, in Zukunft ein Haus haben zu wollen, hat all die anderen Erscheinungen wie den Architekten, die Handwerker, die Maschinen und das Baumaterial hervorgebracht. So beinhalten jede Sache, jede Manifestation eine Absicht oder eine Idee. Mit anderen Worten könnte man auch sagen: Alles hat seinen Sinn!

Wichtig dabei ist zu erkennen, dass es die Absicht ist, die alle Dinge in Erscheinung treten lässt, um sich selbst zu erfüllen. Die Dinge sind die Hilfsmittel, damit sich die Absicht erfüllt. Ein anderes Beispiel macht das sehr deutlich: Weder Pinsel, Farben noch Leinwand sind die Ursache für ein Gemälde. Erst dadurch, dass Menschen sie als Hilfsmittel benutzen, entsteht das Gemälde. Daraus wird auch ersichtlich, dass es nicht sehr sinnvoll ist, Hilfsmittel zu entfernen, um das Erreichen des Ziels zu verhindern. Die Absicht wird andere Hilfsmittel suchen und finden, um ihre Idee zu verwirklichen.

Das ist der Grund, warum auch eine noch so fortschrittliche Medizin Krankheit nicht verhindern kann und, wie die Statistik deutlich zeigt, den Prozentanteil der Erkrankten auch nicht senken konnte. Obwohl sich die Krankheitsbilder verändert haben und viele Krankheiten, die noch vor 100 Jahren gang und gäbe waren, heute fast nicht mehr existieren, konnte die Zahl der kranken Menschen nicht reduziert werden.

Der Körper ist der Träger einer Information und bringt nur die dahinter stehende Idee zum Ausdruck. Der Körper an sich kann niemals krank oder gesund sein, da er wie eine Leinwand nur eine Information zum Ausdruck bringt. Er ist die Projektionsfläche des Bewusstseins. Aus sich selbst heraus kann der Körper nichts tun. Haben wir einmal den Unterschied zwischen Krankheit und Symptom wirklich verstanden, so ändert sich unser Umgang mit

Krankheit grundlegend. Das Symptom ist dann nicht mehr der große Feind, den es zu besiegen gilt, sondern lediglich ein Helfer, ja sogar ein Freund auf dem Weg zur Gesundheit, zur wirklichen Gesundheit, dem Heilsein. Das Symptom kann uns dabei sagen, was es zu tun gibt, was es zu verändern gilt, vorausgesetzt, wir verstehen die Sprache unseres Körpers.

Krankheit hat einen Sinn. Eine Absicht hat sich ein bestimmtes Krankheitsbild und entsprechende Hilfsmittel ausgesucht, um damit einen Zweck zu erfüllen. Es hilft nichts, wenn ich die Hilfsmittel, seien es nun Fieber, Bakterien, Pilze usw., bekämpfe oder vermeiden will. Die ursprüngliche Absicht wird sich andere Hilfsmittel zunutze machen, um ihr Ziel zu erreichen.

Die einzige Möglichkeit, wirklich Einfluss zu nehmen, besteht darin, den Sinn, die Absicht dieses Geschehens zu unterstützen. Sich den Gegebenheiten zu widersetzen und dagegen anzukämpfen führt nur zu einer zeitlichen Verzögerung. Obendrein ist es keine angenehme Verzögerung, da ja etwas da ist, gegen das man sich ständig wehrt und das man nicht haben will. Kämpfen ist anstrengend und kostet viel Energie. Von wirklichem Wohlbefinden kann man in solch einem Fall wohl nicht sprechen. Dieser Widerstand, den wir häufig ausüben, ist Ausdruck unserer Angst. Angst, dass die Situation nicht gut für uns ist, dass irgendetwas Schlimmes mit uns passieren könnte, dass wir mit dieser oder einer kommenden Situation nicht zurechtkommen könnten.

Widerstand ist die eigentliche Ursache von Krankheit. Er ist eine Blockade im Lebensfluss. Körperlich beschreiben viele ganzheitliche Heilverfahren Krankheit als eine Störung im Energiesystem. Sie sprechen von Energieblockaden, was die körperliche Entsprechung für eine Blockade im Lebensfluss ist. So führen alle Verdrängungsmechanismen früher oder später auch zu körperlichen Blockaden, die wir dann als Krankheit bezeichnen. Um etwas nicht zu erleben, benutzen wir viele Mechanismen und Möglichkeiten unseres alltäglichen Lebens. Manche nutzen den Alkohol, um irgendetwas zu verdrängen. Andere rauchen, sind Frustfresser, arbeiten rund um die Uhr oder haben einen Termin bzw. eine Verabredung nach der anderen usw. Wir können so ziemlich alles nutzen, um vor Dingen wegzulaufen. Hier liegt auch die Erklärung dafür, dass nicht jeder, der raucht, Alkohol trinkt oder viel isst, krank wird. Wenn man diese Dinge genießt und sie nicht benutzt, um etwas zu verdrängen, dann werden sie einen nicht krank machen. Dieser Zustand bedeutet aber auch, dass man von diesen Genüssen unabhängig ist und es einem nichts ausmacht, wenn sie nicht zur Verfügung stehen.

Um den Widerstand, der hinter allen Süchten steht, aufgeben zu können, brauchen wir das Vertrauen, dass uns letztendlich nichts geschehen kann. Es wird uns umso leichter fallen, den Widerstand aufzugeben, wenn wir daran glauben, dass sogar ein großer Gewinn für uns dahinter steht. Mit dieser Einstellung nehmen wir jede Situation bereitwillig an und legen der Absicht damit nichts in den Weg, ihr Ziel zu erreichen. Haben wir nicht das Vertrauen, dass alles im Sinn unserer eigenen Entwicklung zu mehr Lebensfreude, Fülle und Freiheit geschieht, dann fühlen wir uns als Opfer. Verzweifelt kämpfend versuchen wir, Veränderungen zu vermeiden oder zu kontrollieren, um Erfahrungen aus dem Weg zu gehen, die nach unseren Vorstellungen unangenehm oder sogar schmerzhaft sind. Am Ende müssen wir dann doch feststellen, dass der Widerstand uns in diesem Sinne nichts geholfen hat.

Um also unsere Entwicklung zu unterstützen, brauchen wir nur jeden Augenblick, so wie er ist, anzunehmen. Anzunehmen bedeutet zuerst einmal, die Situation wahrzunehmen, wie sie ist, und nicht schon irgendeinen Filter vor unsere Brille zu legen, damit man nur das sieht, was man sehen will. Jeder Augenblick will erlebt werden. Dafür wurde er geschaffen, und nur wenn ich bereitwillig alles erlebe, bin ich im Fluss. Dann ist das Leben mühelos und leicht. In der Erkenntnis oben genannter Zusammenhänge fällt es uns leicht, uns dem Fluss des Lebens hinzugeben, denn wir gehen ja nun davon aus, dass alles einen Sinn hat. Einen Sinn, der Veränderungen zu unserem Besten beinhaltet.

Vertrauen – das Annehmen einer für uns vorteilhaften Absicht – und das Akzeptieren der derzeit bestehenden Hilfsmittel, der so genannten Lebensumstände, sind die unterstützenden Maßnahmen, die uns zur Verfügung stehen. Wir suchen allerdings immer wieder das Verständnis, fallen dabei ins Denken, anstatt das, was ist, zu erleben, und sind treue Anhänger des „Warum". Doch auch dies hat einen positiven Aspekt: Das Verstehen stärkt unser Vertrauen, das für das Geschehenlassen so bedeutungsvoll ist. Kinder haben das Vertrauen, sie brauchen das Verständnis nicht, um die Dinge geschehen zu lassen. Sie erleben alles ohne Widerstände und damit kann ihre Entwicklung ungestört ihrem Ziel entgegengehen. Sie verstehen nicht und doch entwickeln sie sich.

Das Gleiche gilt auch für Erwachsene. Entgegen vielen Meinungen brauchen wir die Geschehnisse nicht zu verstehen, damit sie geschehen. Entwicklung geschieht einfach. Aber um dieses zulassen zu können, brauchen wir Vertrauen. Und da uns das Verständnis um die Dinge Vertrauen gibt, widmen wir uns nun der Bedeutung unserer Lebensumstände und der Psychosomatik, die uns dabei hilft, die Information und die Absicht, die in allen Abläufen vorhanden ist, zu verstehen.

# Teil II

## Register 1: Beziehungsphasen und ihre Bedeutung

Im folgenden Kapitel wird die Beziehung in allen ihren Phasen beleuchtet. Wie im Leben beginnen wir mit dem Alleinsein, durchlaufen die Phase des Kennenlernens, kommen zur eigentlichen Partnerschaft und enden mit der Trennung. Die jeweiligen Schwierigkeiten, Probleme und Konflikte, die dabei auftauchen können, finden im Folgenden besondere Beachtung. Wir werden die Hintergründe der Situationen anschauen und Zusammenhänge deutlich machen, um die Botschaft zu verstehen, die uns das Problem zeigt. Jede Situation beinhaltet eine Absicht und bringt diese auch zum Ausdruck. Diese Botschaft lässt uns den Sinn des Geschehens erkennen und gibt uns damit auch schon die Lösung des Problems mit an die Hand.

Wie bereits zu Beginn des Buches erwähnt, ist jedes Problem an sich einzigartig, weil es von vielen verschiedenen Komponenten beeinflusst wird. Deshalb sind unsere Lösungsvorschläge als Anregungen zu verstehen, um für die eigene Situation eine entsprechende Lösung zu finden.

# 1. Alleinsein

Das Alleinsein hat in unserem Leben eine ganz besondere Bedeutung. Es gehört, genau wie die Partnerschaft, zu unserem Leben. Wir kommen alleine auf die Welt und wir werden sie auch alleine wieder verlassen. Obwohl wir viele Freunde haben, vielleicht auch eine Partnerschaft, in der wir sehr glücklich sind, gibt es immer wieder die Momente, in denen wir uns sehr einsam fühlen. Wir fühlen uns allein, haben das Gefühl, mit unserem Problem ganz alleine dazustehen, und wissen auch, dass uns keiner dabei helfen kann.

Manche Menschen lieben das Alleinsein, aber die meisten fürchten sich vor der Einsamkeit. Sie fühlen sich nicht fähig, allein mit dem Leben zurechtzukommen, geschweige denn allein glücklich sein zu können. Darum ist es natürlich kein Wunder, dass diese Menschen die Einsamkeit fürchten und alles in Bewegung setzen, um eben nicht allein sein zu müssen. Und wenn sie dann doch mit dem Alleinsein konfrontiert werden, bricht für sie alles zusammen.

In der Welt der Dualität haben die beiden Pole immer das Bestreben, zu einer Einheit zu verschmelzen. Das ist die treibende Kraft, die Frau und Mann zusammenführt und beide eine erfüllte Partnerschaft suchen lässt.

Um dieses Ziel erreichen zu können, müssen Sie zunächst einmal erkennen und annehmen, dass es an Ihnen liegt und nicht von äußeren Umständen abhängig ist. Sie haben sich alle Umstände, so wie sie jetzt sind, selbst geschaffen – bewusst oder unbewusst. Es ist nicht der richtige Partner, den Sie benötigen, um eine glückliche und erfüllte Partnerschaft leben zu können, und es sind auch nicht irgendwelche anderen äußeren Umstände, die das Erreichen dieses Zieles verhindern. Einerseits verhindert diese Erkenntnis, dass man sich weiterhin als Opfer fühlen kann, was ja manchmal sehr angenehm und einfach ist. Auf der anderen Seite beinhaltet sie dafür das ganze Potenzial der Freiheit, das vielleicht noch nicht voll entwickelt ist, aber in jedem Menschen auf seine Entfaltung wartet. Wir sind Schöpfer, keine Anpasser!

**Ich kann nicht allein sein**

Nur wenige können wirklich allein sein. Das bedeutet nicht, für einige Stunden oder Tage das Alleinsein auszuhalten, sondern ohne andere Menschen glücklich zu sein. Die meisten brauchen andere, sie sind alleine nicht glücklich. Sie werden unruhig und suchen überall nach Ablenkungen. Viele sind sogar so unselbständig, dass sie den Partner für ihr alltägliches Leben brauchen. Sie wollen und können nicht allein sein. Auch wenn sie große Schwierigkeiten in der Beziehung haben oder vieles überhaupt nicht ihren Wünschen entspricht, machen sie lieber Kompromisse, als sich auf das Alleinsein einzulassen.

*Was steht dahinter?*

Allein, ohne Ablenkung, kann all das an die Oberfläche kommen, was man die ganze Zeit nicht sehen wollte. Verdrängte Ängste, unverdaute Konflikte nutzen die Gelegenheit und fordern Aufmerksamkeit. Entweder man stellt sich diesen oder man läuft weg. Der eine flieht von einem Verhältnis zum nächsten, während der andere dem Alkohol huldigt usw. Wer dieses alles nicht will, tut also gut daran, nicht allein zu sein, sich nicht zu intensiv mit sich selbst zu beschäftigen. Am besten, man findet einen Partner, dem es genau so geht, so dass man sich gemeinsam ablenken kann. Eine solche Partnerschaft hat sich ein negierendes Motiv zugrunde gelegt. Die Grundhaltung besteht nicht aus einem „Ja zur Gemeinsamkeit“, sondern aus einem „Nein zum Alleinsein“. In einer solchen Situation sind die Partner abhängig voneinander, sie sind bereit, ein Opfer dafür zu bringen. Sie tun, was der andere verlangt, solange die Angst vor dem Alleinsein größer ist als die Einschränkung durch den Partner. Seien Sie sich bewusst, dass „Ich kann nicht allein sein“ immer bedeutet: „Ich will nicht allein sein.“

*Was ist zu tun?*
Alleinsein ist eine Aufgabe, die sich jedem Menschen irgendwann einmal stellt, vor der er nicht weglaufen kann, die er lösen muss. Das heißt nicht, Eremit oder Eigenbrötler zu sein, und dieses Alleinsein ist auch keine quälende Einsamkeit oder Isolation. Es ist ein Schritt in die Freiheit. Gehen Sie, wann immer Sie die Gelegenheit dazu haben, freiwillig in das Alleinsein. Nutzen Sie einen Teil Ihrer freien Stunden, vielleicht sogar einen Urlaub, um ganz mit sich zu sein. Am Anfang mag es sehr ungewohnt sein und bedarf möglicherweise auch einer klaren Entscheidung, um nicht gleich wieder aufzugeben. Halten Sie durch und Sie werden schon bald im Alleinsein nicht mehr das Gefühl von Einsamkeit haben. Auch Sie werden das All-Eins-Sein lieben.

**Ich will allein sein**
Es gibt ihn wirklich, den Einzelgänger, der keinen Menschen braucht, um seine Bedürfnisse zu befriedigen. Er ist glücklich mit sich selbst. Man erkennt ihn daran, dass er keine Widerstände gegen Partnerschaft hat und nicht alleine sein muss, sondern in einer erfüllten Partnerschaft leben kann. Er ist alleine wie auch in einer Beziehung in Frieden. Er hat erkannt, dass alles, was er sucht, in ihm ist. Er ist sich selbst der ideale Partner.

Viel häufiger begegnen wir aber dem scheinbaren Einzelgänger: jemand, der allein ist, keine Partnerschaft lebt und behauptet, dass er alleine sein will. In Wahrheit läuft er vor der Partnerschaft davon.

*Was steht dahinter?*

Unabhängig ist man erst, wenn man sowohl in einer Partnerschaft als auch alleine glücklich ist. Solange man sich aber gegen die Partnerschaft wehrt, ist man nicht wirklich frei.

Einigen Menschen, die behaupten, dass sie lieber allein sind, ist nicht bewusst, dass sie sich nach einer erfüllten Partnerschaft sehnen. Sie wollen es nicht wahrhaben, damit sie sich nicht mit den Hintergründen auseinander setzen müssen. Sie behaupten, dass sie viel lieber allein sind und eine Partnerschaft sie nur stören würde oder dass sie keine Zeit dafür haben. Manche sagen, dass eine Partnerschaft sie auf ihrem Weg behindert, dass sie nur Ärger macht und ihnen nichts geben könnte. „Letztendlich bin ich eh allein, also kann ich mich gleich damit auseinander setzen und brauche den Umweg über die Partnerschaft nicht zu gehen", hört man so manchen Esoteriker sagen.

Aber das ist alles keine Freiheit, das ist vielmehr Flucht. Die wirklichen Gründe, warum viele Menschen einer Partnerschaft aus dem Weg gehen, bleiben dahinter verborgen.

Die Angst vor Nähe mit ihren unterschiedlichen Aspekten steht dabei meistens im Vordergrund. Man weiß, dass man sich in einer Partnerschaft früher oder später zeigen muss, zumindestens in der, die man sich wünscht. Dann kommen die Minderwertigkeitskomplexe, die Angst zu versagen, sexuelle Unsicherheit und vor allem die Unehrlichkeit zutage. „Will der andere mich dann noch, wenn er weiß, wie ich wirklich bin? Wahrscheinlich wird er sich dann angewidert von mir abwenden und die Enttäuschung ist perfekt." So oder ähnlich lauten die Gedanken, die viele dann begleiten.

*Was ist zu tun?*

In dieser Situation ist es zunächst einmal wichtig, den eigenen Standpunkt zu erkennen. Stellen Sie sich noch einmal die Frage:

„Will ich eine Partnerschaft?“, und nutzen Sie dabei folgende Hilfestellungen und Anregungen, um auf die Frage ein klares „Ja“ oder „Nein“ zu finden. Lassen Sie zunächst einmal alle Begrenzungen, Verbote, „Gibt es nicht“ und Moralvorstellungen beiseite. Dann malen Sie sich eine Partnerschaft aus, die Sie sich vorstellen könnten und die Ihnen gefallen würde. Lassen Sie Ihrer Phantasie dabei freien Lauf, alles ist erlaubt. Auch Ihre eigenen Eigenschaften können Sie dabei verändern.

Wenn Sie eine Form gefunden haben und Sie sich von einer solchen Partnerschaft angezogen fühlen, dann wissen Sie, dass Sie eigentlich offen für eine Beziehung sind. Ihre Entscheidung, sich für eine Beziehung zu öffnen, wird Ihnen Stück für Stück die Überzeugungen zeigen, die Sie bislang davon abgehalten haben, eine erfüllte Partnerschaft zu leben.

**Keiner ist gut genug**

Wer sucht ihn nicht, den Idealpartner, der alle Bedürfnisse und Wünsche zur vollsten Zufriedenheit erfüllt? Manche haben ihn gefunden, aber die meisten sind ein Leben lang auf der Suche nach ihm.

*Was steht dahinter?*

Manche Menschen haben so hohe Erwartungen an ihren zukünftigen Partner, dass es kein Wunder ist, dass sie ein Leben lang vergeblich nach ihm suchen. An jedem finden sie meistens schon nach kurzer Zeit etwas, das nicht ihren Vorstellungen entspricht. Es ist ihr eigener Perfektionismus, den sie auf ihren Partner übertragen. Es sind die hohen Erwartungen, die sie an sich selbst haben und denen sie selbst nicht genügen. Genauso wenig, wie sie ihren eigenen Erwartungen gerecht werden, kann auch kein anderer ihren hohen Ansprüchen genügen.

Wenn Sie Ihr Leben auf das lange Warten nach dem idealen Partner ausrichten, dann versuchen Sie eigentlich, den unvorher-sehbaren und nicht kontrollierbaren Risiken der Liebe und Partnerschaft auszuweichen. Eine Strategie, die ein ziemlich langweiliges Leben mit sich bringt. Wenn Ihre Vorstellung einen potenziellen Partner ausmustert, sind Sie auf Nummer sicher gegangen und Sie gehen kein Risiko ein, eine Enttäuschung zu erleben.

Andere schrauben ihre Erwartungen nur deshalb so hoch, um so einer Partnerschaft aus dem Weg gehen zu können. Sie wollen gar keine Partnerschaft, weil sie Angst davor haben. Vielleicht wollen sie keine Enttäuschung erleben oder haben Angst vor Nähe und Liebe. Das, was sie sich am meisten wünschen, davor haben viele auch die größte Angst. Weshalb sie auch immer einer Beziehung aus dem Weg gehen, sind sich die wenigsten bewusst oder wollen es nicht zugeben. So liegt es beim anderen, der den Vorstellungen nicht entspricht, oder am Schicksal, das den Richtigen nicht kommen lassen will.

*Was ist zu tun?*

Der ideale Partner ist immer der, zu dem es uns am meisten hinzieht. Jede Beziehung hilft uns, uns selbst ein Stück näher zu kommen. Darin liegt der Sinn einer jeden Partnerschaft. Wir können sicher sein, dass uns das Leben in diesem Sinne immer mit den idealen Situationen und Menschen zusammenbringt.

Nehmen Sie sich in Ruhe etwas Zeit und machen Sie eine Liste, was Sie von Ihrem Partner erhoffen, was Sie erwarten und welche Forderungen Sie an ihn haben. Beschreiben Sie genau, wie er aussehen soll, wie er sich verhalten soll, welche Ansichten und welche Bildung und Interessen er haben soll. Beschreiben Sie einfach alles, was Sie sich von ihm erträumen, seine Eigenschaften, den Zeitpunkt Ihrer Begegnung, einfach alles. Und seien Sie gründlich, vergessen Sie nichts, nicht die geringste Kleinigkeit.

Wenn Sie das dann getan haben, kommt der wichtigste Punkt: Vergessen Sie das alles, lassen Sie alles los, wirklich alles. Trennen Sie sich von diesen lieb gewonnenen Vorstellungen und gestatten Sie Ihrem Idealpartner, so zu sein, wie er wirklich ist: „Er selbst“. Sorgen Sie dafür, dass vor Ihrer Begegnung wirklich alle Vorstellungen, die in Wahrheit ja nur Begrenzungen sind, aufgelöst wurden. Machen Sie sich ganz frei davon, denn jede Vorstellung trennt Sie voneinander.

Und wenn Sie sich dann zu einem Menschen hingezogen fühlen, der überhaupt nicht Ihren Vorstellungen entspricht, gerade dann können Sie ganz sicher sein, dass er vollkommen zu Ihnen passt – auch wenn das nicht unbedingt bequem sein muss und nach außen keinen sehr harmonischen Eindruck macht.

Der Sinn einer Partnerschaft ist der, dass der andere mich mit meinem Mangel konfrontiert. Mit anderen Worten kann man auch sagen, dass der andere mir meinen unbewussten Teil zeigt, damit ich diesen Teil von mir erkenne und annehme, damit er in mein Bewusstsein aufsteigt. Die Auseinandersetzung mit dem anderen soll mich also letzlich zu mir selbst führen, mir helfen, ganz „Ich selbst“ zu sein. So ist der Partner, der mich derzeit begleitet, immer der ideale Partner für mich und ich für ihn.

Es ist keine besondere Kunst oder Herausforderung, sich in jemanden zu verlieben, der dem Idealbild entspricht. Aber es erfordert eine große innerliche Überwindung, seinem Gefühl der Anziehung Raum zu geben, obwohl derjenige überhaupt nicht den Idealvorstellungen entspricht.

## Mich will keiner

Schon lange warten und suchen Sie einen Menschen, mit dem Sie eine Partnerschaft leben können. Ihre Freizeit gestalten Sie bewusst so, dass Sie mit vielen in Kontakt kommen. Sie gehen in einen Sportverein, zu Abendveranstaltungen und planen Ihre

Urlaube in größeren Gruppen, in der Hoffnung, einen Menschen für eine gemeinsame Zukunft zu finden. Doch es findet sich keiner. Haben Sie mal einen potenziellen Partner gefunden, dann will er nichts von Ihnen wissen oder es zerschlägt sich nach den ersten Kontakten. Eventuell wenden Sie sich sogar an eine Partnervermittlung, doch ebenfalls erfolglos. Sie verzweifeln, fühlen sich hilflos und völlig machtlos. Keiner will Sie. Ihr Selbstwertgefühl wird weniger und weniger.

*Was steht dahinter?*
„Mich will keiner" bedeutet nichts anderes, als dass Sie sich selbst nicht wollen, so wie Sie sind. Ihr Gegenüber spiegelt Ihnen nur Ihr eigenes Inneres wider. Im Außen erfahren Sie Ihre eigenen Überzeugungen, die Sie von sich selbst haben. Wenn Sie sich selbst nicht liebenswert finden, werden Sie genau das erfahren, indem Sie keiner will.

*Was ist zu tun?*
Auch hier ist wieder der erste Schritt, sich zu erinnern, dass Sie selbst die Situation mit all ihren äußeren Umständen geschaffen haben, um etwas zu lernen, um sich zu entwickeln. Und wenn Sie diesen Lernschritt vollzogen haben, kann sich die ganze Situation ändern, aber erst dann.

Fragen Sie sich einmal, ob Sie mit sich selbst eine Partnerschaft haben wollen. Und wenn nicht, dann schauen Sie noch einmal hin, warum Sie das nicht wollen. Wenn Sie die entsprechenden Punkte gefunden haben, dann gibt es zwei Möglichkeiten. Entweder Sie verändern die Dinge, mit denen Sie nicht zufrieden sind, oder, was wesentlich einfacher ist, Sie akzeptieren, dass Sie Ihren perfekten Vorstellungen nicht entsprechen, und nehmen sich selbst so an, wie Sie sind. Wenn Sie erwarten, dass Sie geliebt werden, ohne dass Sie sich selbst lieben, dann werden Sie lange warten. Keiner ist perfekt und keiner möchte mit einem Perfekten zusammen sein. Zeigen Sie den anderen, wie man sich mit all seinen scheinbaren Schwächen lieben kann, denn danach suchen alle. Dann werden Sie nicht mehr die Qual haben, dass Sie keiner will, dann haben Sie eher die Qual der Wahl.

### Ich traue mich nicht

„Immer wenn jemand kommt, der mir seine ganze Aufmerksamkeit, seine ganze Liebe schenkt und es wirklich aufrichtig mit mir meint, bekomme ich Angst und distanziere mich. Dabei wünsche ich mir doch so sehr einen Partner."

Vielen Menschen geht es so, aber nicht allen ist dieser Mechanismus auch bewusst.

*Was steht dahinter?*

Mehr oder weniger haben wir alle Angst vor der Liebe. Das, was wir uns am meisten wünschen, dort, wo unsere ganze Sehnsucht hingeht, befindet sich auch unsere größte Angst. Zahlreiche Menschen begeben sich erst gar nicht in solche Situationen, in denen sie mit Zuneigung und Liebe konfrontiert werden. Liebe kann alles verwandeln und zutiefst erschüttern. In dem Maße, wie wir uns ihr öffnen, verwandelt sie alle Bereiche unseres Lebens. Liebe ist der direkteste Weg zum Glücklichsein, denn sie nimmt alles an, bewertet nicht und lässt uns alles mit Anerkennung erleben. Das ist der Grund, warum sie so oft gemieden wird. Liebe ist nicht kontrollierbar. Wo Liebe ist, kann man nichts mehr verstecken. Dieses oft unbewusste Wissen lässt viele der Liebe aus dem Weg gehen. Was diese Menschen als Liebe bezeichnen, sind meistens projizierte Ängste, Sehnsüchte, Erwartungen, Bedürfnisse, Besitzansprüche und triebhafte Nei-gungen. Wenn sie überhaupt irgendwelche Beziehungen zulassen können, dann öffnen sie sich nicht wirklich, um sich in ihrem Innersten berühren zu lassen. Hinter der Langeweile oder anderen scheinbar vernünftigen Gründen, um sich zurückzuziehen, stehen in Wirklichkeit Resignation und Enttäuschung.

*Was ist zu tun?*
Die Aufforderung, die dahinter steht, heißt Loslassen. Loslassen der Kontrolle und bereit sein, sich zu zeigen mit allem, was gerade da ist. Die Liebe bewertet nicht, egal was für Neigungen, Gedanken, Verhaltensweisen und Ängste da sind. Diese Ehrlichkeit und der Mut, der dazu gehört, sich ganz offen mit allem zu zeigen, ist das, was die meisten Menschen suchen. Von solchen Menschen, die den Mut haben, sich zu zeigen, fühlen sie sich angezogen, weil sie genau so leben wollen, weil sie endlich auch so sein wollen, wie sie wirklich sind. Diese Menschen geben ihnen das Gefühl, dass sie so sein dürfen, wie sie sind, dass sie so gut sind, wie sie sind.

Gehen Sie diesen Schritt, haben Sie Mut und zeigen Sie sich. Dann können Sie die Liebe annehmen, die Ihnen entgegengebracht wird, und ziehen sogar noch mehr Menschen und noch mehr Liebe an.

**Ich verliebe mich nie**
Verliebtsein ist ein berauschendes Gefühl und für viele ein deutliches Zeichen, dass es sich um den richtigen Partner handelt. Wenn sie nicht so richtig verliebt sind, ohne dieses berauschende Gefühl, das sie völlig begeistert von dem anderen sein lässt, so dass sie diesen keine Minute missen wollen, dann überkommt sie Zweifel, ob der Auserwählte der Richtige ist. So warten sie, dass sie jemandem begegnen, der genau dieses Gefühl in ihnen auslöst, aber es will einfach nicht geschehen.

*Was steht dahinter?*

Das schöne Gefühl des Verliebtseins lässt sich nicht machen, sondern stellt sich ganz von alleine ein, wenn die Vorausset-zungen dafür gegeben sind. Verliebtsein bedeutet, von dem anderen bzw. von bestimmten Eigenschaften begeistert zu sein. Man fühlt sich von diesen Qualitäten angezogen, was nicht bedeutet, dass man dies mit dem Verstand versteht und nachvollziehen kann. Begeistert oder verliebt ist man nur in die Eigenschaften, die man bei sich selbst noch nicht entdeckt hat und die man auch gerne hätte. Wir tragen aber alle Eigenschaften in uns. So werden wir durch das Verliebtsein genau mit dem konfrontiert, was es jetzt in uns zu entdecken gilt.

Manchen stehen ihre Erwartungen aber im Weg. Bevor sie es zulassen, sich zu verlieben, muss der Partner erst bestimmte Voraussetzungen erfüllen. Sie versuchen, ihr Gefühl zu kontrollieren. Je größer die Erwartungen sind, umso unwahrscheinlicher ist die Möglichkeit, sich zu verlieben.

Andere wiederum haben eine genaue Vorstellung vom Verliebtsein. Aber auch dieses Gefühl kann sehr unterschiedlich sein. Viele, die eine lange glückliche Beziehung führen, hatten zu Beginn keine Phase der totalen Begeisterung und Euphorie.

*Was ist zu tun?*

Lassen Sie Ihre Erwartungen los, wie die Menschen sein sollen, die Ihnen begegnen. Erkennen Sie, dass es Ihre Selbstkritik ist, die die anderen unvollkommen erscheinen lässt. Alles, was Sie bei anderen bemängeln und von ihnen erwarten, zeigt Ihnen, wie Sie mit sich selbst umgehen.

Wenn Sie das Vertrauen wiedergewinnen, dass Ihnen immer die richtigen Menschen begegnen und es auch keinen falschen Partner gibt, dann werden Sie sich auch wieder verlieben.

Lesen Sie in diesem Zusammenhang auch im Kapitel „Keiner ist gut genug“.

## 2. Kennenlernen

Haben wir uns für eine Partnerschaft geöffnet, werden wir immer wieder mit einem scheinbar unerklärlichen Phänomen konfrontiert: der Magie der Anziehung.

Anziehung ist eine magische Kraft: Ein Mensch kann uns begeistern, während uns ein anderer völlig uninteressant erscheint. Es ist das geistige Gesetz der Resonanz, welches hier wirkt. Gleiches zieht Gleiches an. Angst zieht das an, was wir befürchten. Vorfreude lässt das entstehen, worauf wir uns freuen. Jeder kann nur das anziehen, was seiner derzeitigen Schwingung entspricht, und darum fühlen wir uns zu manchen Menschen hingezogen und zu anderen wiederum nicht.

Zentrales Thema in der Phase des Sichkennenlernens ist das Aussenden und Empfangen von Botschaften, die Kommunikation. Sie bezieht sich nicht nur auf verbale Botschaften, sondern vor allem auf die Körpersprache, die Botschaften, die durch das Verhalten ausgesendet werden und die Botschaften der Symbole.

Lernen sich zwei potentielle Partner kennen und interessieren sie sich füreinander, dann senden sie gerne mehrdeutige Botschaften aus. So können sie sich langsam nähern, ohne sich gleich verletzbar zu machen, denn durch die Mehrdeutigkeit bleibt immer noch ein Türchen offen. So wird nicht klar und deutlich mitgeteilt, was man denkt und fühlt, sondern die Botschaft wird so verpackt, dass sie immer noch anders verstanden werden kann. So kann man sich langsam vortasten, schauen wie der andere reagiert, um sich dann entweder zurückzuziehen oder ein Stückchen weiter vorzutasten. Man fühlt sich nicht nur sicherer, sondern die ganze Situation wird dadurch auch spannend und prickelnd.

Man gibt dem Gegenüber die Möglichkeit, die ausgesendete Botschaft auf unterschiedliche Weise zu verstehen. Dadurch, dass sie eben nicht klar ist, kann der Empfänger sie auch so interpretieren, wie es vom Sender nun gar nicht gemeint war. Hierauf beruhen viele Missverständnisse in der Begegnung zweier Menschen. Dieses kann auch in einer festen Beziehung über lange Zeit fortgesetzt werden.

Die Persönlichkeit des Empfängers entscheidet darüber, wie die Botschaft aufgenommen wird. Wenn Ihre neue Bekannte Sie nicht mit auf die Feier ihres Freundeskreises nimmt und Sie aus dieser Mitteilung heraushören, dass Sie nicht gut genug seien, dann ist es Ihr mangelndes Selbstwertgefühl, welches Sie zu dieser Interpretation führt.

Die mehrdeutige Kommunikation dient also nur dazu, sich nicht offen zeigen zu müssen. Für den Beginn einer Beziehung mag das für viele sehr dienlich sein, aber fragen Sie sich auch, ob Sie das auf Dauer wollen. Sind es nicht gerade die Vertrautheit und das Gefühl, so sein zu können, wie man wirklich ist, die einen großen Teil unserer Sehnsucht nach Zweisamkeit ausmachen? Also vergessen Sie nicht, den Übergang zu finden und sich so zu zeigen, wie Sie sind.

## Immer wieder das gleiche Problem

Kennen Sie das Phänomen, dass Ihre Beziehungen vielfach verblüffende Ähnlichkeiten aufweisen? Es ist eher selten, dass Menschen, die mehrere Beziehungen hatten, diese Erfahrung nicht gemacht haben. Es gibt Männer, und das sind nicht wenige, die sich immer von dem gleichen Frauentyp angezogen fühlen. Sie verlieben sich immer in die schöne, dominante, verletzende und notorisch untreue Frau. Wenn auch nicht gleich zu Anfang, sind sie dann doch bald wieder sehr unglücklich. Je schlechter es ihnen mit der Geliebten geht, umso mehr halten sie an der Beziehung fest.

Alle Freunde erkennen das sich anbahnende Drama, wenn der frisch Verliebte noch voller Begeisterung von seinem neuen Schwarm erzählt und davon überzeugt ist: „Diesmal wird alles ganz anders." Alle sanften Hinweise und massiven Warnungen werden in den Wind geschlagen. Auf die Frage, warum er sich denn nicht mal in ein nettes, warmherziges Wesen verliebe, lautet die Standardantwort: „Die interessieren mich leider überhaupt nicht!"

Oder denken Sie an die Frauen, die sich immer in die Unerreichbaren verlieben. Sie suchen sich verheiratete Männer aus oder Schwule oder Männer, die im Ausland leben. Die Variationen sind vielfältig, haben aber eines gemeinsam: Der Traumpartner ist nicht zu haben! Das Phänomen dabei ist aber, dass es vom ersten oder spätestens vom zweiten Augenblick an offensichtlich ist. Auch sie leiden darunter, versuchen es aber trotzdem immer wieder. Die Ausdauer, dieses Schema zu wiederholen, ist wirklich beachtlich.

*Was steht dahinter?*

Jede Beziehung ist ein Lernfeld, das wir uns ausgesucht haben, um auf unserem Weg zur Einheit wieder einen Schritt zu tun. Auch wenn wir uns der Instanz in uns nicht bewusst sind, die diese Situation erschafft, deshalb nennen wir sie ja unser Unterbewusstsein, so existiert sie doch. Wir schaffen uns die gleichen oder ähnliche Situationen so lange, bis wir gelernt haben, was wir lernen sollten. Das gilt für alle Bereiche im Leben, nicht nur für die Partnerschaft. Es ist wiederum nur unsere Vorstellung, die sagt, dass das, was gerade geschieht, nicht gut für uns ist. Und unser Verstand lässt sich dann viele vernünftige Argumente einfallen, die uns erlauben, doch wieder wegzulaufen. Es sind unsere Widerstände, die uns darin hindern zu erleben, was wir uns ausgesucht haben.

Wir entscheiden, was wir erleben möchten, um es dann zu erleben. Weigern wir uns zu erleben, was sich in Widerständen äußern kann, dann schaffen wir uns die Situation in verschiedenen Ausführungen so lange, bis wir bereit sind, sie zu erleben, sie zu fühlen und zu erfahren. Dann haben wir wieder einen Teil, den wir von uns getrennt haben, integriert. Wir sind wieder ein Stück heiler geworden, der Einheit einen Schritt näher gekommen.

*Was ist zu tun?*

Wenn Sie sich dieser Zusammenhänge bewusst sind, dann gehen Sie die nächste Wiederholung anders an und verharren Sie so lange darin, bis Sie gelernt haben, was Sie lernen sollten. Seien Sie sich bewusst, dass die Situation Ihnen eine Chance bietet und Ihnen nichts passieren kann. Finden Sie heraus, was genau Sie ablehnen und was Sie stört. Letztendlich lehnen Sie mit Ihren Bewertungen nur einen Teil von sich selbst ab. Erkennen Sie in Ihrem Partner einen Freund, der Ihnen zeigt, was Sie an sich selbst ablehnen, und der Ihnen hilft, sich selbst zu lieben, so wie Sie sind. Wenn Sie keinen Widerstand mehr gegen die Situation haben, können Sie sicher sein, dass Sie Ihre Aufgabe erfolgreich gelöst haben. Dann werden Sie auch deutlich erkennen, welch großen Dienst Ihnen Ihr Partner erwiesen hat.

## Ich gebe mich völlig auf

Jeder zeigt sich natürlich am liebsten von seiner besten Seite, vor allem, wenn er das Interesse des Auserwählten gewinnen will. Mit unterschiedlichem Aufwand versucht man zu vermitteln: „Ich bin ein wundervoller Mensch, genau das, was du suchst.“

Manche Menschen verlieren sich allerdings dabei und fallen in ein Verhalten, das ihnen normalerweise nicht entspricht. Sie haben es gehasst, in verrauchten Kneipen zu sitzen, und jetzt diskutieren sie bis spät in die Nacht an der Bar. Sie geht für ihn einkaufen, nur um ihm zu gefallen, und er erkundigt sich hintenrum nach ihren Gewohnheiten, damit er sich ganz nach ihren Wünschen verhalten kann.

*Was steht dahinter?*

Viele haben eine Vorstellung davon, was dem anderen besonders gut gefallen würde, versuchen, es ihm in jeder Situation recht zu machen, und stellen ihre eigenen Bedürfnisse zurück. Sie sagen zwar, dass sie dem anderen eine Freude machen wollen, aber häufig wollen sie dem anderen nur gefallen und ihren Wert bei ihm erhöhen. Dabei es ist nur der mangelnde Selbstwert, der sie sich so verhalten lässt. Sie glauben, dem anderen so, wie sie sind, nicht zu genügen. Ihre Angst vor Ablehnung ist die treibende Kraft.

Haben sie dann Erfolg und gewinnen den Partner für sich, hält dieses Werbungsverhalten vielleicht noch eine Weile an, aber mit Sicherheit fallen sie früher oder später wieder in die alten Gewohnheiten zurück. Enttäuschung ist die Folge: „So habe ich den Partner ja gar nicht gesehen“, hört man dann allzu oft.

Was für ein Widerspruch! Eigentlich wollen sie eine Partnerschaft, um geliebt zu werden und sein zu können, so wie sie wirklich sind. Aber sie zeigen sich von einer anderen Seite, in der Hoffnung, den anderen so erst mal zu binden, um dann langsam und Stück für Stück ihr wahres Gesicht zu zeigen.

*Was ist zu tun?*
Erkennen Sie, warum Sie sich so verhalten und dass es eigentlich gar nicht Ihr Ziel ist. Den Menschen, den Sie so zu gewinnen versuchen, veranlassen Sie, Ihnen genauso etwas vorzumachen. Dabei wollen Sie das gar nicht. Warten Sie nicht darauf, dass der andere beginnt, sich von seiner wahren Seite zu zeigen, sondern machen Sie den ersten Schritt. Zeigen Sie sich mit allem, so wie Sie sind, und geben Sie dem anderen so die Chance, sich ebenso ehrlich zu verhalten.

**Ich kann mich nicht entscheiden**
Diejenigen, die sich in ihrem Leben nur schwer entscheiden können, werden von der gleichen Schwierigkeit auf der partnerschaftlichen Ebene auch nicht verschont. Entweder haben sie die Wahl zwischen zwei Bewerbern oder aber sie wissen nicht, ob es der Richtige ist, der gerade anklopft.

In der Regel versuchen sie, die Entscheidung zu umgehen und sie anderen zu überlassen. Das tun sie, indem sie andere um Rat fragen oder die Situation bewusst oder unbewusst so gestalten, dass die Betroffenen die Entscheidung für sie treffen müssen. Manche warten auch einfach ab und lassen das Leben die Entscheidung für sie treffen. „Das Leben wird schon wissen, was für mich gut ist“ ist dann die Ausrede, um sich nicht selbst entscheiden zu müssen.

*Was steht dahinter?*
Aus Angst, einen Fehler zu machen und dafür die Verantwortung übernehmen zu müssen, bleiben viele Menschen auf der Stelle stehen. Sie suchen nach Argumenten, die die Wahl erleichtern sollen, und gehen alle Möglichkeiten in Gedanken durch, um die Folgen absehen zu können. Was sie dadurch erreichen, ist alles andere als Klarheit. Diese Klarheit, die sie suchen, werden sie nie

finden, weil sie sie gar nicht finden wollen. Unbewusst vermeiden sie Klarheit, denn dann müssten sie sich entscheiden, was sie aber überhaupt nicht wollen. Sie haben Angst davor, einen Fehler zu machen, und dafür wollen sie die Verantwortung nicht tragen.

*Was ist zu tun?*

Wenn Sie ebenfalls Schwierigkeiten mit Entscheidungen haben, dann sind Sie aufgefordert, mehr Verantwortung für Ihr Leben zu übernehmen. Seien Sie sich bewusst, dass Sie nichts falsch machen können. Jede Situation ist gerade der optimale Lehrer, den wir für unsere eigene Entwicklung eingestellt haben. Nur darum geht es im Leben, zu wachsen und zu erkennen, wer wir wirklich sind, und dazu dient uns jede Situation optimal.

Wir möchten gerne Sicherheit haben und voraussehen, wie wir uns am besten verhalten sollten. Viele grübeln über die Situation nach und versuchen, den optimalen Weg zu finden. Das kann lange dauern, wobei sie sich in der Regel nur im Kreis drehen.

Doch diese Sicherheit, die sie suchen, gibt es nicht. Wir können nicht wissen, was geschehen wird, aber wir können darauf vertrauen, dass alles, was geschieht, gut für uns ist. Alles, womit wir konfrontiert werden, dient letztendlich unserer eigenen Entwicklung, auch wenn es uns nicht immer angenehm ist.

Wenn Sie also schon nicht wissen, wie Sie sich verhalten sollen, weil Sie eben nie genau wissen, was daraus wird, dann können Sie doch auch ehrlich sein und sich so verhalten, wie es Ihnen entspricht. Wie ärgerlich, wenn etwas nicht so kommt, wie Sie es sich vorgestellt haben, und Sie waren obendrein auch noch unehrlich. Andersherum können Sie sich wenigstens auf die Schulter klopfen für Ihre Aufrichtigkeit.

Abgesehen davon können Sie in Ihrem Leben nichts vermeiden. Mit einer solchen Strategie erreichen Sie nur das Gegenteil.

Das, worauf Sie Ihre Aufmerksamkeit richten, das ziehen Sie an. Eine kleine Übung macht Ihnen das deutlich: Stellen Sie sich mal gerade jetzt im Moment keinen Elefanten vor. – Merken Sie, dass das nicht geht? Sie haben das Bild eines Elefanten vor sich, auch wenn er vielleicht durchgestrichen ist oder ein „Nein“ darunter steht. Genauso ist es im Leben mit den Dingen, die Sie nicht haben wollen. Sie ziehen sie an.

Sich entscheiden können ist eine Eigenschaft der Freiheit, nach der wir uns so sehnen. Wenn Sie Ihre Angst loslassen können, etwas falsch zu machen, dann werden Sie mit Freude Entscheidungen treffen. Seien Sie der Schöpfer, der Sie sind, und übernehmen Sie die Verantwortung für Ihre Schöpfung.

## Ich habe Angst vor Ablehnung

Die Angst vor Ablehnung versteckt sich in vielen anderen Problemen: „Ich bin zu schüchtern“, „Ich traue mich nicht, so zu sein, wie ich bin“, „Ich weiß nicht, wie ich mich verhalten soll“ usw.

Bei der Liebeswerbung ist die Möglichkeit der Ablehnung immer gegeben. Ablehnung an sich ist nicht weiter schlimm. Es sagt ja nur, dass jemand, für den Sie sich interessieren, sich nicht für Sie interessiert, und das kann Ihnen natürlich auch umgekehrt passieren.

*Was steht dahinter?*

Das Gefühl, nicht gut genug zu sein, die eigenen Minderwertigkeitsgefühle sind die Ursache für die Angst, von anderen abgelehnt zu werden. Viele Menschen nehmen sich selbst nicht an, wie sie sind, und haben dann Angst, dass die anderen sie ebenfalls ablehnen. Aus diesem Grunde versuchen sie, sich nur von ihrer besten Seite zu zeigen und verbergen alles andere. Die Ablehnung, die Sie von anderen Menschen erfahren, zeigt Ihnen, wo Sie sich selbst noch nicht angenommen haben.

*Was ist zu tun?*
Wichtig ist, wie Sie mit der Ablehnung umgehen. Wenn z. B. eine Frau es ablehnt, sich von Ihnen zum Essen einladen zu lassen, oder ein Mann sagt, er wird sich melden und dann doch nicht anruft, kann es sein, dass Sie daraus eine Frage der Selbstachtung machen. Dabei ist das nur Ihre Interpretation, wenn Sie daraus schließen, dass Sie nicht gut genug sind. Viele Gründe können zu solchen Situationen führen. Und selbst wenn es so ist, dass der andere nichts von Ihnen wissen will, heißt das nicht, dass er Sie für schlecht, hässlich, nicht gut genug usw. hält. Oder bewerten Sie alle Menschen so, die Sie mal angesprochen haben, nur weil sie nicht Ihrem Geschmack oder Ihren Wünschen entsprachen?

Um herauszufinden, wie sehr Ihre Angst vor Ablehnung Sie einschränkt, sollten Sie sich einmal folgende Fragen ganz ehrlich beantworten:

- Brauchen sie Alkohol oder etwas anderes, um Ihre Hemmungen zu verlieren?
- Bleiben sie lieber in ihrem Bekanntenkreis, um neue Bekanntschaften zu vermeiden?
- Sind sie offen für Veränderungen, einen neuen Arbeitsplatz, ein neues Hobby oder eine neue Umgebung?
- Befällt Sie schon bei dem Gedanken an eine neue Begegnung oder eine neue Liebesbeziehung lähmende Angst?
- Trauen Sie sich nur unter idealen Umständen einen solchen Kontakt zu, also nur, wenn Sie gerade mit sich selbst ganz zufrieden sind und sich ganz toll finden?
- Beschränken sich die meisten Liebesaffären auf Ihre Phantasie, um eine mögliche Enttäuschung in der Realität zu vermeiden?

Sie sollten sich gleich jetzt Ihrer Angst stellen. Noch nie ist ein Mensch daran gestorben, dass ein anderer kein Interesse an ihm hatte. Vielleicht möchte der andere ja nur gerade in dem

Augenblick nicht, aus welchen Gründen auch immer, oder er ist selbst zu schüchtern und zieht sich lieber zurück. Wie wollen Sie Ihre Angst vor Ablehnung überwinden, wenn Sie ständig Kontakte vermeiden? Nehmen Sie es nicht persönlich, wenn der andere nicht kann oder nicht will.

Eine sehr hilfreiche Übung, die auch sehr amüsant sein kann, ist, bewusst Körbe zu sammeln. Sprechen Sie andere an in der Absicht, einen Korb zu bekommen. Sie werden überrascht sein, dass Sie noch nicht einmal dort abgelehnt werden, wo Sie es mit Sicherheit erwarten.

Wenn Sie abgelehnt werden, müssen Sie Ihren Weg finden, damit umzugehen. Sie können sich ins Bett, in den Alkoholkonsum, in den Kühlschrank oder in den Fernseher flüchten, das alles wird Ihnen letztendlich nicht helfen, auch wenn es sich so vorübergehend besser ertragen lässt. Wirklich helfen wird Ihnen nur, wenn sie lernen, sich selbst zu lieben. Je mehr Sie erkennen, wer Sie wirklich sind, umso mehr werden Sie sich selbst lieben.

## Ich will nicht enttäuscht werden

Diese Angst halten viele Menschen für berechtigt, sind sie doch schon so oft in ihrem Leben enttäuscht worden. Bevor sie sich entscheiden oder auf etwas Neues einlassen, versuchen sie, alle möglichen Folgen abzusehen. Sie sind sehr vorsichtig und Spontaneität findet man eher selten bei ihnen.

*Was steht dahinter?*

In Wirklichkeit wollen viele nicht erkennen, dass sie selbst es sind, die diese Enttäuschung hervorrufen. Die Weisheit der Sprache macht auch hier deutlich, was wirklich ist. Eine Enttäuschung ist nichts anderes als das Aufdecken einer Täuschung. Jeder Enttäuschung geht eine Täuschung voraus. Aber anstatt zu sagen: „Ich habe mich getäuscht", heißt es im

Allgemeinen: „Ich bin enttäuscht worden." Mit anderen Worten ausgedrückt heißt das: „Der andere ist schuld."

Letztlich sind es unsere Erwartungen, die unerfüllt bleiben und die Enttäuschung hervorrufen. Viele sind sich ihrer Erwartungen gar nicht bewusst. Sie suchen etwas, ein Gefühl, das der andere oder die Partnerschaft ihnen geben soll. Wenn sich das Gefühl dann nicht einstellen will, sind sie unbefriedigt und enttäuscht. „Irgendwie ist es das nicht, was ich gesucht habe", heißt es dann oder: „Es ist wohl doch nicht der richtige Partner." Überall werden dann die Gründe gesucht, nur nicht bei sich selbst. Für die eigene Unzufriedenheit die Verantwortung übernehmen, das möchten die meisten nicht. Aber es ist die einzige Möglichkeit, wirklich etwas zu verändern.

*Was ist zu tun?*

Zunächst ist es wichtig zu erkennen, dass Sie niemand enttäuschen kann. Sie sind es selbst, der sich getäuscht hat, was Ihnen mit der Enttäuschung meistens schmerzlich bewusst wird. Erkennen Sie, dass Sie es verursacht haben, und übernehmen Sie die Verantwortung dafür. Vergessen Sie auch nicht, dass es nichts mit Schuld zu tun hat, nicht schlecht oder gut ist, sondern nur besagt, dass Sie der Schöpfer sind. Damit haben Sie auch die Möglichkeit, die Situation zu verändern. Wenn Sie sich diese geschaffen haben, dann können Sie sich auch eine andere schaffen.

Geben Sie die Verantwortung ab, indem Sie sagen, dass der andere Ihre Enttäuschung verursacht hat, dann nehmen Sie sich gleichzeitig die Möglichkeit, es jetzt und in Zukunft zu ändern. Sie sind abhängig von dem Sein und dem Handeln Ihres Gegenübers. Sie erleben das, woran Sie glauben, aber in jedem Falle haben Sie es sich selbst geschaffen.

Werden Sie sich also Ihrer Erwartungen bewusst. Nehmen Sie sich am besten gleich eine halbe Stunde Zeit und schreiben Sie mal alles ganz ehrlich auf, was Sie von Ihrem Partner und Ihrer Partnerschaft erwarten und wünschen. Das Ziel ist, alle diese Vorstellungen loszulassen, dann werden Sie auch keine Enttäuschung mehr erleben. Den idealen Partner und die ideale Partnerschaft haben Sie sowieso. So wie es ist, ist es perfekt, um das zu erreichen, was Sie wirklich wollen.

**Ich verliebe mich so schnell**

Verliebtsein ist das euphorischste und leidenschaftlichste Gefühl auf der Welt. Wenn wir es haben, dann möchten wir es am liebsten auf immer und ewig festhalten. Wir sind begeistert von dem Menschen, der es ausgelöst hat, und glauben, dass er es ist, der so wundervoll ist. Manche Menschen können sich nahezu jeden Tag verlieben und machen sich darum Sorgen.

*Was steht dahinter?*

Je mehr wir in der Lage sind, die Eigenschaften wahrzunehmen, die uns bei anderen Menschen anziehen, umso häufiger können wir das Gefühl des Verliebtseins genießen. Wenn wir mit unserer Aufmerksamkeit in erster Linie bei uns selbst sind, bei unseren Gedanken, Sorgen, Aufgaben usw., dann können wir nur wenige der begeisternden Eigenschaften unserer Mitmenschen aufnehmen.

In Wirklichkeit hat Verliebtsein nur sehr wenig mit dem anderen zu tun. Wir sehen schon seine Schönheit und sind fasziniert von seinen Eigenschaften, aber was uns so berauscht, ist die Verbindung mit unserem eigenen wundervollen Wesen, das uns der andere widerspiegelt. Das ist es, was uns so beflügelt, uns unsere Sorgen vergessen lässt, ungeahnte Kräfte in uns weckt und an Wunder grenzende Heilungen geschehen lässt.

Wer das nicht erkennt, der sieht die Ursache für seinen herrlichen Zustand in dem Menschen, in den er sich verliebt hat. Die Quelle des Glücks ist der andere. In dem Moment versucht er, den Glücksbringer an sich zu binden, um diesen Zustand nicht zu verlieren. Er versucht sogar, noch mehr von dieser selig machenden Droge zu bekommen, und stürzt sich dabei in die Abhängigkeit. Die Angst zu verlieren löst das wundervolle Gefühl des Verliebtseins ab. Jetzt wird erst recht geklammert und um die Gunst des anderen gekämpft, war er es doch, der dieses Verliebtsein ausgelöst hat, und ist er daher auch der Einzige, der dieses Gefühl wieder auslösen kann.

*Was ist zu tun?*
Wenn Sie verliebt sind, dann sollten Sie zuerst dieses wundervolle Gefühl genießen. Aber auch hier sind Sie wieder aufgefordert, die Verantwortung zu übernehmen und sich als die Ursache der Situation zu erkennen. Erkennen Sie, dass Sie von Ihrem eigenen Wesen so begeistert sind, und machen Sie sich keine Sorgen, wenn Sie sehr oft von Ihrem eigenen Wesen begeistert sind. Sie haben allen Grund dazu. Nutzen Sie die Chance und entfalten Sie genau diese Eigenschaften, die Sie so begeistern. Sie tragen sie in sich und sie wollen in den bewussten Teil ihres Seins aufsteigen. Leider tun sich viele Menschen sehr schwer damit anzunehmen, dass sie in Wahrheit wundervolle Wesen sind. Ihr Gefühl von Minderwertigkeit erlaubt ihnen nur langsam, ihr eigenes wundervolles Wesen zu entfalten. Aber auch das ist nur eine Frage der Zeit, letztendlich wird jeder sein wahres Sein erkennen. Das ist die Bestimmung eines jeden. Verliebtsein ist eine Hilfe auf dem Weg. Wenn wir verliebt sind, dann ist das ein Vorgeschmack auf das eine Ziel: die Liebe zu uns selbst. Genießen Sie also das Verliebtsein und seien Sie sich bewusst, dass Sie in Wahrheit in sich selbst verliebt sind.

# 3. Zusammensein

***Liebst Du wirklich all das,***
***was um Dich ist?***
***Warum begehrst Du dann auf***
***gegen den Mangel an Liebe***
***auf der Welt?*** (Julia Roberto)

## Liebe

Die meisten Menschen glauben, dass Liebe eine Sache des Zufalls ist, etwas, das geschieht, wenn man eben Glück hat. Hat man Pech, geschieht es eben nicht oder die Liebe wird nicht erwidert. Auf jeden Fall aber hat man darauf nur wenig oder gar keinen Einfluss. Sie wissen nicht, dass Liebe eine Kunst ist, die jedem innewohnt und die wieder entwickelt werden will.

Viele interessieren sich auch nur für den Teil der Liebe, den sie selbst bekommen. Sie wollen vor allem geliebt werden und kümmern sich weniger darum, wieweit ihre Fähigkeit zu lieben ausgeprägt ist. Wenn sie sich schon bemühen, dann wollen sie noch liebenswerter werden. Die einen machen sich zu diesem Zweck schöner, schminken sich, trainieren ihren Körper, kleiden sich modisch und duften verführerisch. Andere streben nach Erfolg, machen große Geschenke, bilden sich weiter und studieren geistige Techniken, um mehr und intensiver geliebt zu werden.

Und wenn sie dann jemanden gefunden haben, den sie zu lieben glauben, dann lieben sie meistens nicht wirklich, sondern sie lieben etwas. Sie haben einen bestimmten Grund zu lieben. Entweder ist der andere besonders schön, erfolgreich, verführerisch oder hat vielleicht sogar alles, weshalb sie ihn so lieben. Gäbe es diesen Grund nicht, dann würden sie den Menschen auch nicht lieben. Sie haben ihre Liebe an eine Bedingung geknüpft. Was lieben sie eigentlich? Sie lieben nicht den Menschen, sondern lediglich seine Eigenschaften oder das, was ihnen dieser Mensch gibt. Sicherheit, Geborgenheit, Befriedigung, das Gefühl, geliebt zu werden, Anerkennung und vieles mehr könnte man hier aufzählen, das mit wahrer Liebe nichts zu tun hat. Dies sind alles verschiedene Gesichter der Abhängigkeit. Solange wir noch einen Grund haben, den anderen zu lieben, lieben wir ihn nicht wirklich.

Viele suchen nach der Liebe, aber wissen nicht einmal, was das ist, wie sie aussieht und woran man sie erkennt. Vor allem wissen sie nicht, wie man selbst liebt. Die drei Zauberworte „Ich liebe dich" werden oft gesagt, aber gemeint ist meistens „Ich brauche dich" oder „Verlass mich nicht". Das zeigt deutlich, dass wirkliche Liebe noch nicht gefunden wurde.

Viele suchen nur deshalb die Liebe in einer Partnerbeziehung, weil sie unfähig sind, sich selbst zu lieben. Wenn ich aber nicht einmal mich selbst lieben kann, kann ich erst recht keinen anderen lieben, oder besser, ich kann einen anderen nur so weit lieben, wie ich mich selbst lieben kann. Eigenliebe ist das Maß unserer Fähigkeit, andere zu lieben. Ohne Selbstliebe gibt es keine Nächstenliebe. Das führt auch dazu, dass wir alleine glücklich sein können. Wir brauchen den anderen nicht, damit wir uns geliebt fühlen, da wir uns selbst lieben. Wir sind aus der Abhängigkeit befreit. Solange wir den anderen brauchen, sind wir nicht wirklich frei. Haben wir uns selbst von der Angst, allein gelassen zu werden, befreit, dann sind wir auch fähig, unserem Partner mehr Freiheit zu geben. Erst dann wird wahre Liebe möglich, denn Liebe kann man nicht einsperren oder festhalten. Versuchen wir es, stirbt sie, und in vielen Beziehungen ist sie längst gestorben. Was bleibt, ist Gewohnheit.

**Was ist eigentlich Liebe?**

So viel wurde schon über die Liebe geschrieben und geredet. Es hat viele Versuche gegeben, Liebe mit Worten zu beschreiben oder zu erklären. Letztlich kann man sie nicht erklären, Liebe kann man nur erfahren. So bleibt auch das Folgende nur ein Versuch mit der Ausrichtung, eine Tür für die Erfahrung zu öffnen.

Zu allen Zeiten und in allen Kulturen spielte die Liebe eine wichtige Rolle: Bücher, Gedichte, Dramen, Komödien, Lieder und Bauwerke, wie beispielsweise das Taj Mahal, zeugen davon. Selbst in unserer modernen, wissenschaftlich orientierten Zeit ist die Liebe immer noch ein Rätsel, ein großes Mysterium des Lebens, das drei Betrachtungsebenen beinhaltet:

- Die instinktive Liebe – zur Fortpflanzung bzw. Fürsorge für den anderen.
- Die romantische Liebe – mehr in der Phantasie als in der realen Welt angesiedelt.
- Die bewusste Liebe – macht letztendlich Wachstum erst möglich.

Auf jeden Fall ist Liebe ein Grundpfeiler unserer Existenz. Erich Fromm sieht in der Liebe die Antwort auf das Problem der menschlichen Existenz. Christian Morgenstern sagt: „Schön ist alles, was man mit Liebe betrachtet", Antoine de Saint-Exùpery meint: „Liebe verausgabt sich nicht. Je mehr du gibst, desto mehr bleibt dir", während Sathya Sai Baba „Liebe als Schlüssel zur Harmonie" betrachtet. Der griechische Philosoph Platon sah in der Liebe die Suche des Menschen nach seiner verlorenen zweiten Hälfte. Wir könnten mit solchen Betrachtungen

fortfahren, doch entscheidend ist: „Was ist Liebe für Sie?"
Ist dieses Gefühl die Basis für Ihr Leben gemeinhin? Handeln Sie aus Liebe, spüren Sie Liebe in sich oder ist Liebe für Sie nur ein unerreichbarer Traum, dem Sie schon lange nachjagen oder den Sie inzwischen begraben haben? Nun, auch Träume können Wirklichkeit werden und wir wollen Ihnen helfen, Ihr Leben und diese Aspekte des Lebens zu erkennen, wenn Sie erst einmal den Zugang zu der unerschöpflichen Quelle der Liebe gefunden haben.

Liebe ist Energie, Geborgenheit, Wärme, Vertrauen und steht für Harmonie und Glück. Liebe bedeutet aber auch Verantwortung, Risiko und Rücksichtnahme. Finden Sie heraus, welche Bedeutung Liebe für Sie und für Ihr Leben hat. Wir zeigen Ihnen einen Weg, wie Sie nicht nur die Liebe erkennen, sondern sie auch leben und vor allem, wie Sie diese Liebe erhalten können.

*Welche Arten der Liebe gibt es?*

Beginnen wir mit der SELBSTLIEBE, aus der erst jede andere Art der Liebe erwachsen kann. Nur wer sich selbst liebt, ist auch in der Lage und fähig, andere zu lieben. Wie könnten Sie Liebe für Ihren Partner empfinden, wenn Sie dieses Gefühl nicht in sich selbst tragen? Selbstliebe ist keinesfalls gleichzusetzen mit Egoismus, sondern bedeutet das Annehmen der eigenen Person in allen Bereichen – also sowohl den seelischen, als auch den geistigen und körperlichen.

Mögen Sie sich? Gehen Sie liebevoll mit sich um? Akzeptieren Sie sich, Ihr Wesen, Ihren Körper, Ihr Leben – so wie es ist? Wenn Sie diese Fragen ohne zu zögern bejahen, dann gratulieren wir Ihnen. Sie haben alle Voraussetzungen, um Ihre Partnerschaft erfüllt und glücklich zu gestalten. Wer unsere Fragen mit Nein beantwortet, der sollte sich intensiv mit dem Punkt „Selbstbewusstsein" befassen. Ein tiefes Selbstbewusstsein ist unerlässliche Grundvoraussetzung für ein erfülltes Leben, nicht nur in der Partnerschaft, sondern im Umgang mit allen Menschen überhaupt, also im Beruf wie im Privatleben.

Und damit sind wir bereits bei der NÄCHSTENLIEBE. In der Bibel heißt es: „Liebe Deinen Nächsten wie Dich selbst". Es ist ja nicht so schwierig, einen Mitmenschen zu lieben, der sympathisch und freundlich ist. Nächstenliebe aber bedeutet auch, den Armen, den Kranken und den Unbequemen zu lieben. Wer Liebe in dieser Form praktiziert, wird Erfüllung in seinem Leben finden, und Schwierigkeiten in den zwischenmenschlichen Beziehungen bleiben auf ein Minimum beschränkt. Ist Liebe der Grundgedanke Ihrer Handlungen, dann wird diese Liebe auf Ihre Mitmenschen ausstrahlen und verstärkt wieder zu Ihnen zurückkehren.

Es gibt ferner die LIEBE ZU DEN KINDERN. Auch diese Liebe hat einen Bezug zur Selbstliebe. Eltern, die sich selbst mögen, können am besten ihren Kindern ein Gefühl der Geborgenheit vermitteln, weil sie in sich selbst ruhen. So kann in den Kindern ein tiefes Urvertrauen wachsen – die Basis für die Entwicklung eines gesunden Selbstbewusstseins der Kinder. Die Ausstrahlung eines Menschen, der sich selbst mag, wirkt auf die Umwelt und natürlich in besonderem Maß in der nächsten Umgebung, d.h. in der Familie, natürlich am stärksten. Überzeugender als alle Worte ist das Vorbild. Kinder, die in einer Atmosphäre der Liebe aufwachsen, können sich ihren Fähigkeiten entsprechend entwickeln und meistern mit ihrer natürlichen Selbstsicherheit alle Aufgaben viel besser als jene, die ohne elterliche Zuwendung aufwachsen.

Neben der elterlichen Liebe zu den Kindern möchten wir auch noch der MUTTERLIEBE einen besonderen Platz einräumen. Mutterliebe geht über die elterliche Liebe hinaus. Sie ist in großem Maße natürlich auf die Lebenserhaltung ausgerichtet, hat aber noch einen weiteren Aspekt: Die Vermittlung des Grundlebensgefühls. Die Mutterliebe ist eine „ungleiche" Liebe zwischen einem starken Menschen, der Hilfe geben kann, der Mutter, und einem (zuerst einmal) schwachen Kind, das Hilfe benötigt, ja sogar davon abhängig ist. Dieser Aspekt der Selbstlosigkeit macht die Mutterliebe zur höchsten Art der Liebe und gilt als heiligste aller emotionalen Bindungen. Denken Sie dabei nur an die Verehrung Marias als Mutter Gottes in der christlichen Kirche.

Die EROTISCHE LIEBE zwischen Mann und Frau erhöht die Freude am Zusammensein, und in der körperlichen Liebe macht die sexuelle Vereinigung einen erfüllenden und erfüllten Akt der Liebe aus. Sie geht weit über eine rein körperliche Befriedigung hinaus und erlaubt es den Partnern Liebe, auf einer körperlich-geistigen Ebene zu erfahren.

Die LIEBE ZU GOTT darf natürlich nicht fehlen in unserer Aufzählung, denn ohne diese Liebe wäre das Leben leer. Der Mittelpunkt des Seins würde fehlen und damit der Sinn unserer Existenz. Finden Sie Gott in sich, lassen Sie seine Liebe durch sich wirken und Sie werden neue Dimensionen menschlicher Existenz erfahren. Die letzte Erfüllung unseres Erdendaseins können wir nur in der göttlichen Liebe erfahren.

**Fazit:** Liebe ist unser wahres Wesen. Sie macht uns glücklich und gibt uns alles, wonach wir suchen. Tief im Inneren wissen das alle Menschen und deshalb suchen auch alle danach. Sie suchen überall: im Beruf, bei Freunden, beim Hobby, im Vergnügen, in der Familie und vor allem in der Partnerschaft. Dort, im Außen, können sie die Liebe nicht finden. Die Liebe ist in uns, und nur dort können wir sie aufspüren. Das Außen zeigt mir nur, wo ich mit meiner Suche stehe. Je mehr ich mich selbst erkannt habe,

desto mehr liebe ich mich und meinen Nächsten und dementsprechend begegnet mir auch im Außen Liebe.
Liebe ist unabhängig vom Außen, sie braucht keine Bedingungen, damit sie sich entfaltet. Liebe will nichts verändern, denn sie weiß, dass alles in vollkommener Ordnung ist. Liebe genießt und erkennt sich selbst in allen Dingen und erfährt sich selbst. Die Liebesfähigkeit eines Menschen zeigt die Reife seiner Seele. Partnerschaft hilft uns, unsere Liebesfähigkeit zu entwickeln, indem sie uns die Hindernisse vor Augen hält. Auf dem Weg zur erfüllten Partnerschaft gibt sie uns die Möglichkeit zu erkennen, was uns noch fehlt, um unser wahres Sein, die Liebe, zu leben.

*Ausdrucksformen der Liebe*
So unterschiedlich wie die verschiedenen Ebenen und Arten der Liebe sind auch die Ausdrucksformen dieses Gefühls. Teure Geschenke und schöne Worte müssen nicht unbedingt einer tiefen Liebe entspringen. Aussagefähiger sind die leisen Töne – die Zwischentöne, also Taten und nicht schöne, aber oftmals leere Worte. Ein kurzer Anruf kann mehr Liebe ausdrücken als ein teures Geschenk, ein vielleicht etwas ruppiges Wort mag mehr Gefühl enthalten als ein wundervoll formulierter Liebesbrief. Nichts gegen große Geschenke und schöne Briefe, solange sie Ausdruck eines Gefühls sind und nicht aus einem Geltungsdrang heraus entstehen.

Welche Art die richtige ist, um seine Gefühle zu zeigen, hängt vom Umgangston ab und ist natürlich individuell verschieden. In manchen Beziehungen ist es bereits ein Zeichen höchster Liebe, wenn der Partner sagt: „du bist nett".

Es kommt immer auf den Einzelnen an, auf die ganz persönliche Beziehung, die in ihrer Art immer einzigartig ist, da sie ja von zwei Individuen – also auch wiederum einzigartigen Menschen – gestaltet wird. Regeln sollten deshalb nie aufgestellt werden. Viel wichtiger als sich in starre Formen pressen zu lassen oder zu versuchen, seinem Partner das eigene Schema aufzudrängen, ist es, die eigene Sensibilität zu stärken. Wenn Sie lernen loszulassen von der Vorstellung, dass Liebe sich in (von Ihnen) vorgegebenen Bahnen bewegt und durch bestimmte Gesten ausgedrückt und gezeigt werden muss, dann erst werden Sie das beglückende Gefühl der Liebe erleben können. Lassen Sie Ihre Gefühle zu und nehmen Sie Ihren Partner an, akzeptieren Sie seine Art der Liebe, und Sie werden eine große Bereicherung Ihres Lebens erfahren.

**Keiner liebt mich wirklich**

Kennen Sie das Gefühl, dass alle nur etwas von Ihnen haben wollen, aber keiner Sie wirklich liebt?

*Was steht dahinter?*

Warum möchten Sie geliebt werden, könnte ich Sie jetzt fragen. Wahrscheinlich würden viele dann antworten: „Weil es schön ist, geliebt zu werden. Ich fühle dann, dass ich etwas wert bin. Der andere sagt mir, dass er mich gut findet, und das tut mir gut. Er unterstützt mich, hilft mir in schwierigen Situationen und gibt mir das Gefühl, dass ich nicht allein bin und verstanden werde."

Abgesehen von einigen anderen Vorteilen einer Partnerschaft, sind dies wohl die Hauptgründe, warum die meisten Menschen geliebt werden wollen. Bei dieser Erwartungshaltung ist es nicht verwunderlich, dass die Enttäuschung nicht lange auf sich warten lässt. Es geht gar nicht anders. Diese Haltung zeigt nur zu deutlich, wo die wirkliche Ursache liegt. Sie liegt nicht bei dem anderen, der einen scheinbar nicht richtig liebt, sondern bei einem selbst. Man möchte von dem anderen haben, was man sich selbst nicht geben kann. Der Mangel an Eigenliebe und Selbstständigkeit soll durch den Partner ausgeglichen werden.

Aber anstatt diesen Mangel auszugleichen, spiegelt der Partner genau das wider, was wir nicht sehen wollen. Er macht genau das mit uns, was wir mit uns selbst machen.

Wir wollen, dass der andere uns liebt, und genau das Gleiche macht er auch mit uns: Er will auch nur etwas von uns und gibt uns genauso wenig, wie wir ihm geben.

*Was ist zu tun?*
Wir ziehen uns genau diesen Partner an, um durch ihn auf unseren Mangel aufmerksam zu werden. Wenn wir das erkennen und die Verantwortung für dieses Erlebnis übernehmen, das wir uns selbst geschaffen haben, dann können wir die Situation auch verändern. Wenn wir allerdings auf unserer Schuldprojektion beharren, uns dadurch unverstanden und als Opfer fühlen, dann haben wir unser Schöpferpotenzial freiwillig abgegeben und dürfen uns nicht wundern, wenn sich nichts verändert.

Erkennen Sie die Aufforderung, die in dieser Situation enthalten ist, geben Sie sich selbst, was Sie von Ihrem Partner haben wollen. Wenn Sie sich selbst lieben, mit sich selbst verständnis- und liebevoll umgehen, dann ziehen Sie auch den Partner an, der Sie liebt und versteht.

## Ich kann nicht lieben

Manche Menschen denken von sich, dass sie nicht fähig sind zu lieben, und bekommen dieses in ihrem Alltag immer wieder vor Augen gehalten. Entweder sind es Freunde oder der Partner, der ihnen genau dieses vorwirft, oder es ist die mangelnde Freude in ihrem Leben, die ihnen zeigt, dass sie die meisten Dinge ohne Liebe tun.

*Was steht dahinter?*

In Wahrheit ist jeder Mensch in der Lage zu lieben. Wir sind von unserem Wesen her reine Liebe und brauchen sie nur fließen zu lassen. Liebe geschieht, wenn wir es zulassen und ihr nichts in den Weg stellen.

Was sind also die Blockaden, die so manchen daran hindern, seine Liebe fließen zu lassen? Kritik ist eines der größten Hindernisse und leider weit verbreitet. Was wir an anderen Menschen, Dingen und Lebensumständen kritisieren, zeigt uns aber nur, was wir an uns selbst kritisieren. Eigenkritik oder mangelnde Selbstliebe ist die Ursache, wenn wir nicht lieben können.

*Was ist zu tun?*

Solange wir unsere Mitmenschen nicht so akzeptieren, wie sie sind, können wir sie auch nicht lieben. Erst wenn Sie erkennen, dass jeder genau so, wie er ist, vollkommen ist, werden Sie diesen Menschen wirklich erkennen. Dann wird Ihre Liebe frei fließen und Sie brauchen nichts dafür zu tun. Es gibt nichts Schöneres, als wirklich zu lieben. Darin liegt unsere Erfüllung.

Aufhören, andere zu kritisieren, geht aber erst dann, wenn wir uns selbst nicht mehr kritisieren. Unser Gegenüber, mag er noch so schlecht erscheinen, ist nichts anderes als ein Spiegel, den wir uns selbst in unser Leben geholt haben. Um uns selbst zu erkennen, ziehen wir unbewusst alle die Eigenschaften an, die wir selbst noch nicht in unser Sein integriert haben. Erst wenn wir aufhören, uns selbst zu kritisieren, und erkennen, dass wir vollkommen sind, werden wir auch den Nächsten so annehmen, wie er ist. Erst wenn wir uns selbst lieben, können wir auch den anderen lieben. „Ich kann nicht lieben" heißt nichts anderes, als dass ich mich selbst nicht liebe. Darin liegt der Schlüssel. Finden Sie die Liebe zu sich selbst. Erkennen Sie, dass Sie nichts falsch machen und auch nie etwas falsch gemacht haben. Es gibt nichts an Ihnen zu kritisieren. Sie sind vollkommen in Ordnung, so wie Sie sind. Mit dieser Einstellung werden Sie dann auch anderen Menschen begegnen und sie wahrnehmen, wie sie wirklich sind. Dann können Sie jeden lieben.

**Meine Liebe ist so launisch**

Wer kennt sie nicht, die Gefühlsschwankungen, denen sich so mancher ausgeliefert fühlt. Da hat man sich auf einen Menschen gefreut, und wenn man ihn dann trifft, dann hat man überhaupt keine Lust mehr und möchte am liebsten wieder nach Hause. Nicht nur, dass man sich gerade nicht gut fühlt, nein, man kritisiert sich auch noch dafür. Viele ahnen, dass sie ihr Befinden selbst verursachen, und machen sich dann selbst Vorwürfe für ihre Gefühlsschwankungen.

*Was steht dahinter?*

Wenn Sie glauben, dass Sie sich nicht schlecht fühlen dürfen – und das tun viele Menschen –, dann werden Sie versuchen, diese Gefühle zu vermeiden. Ihre Erfahrung hat Ihnen gezeigt, dass Sie nur geachtet werden, wenn es Ihnen gut geht und Sie fröhlich sind. Sie versuchen, eine Seite Ihres Seins zu vermeiden. Mit diesem Widerstand erreichen Sie aber genau das Gegenteil. Das Verdrängte kommt an die Oberfläche, wenn Sie es gar nicht gebrauchen können. Ihre Bewertung und Einteilung, was gut und schlecht ist, ist die Ursache für dieses Verhalten.

*Was ist zu tun?*

Erkennen Sie, dass das, was Sie gerade fühlen, vollkommen in Ordnung ist. Natürlich ist es ein sehr guter und wichtiger Schritt, die Verantwortung für sein Leben zu übernehmen und zu erkennen, dass man selbst seine Lebensumstände verursacht hat.

Das bedeutet aber noch lange nicht, dass man etwas falsch gemacht hat, nur weil das, was gerade da ist, nicht dem entspricht, was man sich wünscht. Genauso gut könnte man ein kleines Kind bestrafen, weil es sich die Hand auf der Herdplatte verbrannt hat. Sie haben sich die Situation ja nicht bewusst geschaffen, um zu leiden, sondern haben in jeder Situation das gemacht, was Sie für das Beste hielten. Es gibt daran nichts zu kritisieren. Unsere Mitmenschen lieben es, wenn wir immer „gut drauf" sind, und finden es nicht so anziehend, wenn es uns schlecht geht, aber nur deshalb, weil sie selbst ihre scheinbaren negativen Gemütszustände nicht akzeptieren können.

Was ist schon dabei, wenn man sich mal nicht wie neugeboren und voller Lebensfreude fühlt. Eigentlich sind es alles nur Gefühle. Schmerz und Traurigkeit sind auch nur Gefühle; nur die Bewertung, dass das nicht gut ist oder dass man sich so nicht fühlen darf usw., verursacht, dass man leidet.

Die Liebe sagt: „Es ist, wie es ist." Liebe bedeutet, zu jeder Situation Ja zu sagen und alles so anzunehmen, wie es ist. Es sind nicht Ihre Gefühlsschwankungen, die dafür sorgen, dass Ihre Liebe so wechselhaft ist. Es sind Ihre Bewertungen, die Verurteilung Ihres eigenen Zustandes, die den Fluss Ihrer Liebe verhindern. Wenn Sie sich selbst annehmen, egal wie Sie sich gerade fühlen, dann werden Sie auch alles und jeden annehmen und Ihre Liebe wird immer fließen.

## Eifersucht

### Meine Eifersucht plagt mich

In unserer „Haben-Gesellschaft" ist es fast eine Selbstverständlichkeit, den Partner für sich allein zu beanspruchen. Wie sollte man auch eine Ausnahme machen, wenn das ganze übrige Leben auf Besitz und Anerkennung ausgerichtet ist? Wenn sich jedoch das Besitzstreben auch in die Liebe einmischt, dann kommt es zwangsläufig zur Eifersucht, die uns das Leben und die Liebe schwer macht.

„Eifersucht ist eine Leidenschaft, die mit Eifer sucht, was Leiden schafft."

Von außen betrachtet, zeigt sich das Verhalten eines eifersüchtigen Menschen tatsächlich so. Wenn er keinen direkten Grund hat, eifersüchtig zu sein, dann sucht er sich einen und ist dabei auch meistens erfolgreich. Auch wenn es nur seine Interpretationen der Umstände und Geschehnisse sind, so ist es für ihn doch Realität. Dieses Verhalten belastet eine Beziehung natürlich und führt früher oder später genau zu dem, was eigentlich vermieden werden sollte. Obwohl manche Menschen das genau wissen und auch spüren, können sie sich nicht von ihrer Eifersucht befreien. Sie kennen die wirklichen Ursachen nicht.

*Was steht dahinter?*

Bei vielen steht hinter der Eifersucht die Angst, den Partner zu verlieren. Diejenigen, die dieses nicht wahrhaben wollen, klagen ihren Partner lieber an, dessen Verhalten ja dafür gesorgt hat, dass man die Eifersucht fühlt. „Du hast mir versprochen, mich nie zu verlassen", „Du hast gesagt, du liebst mich" oder so ähnlich lauten dann die Anklagen. Je nach Charakter äußert sich diese Anklage als Enttäuschung oder aber in Form eines wütenden, aggressiven Angriffes. Gerne orientiert man sich an den Gesellschaftsnormen, die gerade passen. „Untreue ist eine Untugend, ein schlechter Charakterzug" hilft einem z. B., von sich selbst abzulenken und den anderen als Urheber der leidvollen Situation zu beschuldigen.

All das hilft einem dann, dem anderen die Schuld für sein eigenes Befinden zu geben. Wenn man sich schon schlecht fühlt, dann soll wenigstens ein Schuldiger her, damit man sich beruhigt als Opfer fühlen kann und nicht die Verantwortung übernehmen muss.

Die Angst, den anderen zu verlieren, kann so groß sein, dass sie manche Menschen regelrecht lähmt. Sie sind zu nichts mehr in der Lage. Sie wissen nicht mehr ein noch aus. Die Vorstellung, der andere geht aus ihrem Leben, erfüllt sie mit Panik. Sie haben das Gefühl, dass ein Teil von ihnen stirbt, und dagegen wehren sie sich mit aller Kraft.

Diese Möglichkeit des Verlustes mit ihren unangenehmen Folgen lässt einige die Eifersucht pflegen, obwohl in der derzeitigen Phase ihrer Partnerschaft gar kein Grund dazu besteht. Sie finden viele Gründe, um misstrauisch zu sein. Am Ende führt das genau zu dem, was vermieden werden sollte. Dieses Verhalten lässt früher oder später jede Beziehung scheitern.

Außer der Angst, den anderen zu verlieren, gibt es noch eine weit verbreitete Ursache, die hinter dem Symptom der Eifersucht steht. Viele interpretieren ein mögliches oder tatsächliches Verlassenwerden als ein Versagen. Für diese Menschen bedeutet es so viel wie „Ich bin nicht gut genug". Dieses Gefühl der Minderwertigkeit versuchen sie natürlich zu verhindern. Am besten dadurch, dass der andere sie nicht verlässt, weil das ja bedeutet, dass sie gut genug sind.

*Was ist zu tun?*

Eifersucht ist ein Gefühl und an sich weder gut noch schlecht. Je nachdem, wie man mit diesem Gefühl umgeht, zeigen sich auch die entsprechenden Wirkungen auf unsere Beziehung und auf unser Wohlbefinden.

Erkenne ich, dass die Ursache in mir liegt, dass es meine Verlustangst, meine Abhängigkeit und mein Minderwertigkeitsgefühl sind, dann wird die Partnerschaft nicht darunter leiden. Im Gegenteil, dadurch, dass der Partner nur als Auslöser in das Geschehen mit einbezogen wird und keine Schuld zugewiesen bekommt, kann er unterstützend in dieser Phase mithelfen. Durch die Bereitschaft, die Ursache in sich selbst zu sehen, kann Veränderung geschehen. Körperliche Symptome sind nicht nötig, um den Menschen darauf hinzuweisen, dass er sich verändern soll und dass die Lösung in ihm liegt.

Wollen wir das aber nicht erkennen, dann wird uns der Körper früher oder später deutlich zeigen, wo eine Veränderung nötig ist. Je nach unserer Reaktion zeigen sich die entsprechenden Symptome.

Wenn Sie also die Eifersucht in Ihrem Leben gut kennen, dann gehen Sie zu Ihrem Partner und sprechen Sie ganz offen mit ihm darüber. Es ist völlig in Ordnung, Verlustangst oder Minderwertigkeitsgefühle zu haben. Erkennen Sie nur, dass es Ihre Gefühle sind und dass es Ihre Überzeugungen und Bewertungen sind, die diese Gefühle hervorrufen. Dann sehen Sie Ihren Partner als Auslöser, aber nicht als Schuldigen. Später werden Sie ihm dankbar sein, weil er Ihnen helfen konnte, Ihre selbst behindernden Einstellungen aufzulösen.

Eines sollten Sie nie vergessen: Wenn ein Mensch wirklich zu Ihnen gehört, dann können Sie ihn gar nicht verlieren, und wenn er nicht oder nicht mehr zu Ihnen gehört, dann können Sie ihn auch nicht halten. Sie sollten es auch gar nicht versuchen, nicht nur, weil es Ihnen viel Kraft raubt und letztendlich die Trennung doch nicht verhindert, sondern weil Sie sich selbst damit behindern.

## Mein Partner engt mich ein mit seiner Eifersucht

Manche Menschen leiden indirekt unter dem Problem der Eifersucht, da es ihr Partner oder andere Menschen sind, durch deren Eifersucht sie sich eingeengt fühlen.

*Was steht dahinter?*

Wie immer, wenn wir uns an jemandem oder seinen Eigenschaften stören, will uns das nur sagen, dass etwas mit uns nicht stimmt. Der andere ist nur der Auslöser für mein Problem, aber niemals die Ursache. Die Ursache bin immer ich selbst. So will uns der andere nur etwas zeigen, was wir bei uns selbst noch nicht entwickelt oder angenommen haben.

Das können verdrängte Eifersucht, Minderwertigkeitsgefühl oder Verlustangst sein, die ich selbst nicht sehen will. Aus diesen Gründen lassen sich viele, meistens unbewusst, erst gar nicht richtig auf eine Beziehung ein.

Die Kontrolle, die der andere ausübt, kann ebenfalls ein Spiegel der eigenen Kontrolle sein. Man kontrolliert sein Verhalten, um unerwünschte Situationen zu vermeiden, wie es der Eifersüchtige eben auch tut.

*Was ist zu tun?*

Haben Sie es also mit einem eifersüchtigen Menschen zu tun, dann sollten Sie sich folgende Fragen stellen:

- Wo enge ich mich selbst ein?
- Wo erlaube ich mir etwas nicht?
- Bin ich selbst eifersüchtig, habe ich Verlustängste oder vielleicht das Gefühl, nicht gut genug für meinen Partner zu sein?
- Lasse ich mich ganz auf die Partnerschaft ein oder habe ich mir immer noch ein Türchen offen gehalten, was der andere natürlich, bewusst oder unbewusst, spürt?

Wenn Sie erkennen, dass Sie selbst die Ursache für die Sie einengende Eifersucht sind, dann brauchen Sie den Eifersüchtigen nicht mehr, der Sie auf Ihren eigenen Mangel hinweisen will. Schauen Sie in sich selbst hinein, dann werden Sie den Zusammenhang erkennen und die Situation kann sich verändern.

## Treue

Treue ist in unserer Gesellschaft ein besonders umstrittenes und heißes Thema. Bis noch vor wenigen Jahren galt die partnerschaftliche Untreue, also das Fremdgehen, fast uneingeschränkt als Untugend und Sünde. Heute verändert sich diese einseitige Betrachtung und viele Menschen denken schon ganz anders über dieses heikle Thema und gehen auch anders damit um.

Die Treue wird immer noch als Maßstab für die Liebe herangezogen. Solange der Partner an Fremdgehen nur denkt, ist alles noch in Ordnung. Nur wenn er es in die Tat umsetzt, dann hat er bewiesen, dass mit seiner Liebe etwas nicht stimmen kann. Nur wenige können von sich behaupten, in Gedanken nicht ab und zu mal fremdzugehen. Viele trauen sich nicht, darüber zu sprechen, zumindestens nicht mit dem Partner, obwohl es fast allen Menschen so geht.

### Mein Partner geht fremd

Eine Situation, die für viele Menschen sehr schmerzlich ist. Sie fühlen sich betrogen. Die Partnerschaft erscheint ihnen schlagartig in einem anderen Licht, das Vertrauen ist weg und alles, was der andere sagt und tut, wird nun skeptisch hinterfragt. Manche ziehen sich zurück, wollen von dem „Betrüger“ nichts mehr wissen, während andere wütend und aggressiv ihren Partner für ihr Leid verantwortlich machen.

*Was steht dahinter?*
In einer solchen Situation wird die Angst, verlassen zu werden, besonders groß. Auch wenn eine Beziehung nicht besonders gut läuft, bedeutet die Treue für viele so viel wie „Ich möchte mit dir sein". Erst die Untreue lässt die vielleicht verdrängte Angst vor einer Trennung nun deutlich spürbar werden. Angst, alleine nicht klarzukommen, Existenzängste und Zukunftssorgen werden dadurch an die Oberfläche geholt.

Hinter der großen Enttäuschung steht bei vielen auch der Verlust des Vertrauens. Vertrauen ist die Basis einer wirklichen Partnerschaft, in der man so sein kann, wie man wirklich ist.

*Was ist zu tun?*
Erkennen Sie, dass Ihr Partner durch sein Fremdgehen etwas in Ihnen ausgelöst hat, was auch schon vorher in Ihnen war. Durch dieses Geschehen ist es an die Oberfläche gekommen. Sie haben sich das selbst geschaffen, um wieder einen Schritt weiter zu gehen. Ihr Partner ist nicht schuld an Ihrem Zustand. Wenn Sie das akzeptieren und sich selbst als Urheber anerkennen, dann werden Sie sehen, was Ihr Leid wirklich hervorgerufen hat, und Sie können die Situation verändern. Dann erkennen Sie, dass es Ihre Überzeugungen und Bewertungen sind, die Sie manches als gut und anderes als leidvoll erleben lassen.

### Ich halte nichts von Treue, aber mein Partner duldet es nicht

Bezüglich der Treue gibt es in Beziehungen häufig unterschiedliche Vorstellungen. Nicht selten gehen Beziehungen deshalb auseinander, weil das Thema gerne ausgeschwiegen wird. Ist „es" dann passiert, dann ist die Katastrophe da. Manche Partner reden über ihre Bedürfnisse, finden aber trotzdem keine für beide zufrieden stellende Lösung.

*Was steht dahinter?*
Wenn Ihr Partner es nicht duldet, dass Sie Ihre Sexualität auch mit anderen Menschen leben wollen, dann sollten Sie sich fragen, wieweit Sie es sich selbst denn erlauben. Der andere ist uns immer ein Spiegel und will uns etwas zeigen, was in uns, aber noch nicht entdeckt ist. Haben Sie selbst ein schlechtes Gewissen bei dem Gedanken an Untreue? Vielleicht haben Sie auch Angst vor der Ablehnung Ihres Partners, der Ihnen dieses ja schon durch sein Nichtakzeptieren anzeigt.

*Was ist zu tun?*
Zunächst einmal ist es wichtig, dass Sie ganz zu Ihren Bedürfnissen stehen. Sie sind da und es ist vollkommen in Ordnung so. Fragen Sie sich dann einmal, warum Sie auch außerhalb Ihrer Partnerschaft noch Sex wollen. Vielleicht bekommen Sie zu wenig oder Sie suchen nach Bestätigung. Vielleicht ist es mit Ihrem Partner zu langweilig oder Sie wollen sich gar nicht richtig auf ihn einlassen. Was es auch immer ist, es ist nichts Schlechtes daran und nur menschlich. Sprechen Sie mit Ihrem Partner offen darüber, teilen Sie sich gegenseitig Ihre Gedanken mit. Nur so können Sie einen gemeinsamen Nenner finden. Möglicherweise müssen Sie sich zwischen Ihrer Partnerschaft und Ihrem Bedürfnis nach Freiheit entscheiden.

## Kommunikation

Viele Probleme beruhen nur auf einem Mangel an Kommunikation. Nicht nur, dass zu wenig ausgetauscht wird, nein, viele wissen gar nicht, wie man wirklich miteinander kommuniziert. Missverständnisse und Vorstellungen, wie ein Beziehungsaustausch sein soll, runden das Bild ab. Kein Wunder, dass ein großer Teil aller Beziehungsprobleme in diesem Bereich zu finden ist.

Kommunikation findet nicht nur mit Worten statt, sondern gerade die nonverbale Kommunikation nimmt einen sehr großen Raum ein und wird ebenso häufig falsch oder gar nicht verstanden.

### Wir reden aneinander vorbei

Stundenlang haben Sie schon miteinander geredet, und das nicht nur einmal, aber noch immer stehen Sie an der gleichen Stelle und haben scheinbar nichts erreicht. Tatsächlich reden viele wirklich aneinander vorbei. Die Weisheit der Sprache bringt es treffend zum Ausdruck. Das, was Sie sagen, kommt beim anderen nicht an, geht sozusagen an ihm vorbei.

*Was steht dahinter?*

Ihr Gegenüber ist nicht auf die entsprechende Wellenlänge eingestellt und so kann er die Botschaft nicht empfangen. Manchmal liegt es daran, dass die entsprechende Wellenlänge nicht vorhanden ist und derjenige die Botschaft wirklich nicht verstehen kann. Meistens liegt es aber daran, dass der Empfänger gar nicht auf Empfang eingestellt ist. Er ist nur auf Senden eingestellt. Mit anderen Worten, er ist gar nicht an dem, was der andere ihm mitteilen will, interessiert. Er hört überhaupt nicht zu und versucht nur, den anderen von seiner Meinung zu überzeugen. Er will etwas erreichen, ist aber an einem wirklichen Austausch nicht interessiert. Rechthaberei und Überzeugen-Wollen sind Ausdruck von Selbstzweifel und Minderwertigkeitsgefühlen. Nur wer selbst nicht überzeugt ist, will andere überzeugen, will, dass der andere das Gleiche tut und denkt, um sich dadurch bestätigt zu fühlen.

*Was ist zu tun?*
Widerfährt Ihnen dieses häufiger, sollten Sie darauf achten, ob Sie in einer Unterhaltung oder Diskussion dem anderen wirklich zuhören oder ob Sie in erster Linie versuchen, ihn zu überzeugen. Wenn Sie sich dabei ertappen, dann machen Sie sich bewusst, dass Sie gerade dabei sind, Ihre eigene Unsicherheit zu überdecken. Wenn Sie das erkennen und akzeptieren, dann brauchen Sie nicht mehr zu überzeugen. Es gibt keinen Grund mehr dafür, denn Sie haben Ihre Unsicherheit angeschaut und es gibt nichts mehr zu überdecken. (Siehe auch Seite 101: „Die wichtigsten Regeln für ein erfolgreiches Gespräch".)

**Ich will immer Recht haben**
(Siehe auch Seite 107: „Wir reden aneinander vorbei".)

**Ich verstehe meinen Partner nicht**
Manche bemühen sich wirklich, ihren Partner zu verstehen. Das betrifft nicht nur seine Worte und Erklärungen, sondern auch sein Verhalten. Aber, sosehr sie sich auch bemühen, sie können es nicht begreifen und sind manchmal sehr traurig darüber.

*Was steht dahinter?*
Einen Menschen zu verstehen, mit dem Verstand zu erfassen, warum er sich so und so verhält oder denkt, ist nur bis zu einem gewissen Grad möglich. Wir müssten selbst alle Erfahrungen dieses Menschen gemacht haben und dann auch noch sein Unbewusstes kennen, also das, was er selbst nicht kennt. Es geht auch gar nicht darum, den Menschen mit dem Verstand zu erfassen, sondern darum, ihn mit dem Herzen zu erfassen. Nur wenn ich das nicht will, wenn ich den anderen nicht fühlen will, dann versuche ich, ihn rational zu erfassen. Aber der Verstand ist beschränkt und darum ist auch seine Wahrnehmungsmöglichkeit beschränkt.

*Was ist zu tun?*

Versuchen Sie nicht, Ihren Partner oder sonst irgendjemanden mit dem Kopf zu verstehen. Nehmen Sie ihn mit dem Herzen wahr, dann werden Sie ihn auch verstehen. Das ist ein anderes Verstehen, aber ein viel weiteres. Die Erfahrung wird es Ihnen zeigen. Versuchen Sie einmal, alle Ihre Meinungen, die Sie über einen Menschen haben, beiseite zu legen. Dann machen Sie sich bewusst, dass dieser Mensch genau wie Sie versucht, glücklich zu sein, dass er genau wie Sie geliebt werden will, dass er genau wie Sie Ängste kennt und manchmal traurig ist. Dann betrachten Sie ihn noch einmal und fühlen Sie, wie er sich jetzt fühlt. So bekommen Sie ein Gefühl dafür, was wirkliches Verstehen bedeutet.

## Ich komme mit den Gefühlsausbrüchen nicht klar

(Siehe Seite 108: „Ich verstehe meinen Partner nicht".)

## Ich sage nicht, was ich denke

Teilweise wird es sogar Diplomatie genannt und viele Menschen sind zu einem solchen Verhalten erzogen worden. Es fängt schon mit der Schule an, zeigt sich in allen Bereichen unserer Gesellschaft und macht auch vor der Partnerschaft keinen Halt. „Ich will den anderen nicht verletzen", „Was nützt es ihm, wenn er es weiß?" oder „Das darf er nicht wissen, das schadet ihm" sind gängige Rechtfertigungen für dieses Verhalten, das man dann gerne als Notlüge bezeichnet, anstatt es einfach aber treffend als Unehrlichkeit zu bezeichnen.

*Was steht dahinter?*

Es muss nicht eine böswillige Absicht dahinter stecken, vielmehr sind es in der Regel Versuche, Konflikten auszuweichen. Je nachdem wie das Gesagte aufgenommen wird, könnte es ja auf

Unverständnis oder sogar Ablehnung stoßen. Im Zweifelsfall also lieber nichts sagen. Mangelndes Selbstvertrauen, Angst vor Ablehnung, Konfliktscheu sind die Antriebe, sich immer an die Normen zu halten und im Zweifelsfalle das zu sagen, was erwartet oder gewünscht wird. „Darf ich denn sagen, was ich denke?“, ist eine Frage, die viele Menschen noch nicht mit „Ja“ beantworten.

*Was ist zu tun?*

Zuerst einmal sollten Sie erkennen, dass es grundsätzlich vollkommen in Ordnung ist, alles zu sagen, was Sie denken. Das „Wie“ ist dabei eine andere Frage. Es gibt auch Situationen, in denen man das Gefühl hat, dass es gerade nicht passt. Aber das basiert dann nicht auf Angst, sondern auf Liebe. Dieses Argument benutzen einige, um weiterhin unehrlich sein zu können und ihre Angst zu verbergen. Machen Sie nicht den gleichen Fehler. Sie betrügen nur sich selbst. Erkennen Sie die Beweggründe für Ihre Unehrlichkeit und verurteilen Sie sich nicht dafür. Sie haben es getan, um sich zu schützen, doch ab heute brauchen Sie das nicht mehr. Befreien Sie sich von diesem Druck und seien Sie anderen ein Vorbild. Die anderen suchen Menschen, die es ihnen vorleben und ihnen zeigen, dass sie keine Ablehnung erfahren, wenn sie ehrlich sind. Sie werden bewundert werden für Ihre Ehrlichkeit und damit helfen Sie den anderen, es Ihnen gleich zu tun.

### Ich kann meinem Partner nicht alles sagen

(Siehe Seite 108: „Ich sage nicht, was ich denke“.)

### Ich kann nicht streiten

Auch streiten will gelernt sein. Viele können es nicht. Streit bedeutet für die meisten Menschen Disharmonie und diese wollen sie auf jeden Fall vermeiden. Wir leben in einer konfliktscheuen Gesellschaft, wo Streiten etwas Primitives hat und Diplomatie und Kompromissbereitschaft als Tugenden gelten. So geht man jeder Auseinandersetzung aus dem Weg, lächelt, wo das Fass eigentlich schon voll ist und überläuft.

*Was steht dahinter?*
Grundlage eines jeden Streites sind unterschiedliche Meinungen. Wer streiten kann, der steht zu seiner Meinung, auch wenn es dem anderen nicht gefällt. Hier liegt das Problem für die meisten Menschen. Wer eine andere Meinung hat, der kann Ablehnung erfahren, und genau davor haben sie Angst. Hinter dem „Ich kann nicht streiten" steht immer „Ich will nicht streiten", weil sie Angst vor Ablehnung haben. Jeder will geliebt werden. Je mehr man von der Liebe der anderen abhängig ist, weil man sich selbst nicht liebt, umso mehr versucht man, Konflikten aus dem Weg zu gehen.

*Was ist zu tun?*
Erkennen Sie, dass es Ihre Angst vor Ablehnung ist, die Sie dazu veranlasst, jedem Streit aus dem Weg zu gehen. Letztlich werden Sie für dieses Verhalten nicht geliebt, sondern eher gemieden. Sie erreichen genau das Gegenteil von dem, was Sie mit Ihrer Konfliktscheu eigentlich wollten. Alle Menschen lieben den Kontakt zu Personen, die zu ihrer Meinung stehen und sagen, was sie denken, weil sie sich selbst nicht trauen. Seien Sie mutig, sagen Sie, was Sie denken, und Sie werden sehen, dass Sie sogar dort angenommen werden, wo Sie ganz sicher mit einer Abweisung gerechnet haben. Nicht was ich sage, ist entscheidend, sondern wie ich es sage.
Die wichtigsten Regeln für ein erfolgreiches Gespräch:
1. Schaffen Sie sich eine geeignete Atmosphäre und sorgen Sie dafür, dass Sie ungestört bleiben.

2. Nehmen Sie sich genügend Zeit. Am besten planen Sie so, dass Sie danach erst mal nichts vorhaben, damit das Gespräch nicht vorzeitig abgebrochen werden muss.
3. Lassen Sie für diesen Zeitraum alles andere los, damit Sie ganz bei der Sache sein können.
4. Vereinbaren Sie, dass jeder in Ruhe aussprechen kann, ohne unterbrochen zu werden. Dieses sollte natürlich nicht für einseitige Monologe ausgenutzt werden. Einigen Sie sich auf ein Zeichen, wenn Sie etwas sagen wollen. Als Übung dazu reden Sie abwechselnd drei Minuten, während der andere nur zuhört.
5. Sprechen Sie nur von sich selbst, wie Sie sich fühlen, was Sie denken und glauben, und nicht über den anderen. Vermeiden Sie das „Du-Spiel“: „Du hast gesagt, du würdest …“, „Du kannst nicht …“, „Du willst immer nur …“ usw. Nicht „Du hast mich verletzt“, sondern „Ich fühle mich verletzt“.
6. Hören Sie genau zu, was Ihr Gegenüber Ihnen sagt, und fragen Sie nach, wenn Sie etwas nicht verstehen. Vermeiden Sie, voreilig zu sagen: „Ja, ja, ich weiß schon, was du meinst.“
7. Seien Sie sich immer bewusst, dass der andere genau wie Sie bestrebt ist, glücklich zu sein, dass er genau wie Sie nicht abgelehnt werden will, dass er genau wie Sie eine friedliche Lösung sucht und genau wie Sie immer nur nach einer Erfüllung seiner Bedürfnisse sucht.

## Sexualität

In Partnerschaften, und vor allem in Ehen, ist Sexualität einer der größten Konfliktbereiche. Ihre Bedeutung spiegelt sich in der Häufigkeit und Vielfalt der Probleme wider. Viele sind mit dem Sexualleben in ihrer Beziehung unzufrieden, wissen aber nicht, damit umzugehen. Wie zahlreiche Untersuchungen schon bewiesen haben, spiegelt sich eine erfüllte Sexualität im Wohlbefinden und damit in der Gesundheit des Menschen wider. Sexualität beinhaltet die Urkraft des Menschen. Sie beinhaltet das Potenzial, Leben auf die Erde zu bringen. Viele Krankheitssymptome sind durch die Auflösung von Problemen im Bereich der Sexualität überflüssig geworden und konnten sich so auflösen.

**Ich habe keine Lust mehr**

Sexmüdigkeit muss nicht von Dauer sein, sondern ist vielfach nur phasenweise zu beobachten. In den wenigsten Fällen steckt ein körperliches Problem hinter der mangelnden Lust auf Sex, meistens sind es psychische Faktoren.

*Was steht dahinter?*

Partnerschaftskrisen oder Unzufriedenheit in der Beziehung sind meistens mit Sexmüdigkeit verbunden, die aber außerhalb der Partnerschaft wie weggeblasen erscheint. Überhaupt haben Schwierigkeiten und Sorgen des Alltages einen großen Einfluss auf das Sexualverhalten. Stress, alle Dauerbelastungen, aber auch aktuelle Störungen vermindern die Lust.

*Was ist zu tun?*

Keine Lust auf Sex zu haben ist ja weiterhin kein Problem, solange einem nichts dabei fehlt. Sie sollten diese Unlust aber als Hinweis betrachten, dass es irgendetwas gibt, was Sie offensichtlich sehr beschäftigt. Das muss Ihnen nicht bewusst sein und es kann sich einfach nur um Zeiten der Veränderung handeln, die keinen Grund zur Besorgnis geben. Hält dieses Gefühl aber länger an, dann sollten Sie nach den Ursachen forschen. Fragen Sie sich ganz ehrlich, ob Sie mit Ihrer Beziehung zufrieden sind. War oder ist der Sex mit Ihrem Partner für Sie erfüllend oder gibt es dort unbefriedigte Wünsche? Wenn dem so ist, dann sprechen Sie mit Ihrem Partner darüber. Bei diesem Thema kann man nicht um den „heißen Brei" herumreden, Sie müssen schon deutlich werden. Trauen Sie sich, vielleicht geht es Ihrem Partner genauso und er wartet nur darauf, dass Sie den ersten Schritt machen.

Liegt die Ursache aber nicht in der Partnerschaft, dann ist das ein ernst zu nehmender Hinweis, den Energieräuber zu erkennen und Ihr Leben entsprechend zu ändern. Gehen Sie alle Bereiche Ihres Alltages durch und vergessen Sie nicht, in sich selbst hineinzuschauen. Vielleicht tragen Sie schon seit längerem einen inneren Konflikt mit sich herum, der Sie mehr beschäftigt, als Sie es wahrhaben wollen.

**Ich fühle mich überfordert**

Die Bedürfnisse sind sehr unterschiedlich, so will der eine morgens Sex, während der Partner zu dieser Zeit gar nicht gut aufgelegt ist und seine Lust am Abend kommt. Aber nicht nur zeitlich, sondern vor allem über die Häufigkeit der körperlichen Liebe gibt es sehr verschiedene Ansprüche. Daher ist es nicht verwunderlich, dass es diesbezüglich immer wieder Probleme in der Partnerschaft gibt und sich so mancher von den Ansprüchen seines Partners überfordert fühlt.

*Was steht dahinter?*

Das Gefühl, überfordert zu sein, kommt nur dadurch zustande, dass man meint, den Ansprüchen des anderen gerecht werden zu müssen. Stellen Sie sich einen Partner vor, der, auch wenn es das wahrscheinlich nicht gibt, immer zur selben Zeit wie Sie Lust auf Sex hat. Eine Überforderung würde es dann nicht geben. Dass Sie nicht zur gleichen Zeit wie Ihr Partner Lust haben, ist ganz natürlich. Können Sie aber nicht Nein sagen, dann ist es auch kein Wunder, dass Sie sich unter Druck gesetzt fühlen, wenn Ihr Partner Sie mit seiner Lust bedrängt. Die wirkliche Ursache für Ihre Überforderung liegt demnach darin, dass Sie nicht Nein sagen können. Vielleicht glauben Sie, dass wahre Liebe ständige Lust auf Sex bedeutet, und trauen sich deshalb nicht, den Partner abzuweisen. Bei den meisten Menschen ist es aber die Angst vor Ablehnung, die Angst nicht mehr geliebt zu werden und den Partner vielleicht zu verlieren, wenn man Nein zu seinen Wünschen sagt.

*Was ist zu tun?*
Reden Sie mit Ihrem Partner darüber, aber machen Sie ihm keine Vorwürfe. Seine Wünsche mitzuteilen ist eine sehr wichtige Voraussetzung für eine funktionierende Beziehung. Nehmen Sie sich ein Beispiel an ihm und teilen Sie Ihre Bedürfnisse ebenfalls mit – auch wenn das ein Nein für den anderen bedeutet. Manchmal bedeutet ein Nein ein Ja zu sich selbst. Sex ist nur dann erfüllend, wenn beide mit Leib und Seele ganz dabei sind. Also machen Sie diesbezüglich keinen Kompromiss. Wenn Ihr Partner dann zu kurz kommt, so ist das in erster Linie sein Problem und er muss schauen, wie er damit umgeht. Es ist aber keine Lösung, sich selbst untreu zu werden, nur um dem anderen gerecht zu werden. Aber selbst das ist ja gar nicht möglich, da Sie nicht mit Leib und Seele dabei sind und somit Ihren Partner eigentlich betrügen.

**Ich will mehr**
So wie es auf der einen Seite Menschen gibt, die sich überfordert fühlen, gibt es auf der anderen Seite Menschen, die mehr Sex wollen, als ihren Partnern recht ist. Diese Unzufriedenheit ist für einige ein wirklich sehr ernstes Problem, da sie keine Lösung erkennen können. Ihren Partner wollen sie weder bedrängen

noch ihn deshalb verlassen. Und die Erfüllung wollen sie sich auch nicht woanders holen, da sie ihre sexuellen Wünsche mit ihrem Partner ausleben wollen.

*Was steht dahinter?*
Was ist es, was Sie wirklich mehr wollen? Ist es wirklich die Freude am Sex, die Sie nach mehr verlangen lässt? Oder fehlt Ihnen vielleicht etwas, was Sie mit dem Sex kompensieren? Haben Sie einen Partner, der Ihnen sexuell zu wenig gibt, dann sind Sie immer aufgefordert, den Mangel, der dahinter steht, zu erkennen. Auch hier zeigt das Außen deutlich, was im Innern ist. Die mangelnde Bereitschaft des Partners zeigt Ihnen nur den Mangel Ihrer Bereitschaft, das eigentliche Defizit anzuschauen. Ihre Unzufriedenheit ist ein Zeichen für einen Mangel in Ihnen, den Sie auf sexueller Ebene ausgleichen wollen.

*Was ist zu tun?*
Ziel ist, den Mangel in Ihnen zu erkennen, der sich in sexueller Unzufriedenheit äußert. Eine einfache Methode ist es, sich mit dem sexuellen Mangel zu konfrontieren, genau wie das Leben es Ihnen anbietet. Sich also nicht mehr dagegen zu wehren, sondern diesen zu akzeptieren und anzunehmen. Dadurch wird der innere Mangel, der nun nicht mehr kompensiert wird, stärker und kann Ihnen so bewusst werden. Halten Sie es aus, es will nur gefühlt werden. Dann löst es sich von alleine auf. Erinnern Sie sich an den Kreislauf des Lebens: Sie suchen sich etwas aus, bewusst oder unbewusst, um es dann zu erleben und zu fühlen. Haben Sie es erlebt, hat es seinen Zweck erfüllt und kann sich auflösen. Also lassen Sie Ihren Widerstand los und erleben Sie bereitwillig, damit es sich wirklich auflöst.

## Unser Sex ist langweilig

Zu Beginn einer Partnerschaft scheint es dieses Problem nicht zu geben. Die Begeisterung füreinander und das Neue sind alles andere als langweilig. Aber das Neue wird bald zum Gewohnten. Im Bett läuft immer das Gleiche ab, während der Wunsch nach Lebendigkeit nach wie vor vorhanden ist. Manche glauben, das müsse so sein, und finden sich damit ab. Andere wechseln den Partner, überzeugt, dass es nicht der richtige war.

*Was steht dahinter?*

Eine Beziehung ist ein stetiges Wachsen, Sich-Verändern und Aufeinander-Zugehen. Das gilt auch für die Sexualität. Genau wie die Phase des Verliebtseins irgendwann vorbei ist, so verändert sich auch die Qualität der Sexualität. Verändern wir uns nicht mit, wird früher oder später alles zur Gewohnheit und damit langweilig. Angst vor Ablehnung und Konfrontation halten viele zurück, ihre Wünsche dem Partner ehrlich mitzuteilen. Ein möglicher Streit oder eine Meinungsverschiedenheit könnten die Beziehung gefährden. Das Risiko wollen sie nicht eingehen. Lieber auf Nummer sicher gehen und einige Kompromisse machen, als die Möglichkeit eines unabsehbaren Konfliktes zu riskieren. So leben vielleicht zwei zusammen, die die gleichen Wünsche haben, sich aber beide nicht trauen, darüber zu reden. Schade, sie könnten beide glücklich sein. Obwohl die sexuelle Aufklärung und Offenheit in der Gesellschaft stark zugenommen hat, gibt es noch immer viele, die glauben, dass ihre Wünsche vielleicht nicht normal seien und sie keine Ansprüche stellen dürfen. Auch dahinter steht nur die Angst vor Ablehnung.

*Was ist zu tun?*

Wenn wir eine erfüllte Partnerschaft haben wollen, dann sind wir aufgefordert, uns ganz einzulassen, uns mit ihr zu verändern,

Schwierigkeiten anzuschauen und zu unseren Wünschen zu stehen. Tun wir das nicht, kann sich nicht viel verändern. Die Beziehung und damit auch der Sex werden langweilig. Sprechen Sie mit Ihrem Partner über Ihre unerfüllten Wünsche – auch wenn es dabei zu einem Konflikt kommen sollte. Sie werden nie die Sicherheit bekommen, dass Ihre Partnerschaft ewig hält. Im Gegenteil, Sie wissen jetzt schon, dass Sie irgendwann wieder auseinander gehen. Die einzige Sicherheit im Leben ist die Unsicherheit. Stehen Sie zu Ihren Wünschen, sie sind vollkommen in Ordnung, und leben Sie eine erfüllte Beziehung.

**Mein Partner will nur Sex**

„Das Einzige, was mein Partner von mir will, ist mein Körper", so oder ähnlich äußert sich die Unzufriedenheit bei den Betroffenen. Sie haben ganz andere Vorstellungen von der Beziehung und vor allem viele unbefriedigte Bedürfnisse.

*Was steht dahinter?*

Sie haben sich Ihren Partner ausgesucht, um mit ihm etwas zu lernen. Er will Ihnen nur etwas zeigen, das Sie auch in sich tragen, aber nicht sehen wollen. Sie beklagen sich darüber, dass Ihr Partner nur etwas von Ihnen will, aber gar nicht auf Sie eingeht und nach Ihren Wünschen fragt. Er spiegelt Ihnen nur Ihre eigene Einstellung wider. Es sind Ihre Ansprüche, die Sie nicht wahrhaben wollen und gegen die Sie Widerstände haben. Sie möchten, dass Ihr Partner auf Sie eingeht, Sie haben bestimmte Vorstellungen, wie er sein soll bzw. wie er nicht sein soll.

*Was ist zu tun?*

Wirkliche Liebe will nichts vom anderen, sondern nimmt ihn so, wie er ist. Das heißt nicht, dass Sie alles tun sollen, was von Ihnen erwartet wird. Wenn es Ihnen nicht entspricht, dann sagen Sie Nein. Aber erwarten Sie nicht von Ihrem Partner, dass er sich ändert. Wenn Sie Ihre eigenen Ansprüche und Erwartungen erkennen und annehmen, ohne sie zu bewerten, dann können Sie diese loslassen. In dem gleichen Maße, wie dies geschieht, wird auch Ihr Partner sich verändern. Die Ursache liegt in Ihnen und Sie können es verändern.

## Geld

Die Stellung, die Geld in unserer Welt hat, macht sich auch in der Partnerschaft und vor allem in der Ehe bemerkbar. Während Paare, die nicht zusammen leben, meistens getrennte Kasse machen und somit selten Geldschwierigkeiten haben, leben häusliche Gemeinschaften häufig aus einem Topf, wobei erhebliche Schwierigkeiten auftauchen können. Am problematischsten ist es in Familien mit Kindern, wo nur einer das Geld hereinbringt, während der andere sich um Kinder, Haus und anderes kümmert. Im Falle der Trennung macht sich die Bedeutung des Geldes nicht selten schmerzhaft bemerkbar. Grundlegende menschliche Probleme wie das Selbstwertgefühl sind vielfach mit Geld verbunden.

### Ich will keine gemeinsame Kasse

Manche Paare gehen sehr unkompliziert mit ihrem Geld um. Wer gerade Geld dabei hat, der bezahlt; wenn jemand keins mehr hat, dann übernimmt der andere in der Zeit die anfallenden Kosten o. Ä. Andere wiederum rechnen jeden Pfennig auseinander, bezahlen das Essen getrennt und haben die Miete nach Quadratmetern aufgeteilt.

*Was steht dahinter?*

Die einen, die sich gegen eine gemeinsame Kasse wehren, haben Angst, dass sie ausgenutzt werden oder schlechter dabei wegkommen. Sie haben Angst, dass sie mehr geben, als sie bekommen. Manche wollen auf diesem Weg möglichen Konflikten aus dem Weg gehen. Gemeinsame Kasse heißt, dass man sich hier und da einigen muss und auch aufgefordert wird, mal ein deutliches Nein zu sagen, ansonsten würde man sich schnell unzufrieden fühlen. Diesen Auseinandersetzungen kann man mit einer getrennten Kasse gut aus dem Weg gehen. Keine gemeinsame Kasse machen wollen bedeutet vor allem, sich noch nicht richtig auf den anderen einzulassen. Man hat sich entweder noch nicht klar für diesen Menschen entschieden oder ist noch nicht bereit, alles mit ihm zu teilen. Das gilt für die Stärken ebenso wie für die Schwächen, für viel Geld und für Geldmangel. Das Geld steht in diesem Zusammenhang nur als Symbol für das weite Feld von Geben und Nehmen.

*Was ist zu tun?*

Wenn Ihr Partner gemeinsame Kasse mit Ihnen machen möchte und Sie noch nicht dazu bereit sind, dann erkennen Sie die Gründe, die dahinter stehen, und sprechen Sie mit Ihrem Partner ganz ehrlich darüber. Es gibt keinen Grund, der nicht menschlich wäre, und keinen, über den man sich schämen müsste. Vertrauen Sie sich Ihrem Partner an. Wenn Sie Angst haben, dass Sie ausgenutzt werden, dann machen Sie sich bewusst, dass alle Energie, die Sie ausströmen, wieder zu Ihnen zurückkommt. Geben und Nehmen gleichen sich immer wieder aus, vielleicht ganz anders, als Sie es sich vorstellen können, und mit zeitlichem Abstand. Sollte bei Ihnen die Angst vor Konflikten dominieren oder sollten Sie erkannt haben, dass Sie sich auf Ihren Partner nicht einlassen wollen, dann treffen Sie eine Entscheidung, wie

Sie in Zukunft damit umgehen wollen. Haben Sie den Mut zur Veränderung, nur so können Sie glücklich werden. Sie können keinem Konflikt ausweichen, Sie tragen den Konflikt in sich, und solange er nicht gelöst wird, wird er Ihnen immer wieder im Außen begegnen. Das Außen ist immer nur ein Spiegel des Innern.

### Ich will einen reichen Partner

Wer möchte das nicht? Aber gerade diejenigen, die es sich am meisten wünschen, suchen sich immer wieder Partner aus, die nur wenig Geld haben. Der Wunsch nach einem reichen Partner ist nur allzu verständlich, würde sich doch ein großer Problembereich des Lebens schlagartig auflösen, sofern der Partner großzügig ist, wovon man bei seinem Wunsch ja ausgeht. Es ist wie der lang ersehnte Lottogewinn, einfach und befreiend.

*Was steht dahinter?*

In Wahrheit will man sich mit dem Problem, das dahinter steht, nicht auseinander setzen und erkennt es vielleicht gar nicht. Der Mangel, der den Wunsch nach dem Lottogewinn hervorbringt, ist ein Mangel unseres Selbstwertgefühls. Dieser Mangel zeigt sich im Außen z. B. in Form von wenig Geld. Das wollen wir in der Regel nicht und versuchen, es zu ändern. Reicht das Selbstvertrauen nicht, um es selbst zu ändern, versucht man, eine Lösung im Außen zu finden: den Lottogewinn oder den reichen Partner. Ein Mangel, wie immer er sich in unserem Leben gestaltet, weist uns immer nur auf einen Mangel in uns hin.

*Was ist zu tun?*

Das Ziel ist die Erkenntnis, dass Sie alles Potenzial in sich tragen, um unabhängig von anderen Ihre Ziele zu verwirklichen. Die Hindernisse, die Sie das nicht erkennen lassen und damit jeden

Erfolg beeinträchtigen, liegen in Ihren Überzeugungen. Wenn Sie z. B. nicht glauben, dass Sie etwas erreichen können, dann werden Sie es auch entsprechend erfahren. In dem Moment, wo Sie sich auf Ihr Ziel ausrichten, werden alle diese behindernden Überzeugungen an die Oberfläche kommen und können dann verändert werden. Warum sollten Sie nicht erreichen können, was schon viele andere erreicht haben? Trauen Sie sich, Ihren wirklichen Wünschen nachzugehen! Sie tragen alles in sich, um diese zu verwirklichen.

**Ich kann nichts annehmen**

Da gibt es so viele Menschen, die nicht in der Fülle leben, und wenn dann jemand kommt, der ihnen von seiner Fülle geben will, dann können Sie es nicht annehmen. Auffällig dabei ist, dass es fast im Mangel lebende Menschen sind, die nichts annehmen können.

*Was steht dahinter?*

Die Überzeugung, dass sie es nicht wert sind, dass sie nicht gut genug sind und es nicht verdient haben, ist die Ursache dafür, dass viele Menschen diesen Selbstwertmangel auch im Außen erleben. Die Lebensumstände spiegeln ihnen diese innere Haltung wider. Diese Haltung sorgt natürlich auch dafür, dass sie nichts annehmen können, wenn jemand ihnen etwas schenken will, denn sie haben es ja nicht verdient. Dieser Jemand steht symbolisch für das Leben. Das Leben will uns auch die Fülle schenken, aber viele können es leider nicht annehmen. Die meisten glauben, dass sie, wenn überhaupt, die Erfüllung ihrer Wünsche nur dann verdient haben, wenn sie sich dafür richtig abgerackert haben und am besten auch noch leiden mussten. Sie erleben es entsprechend, es ist ihre freie Entscheidung.

*Was ist zu tun?*
Erkennen Sie, dass es nur Ihre Überzeugungen sind, die Sie daran hindern, in der Fülle zu leben. Wehren Sie sich nicht dagegen, sondern lassen Sie diese einfach los und richten Sie Ihre Aufmerksamkeit auf die Wünsche Ihres Herzens, in dem Wissen, dass Sie alles erreichen können. Nehmen und Geben stehen immer im Gleichgewicht. Annehmen zu können ist die Voraussetzung, um auch geben zu können. Freuen Sie sich, wenn Sie etwas angeboten bekommen, und nehmen Sie es dankbar an. Sie machen dem aufrichtigen Geber ein Freude. Dem nicht aufrichtigen Geber, der darauf spekuliert hat, dass Sie ja doch nichts annehmen, verhelfen Sie dazu, aufrichtig zu werden.

Nehmen Sie an, was Ihnen gegeben wird, es ist zum Vorteil aller.

**Ich will nicht abhängig sein**
Möchten Sie in einer Partnerschaft Kinder haben, dann können nicht beide den ganzen Tag arbeiten gehen. In der Regel gibt die Frau einen Teil ihrer Arbeit auf, um Zeit für die Familie zu haben. Bezüglich der finanziellen Versorgung fühlt sie sich abhängig von ihrem Partner. Ähnlich geht es Paaren, bei denen einer in das Geschäft des anderen mit einsteigt. Die Angst vor einer Trennung wird nicht selten allein durch die finanzielle Abhängigkeit zu einer ständigen Belastung. Wen wundert es, dass so mancher solche Situationen zu vermeiden versucht?

*Was steht dahinter?*
Wo mangelndes Vertrauen ist, da überwiegt der Versuch, das Leben zu kontrollieren. Je größer die Angst ist, dass einem etwas passieren kann, desto mehr Einfluss hat das Sicherheitsdenken. Man versucht, die Lebensumstände so zu gestalten, dass man jederzeit den Überblick hat und möglichst nichts Unvorherseh-

bares passieren kann. Dieses mangelnde Urvertrauen lässt viele grübeln und nach Lösungen suchen, anstatt ihrem Herzen zu folgen und das zu tun, was sie im Moment am meisten anzieht. Sicherheit gibt es nicht, und Probleme vermeiden zu wollen funktioniert erst recht nicht. Im Gegenteil, alles, was Sie zu vermeiden versuchen, das ziehen Sie an. Und je mehr Sie sich dagegen wehren, umso schneller und intensiver werden Sie genau damit konfrontiert.

*Was ist zu tun?*

In Wirklichkeit sind Sie niemals abhängig. Sie haben sich diese Erfahrung selbst ausgesucht, um sie zu erleben, so wie Sie sich ein Spiel aussuchen, um es zu spielen. Vielleicht vergessen Sie während des Spiels, dass Sie es sich selbst ausgesucht haben. Bei einem Spiel kann Ihnen in Wirklichkeit genauso wenig passieren wie im Leben. Sie können auch nichts falsch machen, denn jedes Spiel ist gleich gut. Es gibt kein Richtig oder Falsch. Wenn Sie in einer Situation sind, in der Sie nicht wissen, wie Sie sich entscheiden sollen, dann fragen Sie sich einmal, was Ihnen im schlimmsten Fall wirklich passieren kann. In der Regel erkennt man dann, dass es gar nicht so wild ist. Nicht selten ist es die Angst, eine falsche Entscheidung zu treffen. Erinnern Sie sich: Es gibt keine falsche Entscheidung. Also folgen Sie den Wünschen Ihres Herzens und vertrauen Sie dem Leben.

## Mein Partner liebt nur mein Geld

Wohlhabende Menschen machen immer wieder die Erfahrung, dass ihre Partner häufig nur ihr Geld wollen. Sie werden sehr skeptisch und untersuchen jeden potenztiellen Partner diesbezüglich sehr gründlich. So manch einer hat seinen Reichtum schon verflucht auf der Suche nach einem Menschen, der ihn wirklich liebt.

*Was steht dahinter?*

Nichts im Leben geschieht zufällig und alles, was uns im Außen begegnet, ist ein Spiegel unseres Seins. Alles ist ein Teil von uns. Diese Menschen, die scheinbar nur Ihr Geld wollen, zeigen Ihnen, was Sie an sich selbst nicht erkennen und annehmen wollen. Wenn Sie sich lieben, dann werden Sie auch von den Mitmenschen geliebt. Wenn Sie also Menschen begegnen, die nur Ihr Geld lieben, dann sollten Sie sich fragen, ob Sie Ihr Geld mehr lieben als sich selbst. Diejenigen, die viel Geld haben, aber sich selbst wirklich lieben, die machen eine andere Erfahrung. Sie haben auch keine Angst um ihr Geld, was nicht heißt, dass sie sich ausnutzen lassen.

*Was ist zu tun?*

Schauen Sie einmal ganz ehrlich hin, welche Beziehung Sie zu Ihrem Geld haben. Wie wichtig ist es Ihnen? Würden Sie sich lieben, wenn Sie kein Geld hätten? Was lieben Sie an sich? Schreiben sie mal auf einen Zettel, was Sie alles an sich gut finden und lieben. Daran können Sie direkt ablesen, was die Menschen auch an Ihnen lieben. Erschrecken Sie nicht, wenn es sehr wenig ist, was da auf Ihrem Zettel steht. Es ergeht den meisten Menschen so, was nicht heißen soll, dass es deshalb nicht veränderungsbedürftig ist. Stehen Sie zu Ihren scheinbaren Schwächen und lieben Sie diese. Das ist es, was manche so liebenswert macht. Das ist es, was alle anzieht, denn danach sehnt sich ein jeder. Dann werden die Menschen Sie so lieben, wie Sie sind, inklusive Ihres Geldes, denn das gehört auch zu Ihnen.

## Macht

Solange es in einer Beziehung irgendeine Form von Abhängigkeit gibt, wird es auch immer Machtspiele geben. Machtspiele an sich sind überhaupt nicht schlimm, sie zeigen nur, dass die Beziehung noch nicht auf vollkommener Unabhängigkeit und Liebe beruht. Aber genau dazu verhelfen uns ja alle Schwierigkeiten in einer Partnerschaft, diesem Ziel Schritt für Schritt näher zu kommen. Machtspiele äußern sich auf allen Ebenen und werden in der Regel unbewusst gespielt, um Wünsche und Bedürfnisse zu befriedigen. Jede Bedingung und Forderung an den Partner, jeder Wunsch, ihn zu verändern, ist streng genommen schon ein Machtspiel. Wenn Sie sich bewusst machen, dass jedes Gefühl und jeder Gedanke an sich schon ein Ausdruck unserer enormen Macht sind, denn sie erschaffen Realität, dann wird deutlich, dass auch jeder Gedanke und jedes Gefühl zu einem Menschen Einfluss auf diesen nehmen. So können wir unsere Macht auch zum Vorteil eines Menschen einsetzen, indem wir ihn lieben, so wie er ist.

Das höchste Gebot im Universum ist die Freiheit jedes Einzelnen, die unantastbar ist. Darum heißt es: „Bittet und es wird euch gegeben." Man könnte sich ja auch fragen, warum das Leben, die geistige Welt, der liebe Gott nicht einfach so den Menschen geben, was sie brauchen, um glücklich zu sein. Gott weiß doch, was die Menschen brauchen, warum müssen sie erst bitten? Eben genau, weil jeder Mensch einen freien Willen hat. Nichts geschieht ohne seine Einwilligung. Wenn er sich entschieden hat, dieses zu vergessen, aus welchen Gründen auch immer, dann ändert das nichts an der Tatsache, dass er frei ist. Darum ist es unsere Aufgabe, uns gegenseitig wieder zu erinnern und den freien Willen eines jeden an erste Stelle zu stellen. Wenn wir uns bewusst sind, dass sich jeder Mensch mit der unendlichen Macht seines freien Willens seine Lebensumstände selbst ausgesucht hat, nur um eine Erfahrung zu machen, dann hören wir auf, ihn verändern zu wollen. Dann können wir seine Schöpfung bewundern und ihn lieben, so wie er ist.

### Ich habe nichts zu sagen

Es ist schon sehr angenehm für einen Menschen, einen Partner zu haben, der keine Widerworte gibt und tut, was man will. Da ist die Versuchung groß, dieses für die eigenen Vorteile auszunutzen. Das ist nicht unbedingt ein Ausdruck reiner Liebe, aber häufige Realität. Für den anderen gestaltet sich das natürlich weniger angenehm. Er fühlt sich ausgenutzt und weiß nicht, wie er damit umgehen soll. Jeder vorsichtige Versuch, etwas zu ändern, wird im Keim erstickt und hinterlässt nur Frustration und Hoffnungslosigkeit.

*Was steht dahinter?*

Viele Menschen lieben es, wenn ein anderer für sie die Entscheidungen trifft. So brauchen sie die Verantwortung dafür nicht zu übernehmen. In einer Partnerschaft gibt es meistens einen, der in gewissem Grad Verantwortung für den anderen übernimmt und damit die so genannte dominante Rolle einnimmt. Wenn keiner die Bremse zieht, kommt man zu dem Punkt, dass einer nichts mehr zu sagen hat. Damit fühlen sich einige ganz wohl, weil sie nun gar keine Verantwortung mehr tragen müssen, auf der anderen Seite wird es ihnen früher oder später zu eng. Überwiegt das Letztere, dann fühlen sie sich unzufrieden. Fragen Sie sich einmal, warum Sie keine Entscheidungen treffen und damit keine Verantwortung für Ihr Leben übernehmen wollen. Es ist die Angst, dass Sie etwas falsch machen könnten. Dann müssten Sie sich auch noch an die eigene Nase fassen, wenn etwas schief geht, weil Sie die Entscheidung getroffen haben.

*Was ist zu tun?*
Was Sie in Ihrem Leben auch tun, Sie tragen immer die Verantwortung dafür. Wenn Sie jemand anderem die Entscheidung überlassen, dann liegt das auch in Ihrer Verantwortung, da Sie ihm die Erlaubnis dafür gegeben haben. Sie können sich nicht drücken, also übernehmen Sie lieber die Verantwortung bewusst. Sie können nichts falsch machen, denn es gibt kein Richtig oder Falsch. Sie versuchen, Unangenehmes zu vermeiden. Das ist der Grund, warum sich so viele mit Entscheidungen schwer tun. Alles, was Sie vermeiden wollen, das ziehen Sie an, um zu lernen, dass es nur unsere Bewertungen sind, die die Geschehnisse und Dinge in angenehm und unangenehm einteilen.

Wenn Sie in Ihrer Beziehung nichts zu sagen haben und dieses ändern wollen, dann müssen Sie eine Entscheidung treffen und bereit sein, die Konsequenzen zu tragen. Treffen Sie die Entscheidung, die Verantwortung für Ihr Leben, die Sie sowieso tragen, nun ganz bewusst zu übernehmen. Entscheiden Sie sich, Ihre Entscheidungen wieder selbst ganz bewusst zu treffen. Erkennen Sie, dass Sie die Macht haben, Ihr Leben zu gestalten, dann werden Sie Freude daran haben, Entscheidungen zu treffen.

## Ich kann nicht Nein sagen

Wer nicht Nein sagen kann, der hat es nicht leicht im Leben. Allen zugleich kann man es nicht recht machen. Das haben schon viele bewiesen, die es wirklich versucht haben. Der Versuch, das Neinsagen zu vermeiden, zwingt Ihnen so manche Situation auf, die Sie sich selbst geschaffen haben. Selbst wenn es Ihnen relativ gut gelingt und das Umfeld ganz zufrieden mit Ihnen ist, vielleicht sogar den netten und immer hilfsbereiten Menschen lobt, spüren Sie eine innere Unzufriedenheit. Es anderen immer recht zu machen bedeutet, dass man selbst seine eigenen

Bedürfnisse zurückstellt. Auf Dauer ist das sehr unbefriedigend und vor allem sehr anstrengend.

*Was steht dahinter?*

Nicht Nein sagen zu können heißt eigentlich, nicht Nein sagen zu wollen. Das Bedürfnis nach Anerkennung durch andere Menschen ist so groß, dass man versucht, es allen recht zu machen. Man meint, dass man nur dann geliebt wird, wenn man die Erwartungen und Wünsche der anderen erfüllt. Ein Nein könnte Liebesentzug und Ablehnung zur Folge haben, weshalb es tunlichst vermieden wird. Die Unsicherheit, ob man überhaupt aus Eigennützigkeit zu einem anderen ein Nein sagen darf, ob man überhaupt eigene Wünsche haben darf, kommt bei vielen noch dazu. Diejenigen, die ihr eigenes Verhalten hinterfragen und ihre Unzufriedenheit ändern wollen, bleiben an diesen Fragen oft hängen.

*Was ist zu tun?*

Machen Sie sich bewusst, dass Ihnen das Neinsagen nur deshalb so schwer fällt, weil Sie sich selbst nicht so annehmen, wie Sie sind. Würden Sie sich selbst anerkennen und lieben, dann bräuchten Sie nicht nach der Anerkennung und Liebe der anderen zu streben. Sich selbst zu lieben heißt, seine eigenen Bedürfnisse zu achten. Alle Ihre Wünsche und Bedürfnisse sind vollkommen, sonst wären Sie Ihnen nicht gegeben. Natürlich kann es sein, dass mancher Ihr Nein nicht gerne hört, das bedeutet aber noch lange nicht, dass er Sie liebt, wenn Sie Ja sagen. Ihre Mitmenschen sind Ihnen immer ein Spiegel. Wenn Sie sich selbst lieben, dann werden Sie auch geliebt. Wenn Sie Ihre Bedürfnisse nicht beachten, dann werden die anderen Ihre Bedürfnisse auch nicht beachten. „Liebe deinen Nächsten, wie dich selbst“ ist nicht nur eine Aufforderung, es ist ein Gesetz: Nur wenn Sie sich selbst lieben, können Sie Ihren Nächsten lieben.

### Mein Partner macht alles, was ich will

Für einige ist das ein sehr erstrebenswerter Zustand, während die meisten es als ziemlich uninteressant empfinden. Nachdem Sie vielleicht hart gekämpft haben, um den Partner gefügig zu machen, erkennen Sie, dass es eigentlich langweilig ist.

*Was steht dahinter?*

Zu allen Partnerschaftsproblemen gehören immer zwei. Zu sagen, dass der andere ein Problem hat, mit dem man nichts zu tun hat, aber darunter leidet, funktioniert nicht. Wenn Ihr Partner macht, was Sie wollen und Sie das stört, dann ist das Ihr Problem, das Sie sich geschaffen haben. Sie veranlassen Ihren Partner, diese Rolle für Sie zu spielen, damit Sie etwas lernen.

*Was ist zu tun?*

Die Eigenschaft oder Einstellung, gegen die Sie sich wehren, ist genau das, was Sie bei sich selbst ablehnen. Dass Sie jetzt im Außen, also durch Ihren Partner, damit konfrontiert werden, ist die Aufforderung, es bei sich anzunehmen und zu integrieren. Dadurch werden Sie es auch bei Ihrem Partner annehmen und damit vielleicht verändern. Fragen Sie sich also, was es genau ist, was Sie ablehnen. Sind es das Abgeben von Verantwortung und die Kontrolle, was Sie sich selbst nicht erlauben? Würden Sie sich gerne mal fallen lassen und den anderen machen lassen? Vielleicht möchten Sie sich auch nur einfach dem Lauf des Lebens hingeben und Kontrolle aufgeben, was Sie sich im Moment noch nicht trauen? Sind Sie bereit, sich fallen zu lassen? Mit der Ausrichtung, nach den eigenen behindernden Überzeugungen zu suchen, die diese Situation hervorgebracht haben, wird sich

Ihnen die Ursache bald zeigen. Allein die Bereitschaft lässt den Auslöser im Außen überflüssig werden, wodurch Veränderung geschehen kann.

**Ich kann nicht tun, was ich will**

Obwohl man glauben sollte, dass diese Zeiten vorbei sind und dem Mittelalter angehören, gibt es immer noch genügend Partnerschaften, die mehr einem Sklave-Herr-Spiel gleichen als einem gleichberechtigten Miteinander zweier freier Menschen. Aber auch zu einem solchen Spiel gehören immer zwei. Ohne einen Sklaven gibt es keinen Herrn und ohne Herrn keinen Sklaven. Dem Herrn geht es in der Regel ja gut, von ihm hört man selten Klagen, während der Sklave unter seiner Unfreiheit leidet. Ihm wird gesagt, wie das gemeinschaftliche Leben gestaltet wird, was in der Freizeit unternommen wird, mit wem er sich treffen darf, was er überhaupt tun darf und vor allem zu lassen hat. „Wenn du nicht ..., dann ...!" ist die ausgesprochene oder unausgesprochene Warnung vor den Konsequenzen.

*Was steht dahinter?*

Wenn Sie sich in Ihrer Freiheit eingeschränkt fühlen und meinen, nicht tun zu können, was Sie wollen, dann möchte ich Sie an dieser Stelle auf einen Irrtum hinweisen. Es mag sein, dass es sich für Sie so darstellt, aber in Wahrheit gibt es kein „Ich kann nicht". Dahinter steht immer nur ein „Ich will nicht". Natürlich können Sie tun, was Sie wollen, wenn Sie bereit sind, die Konsequenzen zu tragen. Ist die Angst vor den möglichen Konsequenzen aber zu groß, dann verharren Sie lieber in Ihrer Unfreiheit. Seien Sie sich aber bewusst, dass es Ihre Entscheidung ist.

*Was ist zu tun?*
Sie möchten tun, was Sie wollen, aber daran hindert Sie Ihre Angst vor den Konsequenzen. Also gilt es, genau diese Angst aufzulösen. Suchen Sie sich mal eine Situation aus und schreiben Sie alle möglichen Konsequenzen auf, die folgen könnten, wenn Sie genau das tun, was Sie wirklich wollen. Sollte Ihnen im Nachhinein auffallen, dass Sie nur mögliche negative Konsequenzen aufgeschrieben haben, dann ergänzen Sie Ihre Liste bitte sorgfältig um alles Angenehme, was sich aus Ihrer Entscheidung ergeben könnte. Nur auf die negativen Folgen zu schauen lässt einen in der passiven Rolle verharren. Wenn Sie sich entschieden haben, Ihre Situation zu verändern, und bereit sind, mögliche Konsequenzen zu tragen, dann sprechen Sie mit Ihrem Partner offen über Ihr Problem und Ihre Entscheidung. Möglicherweise kommt alles ganz anders, als Sie es erwarten. Vergessen Sie nicht die angenehmen Möglichkeiten. Worauf Sie Ihre Aufmerksamkeit lenken, das wird auch geschehen. Sie haben sich die Situation geschaffen, um zu lernen, wieder zu sich zu stehen und sich selbst treu zu bleiben. Wenn Sie das annehmen und sich für diesen Weg entscheiden, dann ist die Situation im Außen, die Sie genau dorthin leiten wollte, überflüssig geworden. Sie hat ihre Aufgabe erfüllt und kann sich nun verändern.

## Alltag

### Wir sind so unterschiedlich

„Sie dreht nie die Zahnpastatube zu“, „Er lässt immer alles liegen“, „Sie macht immer so eine Hektik“, „Er macht die Musik so laut“ usw. In jeder Partnerschaft finden sich diese unterschiedlichen Vorstellungen und Umgangsweisen. Je näher man sich ist und je mehr Zeit man miteinander verbringt, umso mehr Gewicht haben sie. Manche gehen diesen Problemen geschickt aus dem Weg, indem Sie erst gar nicht zusammenziehen und sich einen Rückzugsort bewahren. So unwichtig diese Probleme am Anfang erscheinen, so haben sie doch schon manche Beziehung auseinander gebracht.

*Was steht dahinter?*

Auf dem Weg in die Einheit konfrontieren wir uns immer wieder mit dem noch nicht integrierten Pol, um ihn zu integrieren und in unser bewusstes Sein aufzunehmen. Alles, was wir als getrennt von uns erleben, will früher oder später integriert werden. Darum ziehen wir uns Menschen an, die so unterschiedlich im Vergleich zu uns sind. Das bedeutet nicht, das wir so werden sollen wie sie, sondern dass wir erkennen sollen, dass wir ebenfalls alle diese Eigenschaften in uns tragen. Dann werden wir sie weder in irgendeinem Punkt ablehnen noch auf einen Sockel heben für irgendwelche besonderen Eigenschaften. Wir können sie nehmen, wie sie sind, und lieben.

*Was ist zu tun?*

Gerade die kleinen, scheinbar unwichtigen Probleme werden gerne auf die Seite geschoben, sind sie es doch nicht wert, darüber zu streiten. Leider werden sie dadurch nicht aufgelöst, sondern nur verdrängt. So schwelen sie vor sich hin, bis sie irgendwann mit anderen Problemchen das Fass zum Überlaufen bringen. Nutzen Sie die kleinen Unstimmigkeiten, damit Sie später mit den größeren umzugehen wissen. Je länger Sie damit warten, ein Thema anzusprechen, umso schwieriger scheint es zu sein. Also zögern Sie nicht lange, sondern sprechen Sie die Dinge gleich an.

Wie auch immer das Problem sich konkret gestaltet, geht es zuerst darum, den Partner mit seinen unterschiedlichen

Gepflogenheiten zu akzeptieren. Er hat darauf genauso viel Recht wie Sie auf Ihre Gewohnheiten. Keiner macht es besser oder schlechter. Wenn Sie den anderen kritisieren, dann liegt das daran, dass Sie sich selbst für Ihre Gewohnheiten kritisieren. Sprechen Sie mit Ihrem Partner über all die Unstimmigkeiten. Geben Sie ihm keine Schuld, sondern sagen Sie ihm, was Sie stört und womit Sie nicht zurechtkommen. Manche Gewohnheiten sind so gegensätzlich, dass es schwer erscheint, einen Kompromiss zu finden. Wenn Sie beide jedoch eine Lösung finden wollen, dann werden Sie auch eine finden.

# 4. Trennung

Jede Trennung ist wie ein Sterben und gehört zum Leben wie die Geburt. Es ist der irdische Kreislauf von Anfang und Ende, von Geburt und Tod. Wir trennen uns von unserem Elternhaus, von Freunden, von einer Arbeit, von unserem Wohnort, und jedes Mal ist es wie ein kleiner Tod. Je größer die Bedeutung für unser Leben, umso schwerer fällt uns das Loslassen. Partnerschaft steht für viele Menschen im Mittelpunkt ihres Lebens, daher ist diese Trennung eine der schmerzhaftesten Erfahrungen, die wir kennen. Obwohl wir wissen, dass jede Beziehung ein Ende hat, und sei es nach vielen Jahren, am Ende des Lebens, gelingt es nur wenigen, dass Abschiedsschmerz nicht zum Leiden wird.

**Ich kann nicht loslassen**

Obwohl die Trennung vielfach schon feststeht oder schon lange vollzogen ist, wollen die Verlassenen dies häufig nicht wahrhaben. Sie versuchen alles, um den anderen wiederzugewinnen. Vielleicht haben sie aber auch alle Versuche aufgegeben, weil sie nicht wissen, was sie tun können, aber insgeheim hoffen sie doch, dass sich das Blatt noch einmal wendet.

*Was steht dahinter?*

Loslassen bedeutet, Veränderung zu akzeptieren und geschehen zu lassen. Leben ist Veränderung, alles befindet sich in einem stetigen Wachstumsprozess. Manche versuchen, diese Veränderungen aufzuhalten, was ihnen letztendlich aber nie gelingt. Es kostet sie nur viel Kraft und verursacht, dass sie leiden.

Verlassen werden heißt für viele, nicht gut genug zu sein, versagt zu haben. Sie versuchen mit aller Kraft, die Gunst des anderen

wiederzugewinnen, um sich selbst damit zu bestätigen, dass sie doch gut genug sind. Sie kritisieren sich selbst oder machen den Partner für ihr Unglück verantwortlich und beschuldigen ihn.
Manchmal ist es die Angst vor dem Alleinsein, die das Loslassen so schwer macht. Gerade nach langen Beziehungen haben viele das Gefühl, nicht mehr alleine zurechtzukommen.
Vielleicht ist es auch die Angst, keinen neuen Partner zu finden. In jedem Fall aber ist es immer ein eigenes Problem und hat nichts direkt mit dem ehemaligen Partner zu tun. Viele wollen das nicht erkennen und erklären ihr eigenes Leid mit der großen Liebe, die sie zu dem anderen hinzieht und derentwegen sie ihn oder sie nicht loslassen können. Das, was sie als Liebe bezeichnen, ist eine Abhängigkeit. Wahre Liebe kann den anderen gehen lassen, denn sie will nichts von dem Menschen und braucht ihn auch nicht.

*Was ist zu tun?*
Erkennen Sie, dass Sie den anderen Menschen in Wahrheit nicht brauchen, und fragen Sie sich, warum Sie nicht loslassen können. Verurteilen Sie sich nicht für Ihre Angst oder Ihre Minderwertigkeitsgefühle, die sich manchmal hinter verletztem Stolz verstecken. Nutzen Sie die Chance, die Ihnen das Leben bietet, und machen Sie einen weiteren Schritt in Richtung Freiheit. Machen Sie sich auch bewusst, dass der andere genauso wenig wie Sie etwas falsch gemacht hat. Er versucht genau wie Sie, glücklich zu werden. Wenn Sie irgendetwas an ihm kritisieren, erkennen Sie, dass er Ihnen nur etwas zeigt, was Sie bei sich selbst nicht annehmen. Vertrauen Sie dem Leben, es geschieht nichts, was nicht gut für Sie ist, und nichts, mit dem Sie nicht fertig werden können.

**Wir werden uns nicht einig**

Was vor kurzer Zeit noch wie Harmonie aussah, kann sich ganz schnell in einen unerbittlichen Krieg verwandeln. So gestaltet sich bei einigen Paaren die Trennung, obwohl sie zu Beginn beide sicher waren, dass ihnen so etwas nie passieren wird. Nachdem man lange Zeit alle materiellen Güter geteilt hat, lässt sich bei der Aufteilung keine Einigung finden. Jeder fühlt sich durch die Forderungen des anderen ungerecht behandelt und ausgenutzt. Selten findet sich eine Lösung, mit der beide wirklich zufrieden sind. Was bleibt, sind Gefühle von Enttäuschung bis zum Hass.

*Was steht dahinter?*

Trennungsprobleme zeigen immer an, dass es noch unerledigte Aufgaben in der Beziehung gibt und sie noch nicht ganz abgeschlossen ist. Dinge, die jahrelang nicht ausgesprochen wurden, die nie geklärt wurden, lassen sich jetzt nicht mehr aufschieben und kommen an die Oberfläche.

*Was ist zu tun?*

Wenn Sie Schwierigkeiten haben, mit Ihrem Partner eine Einigung zu finden, dann sollten Sie Ihre Situation erst einmal genau analysieren. Machen Sie sich bewusst, dass Sie sich diese Situation geschaffen haben, einschließlich Ihres Partners, um etwas zu lernen. Weder Sie noch Ihr Partner haben irgendetwas falsch gemacht. Es gibt keinen Schuldigen. Vereinbaren Sie mit Ihrem Partner ein Gespräch und erzählen Sie ganz ehrlich alles, was Sie denken und fühlen. Teilen Sie Ihre Verletztheit, Ihre Enttäuschung, Ihre Wut oder Traurigkeit, was immer Sie bewegt, mit. Sprechen Sie nur von sich und vermeiden Sie, den anderen in irgendeiner Form dafür verantwortlich zu machen. Bitten Sie Ihren Partner, Ihnen ebenfalls alles ganz offen zu sagen, was ihn bewegt, und versuchen Sie nicht, Recht zu bekommen oder den anderen zu überzeugen. Es ist für Sie nicht wichtig, ob Ihr Partner sich Ihnen öffnet, aber es hilft Ihnen zu erkennen, dass er genauso wenig Schuld hat wie Sie. Wenn Sie das erkannt haben, werden Sie eine befriedigende Lösung finden.

**Ich will nicht verletzen**

Auch diejenigen, die die bestehende Partnerschaft auflösen wollen, empfinden diesen Schritt nicht immer als leicht. Ihr Partner liegt ihnen sehr am Herzen und sie wollen ihm nicht wehtun oder ihn sogar verletzen. Sie zögern, dem Partner klar und ehrlich ihre Absichten mitzuteilen, und warten auf eine günstige Gelegenheit oder darauf, dass es sich von selbst erledigt.

*Was steht dahinter?*

Dem anderen nicht wehtun wollen ist eine sehr edle Absicht, aber leider ist es in diesem Zusammenhang selten der wahre Grund für die Zurückhaltung. Angst vor Ablehnung und Konfliktscheu stehen in der Regel hinter dieser schönen Ausrede. Möglicherweise wird der Partner mit Enttäuschung, Wut und Vorwürfen reagieren, denen man am liebsten aus dem Weg geht. Eigene Zweifel, ob es der richtige Schritt ist, ob man die Trennung überhaupt will oder ob man sogar vor Problemen davonläuft und eigentlich beim Partner bleiben sollte, unterstützen das unsichere Verhalten. Dem anderen nicht wehtun wollen spiegelt also nur die eigene Angst, verletzt zu werden, wider.

*Was ist zu tun?*

Was immer der wirkliche Grund bei Ihnen ist, der dieses zögernde Verhalten hervorruft, Sie sollten in jedem Fall ganz ehrlich mit Ihrem Partner über alles reden. Wenn Sie ihm wirklich helfen wollen, dann geben Sie ihm Klarheit und seien Sie ehrlich. Teilen Sie auch Ihre eigenen Ängste und Zweifel mit und warum Sie mit dem klärenden Gespräch so lange gewartet haben. Erkennen Sie, dass Ihre Unsicherheit und Ängste vollkommen in Ordnung sind, dann wird Sie auch Ihr Partner nicht dafür kritisieren. In Wahrheit können Sie ihn gar nicht verletzen. Sie können vielleicht der Auslöser sein, aber verletzen kann sich jeder nur selber. Zeigen Sie ihm durch Ihre Ehrlichkeit und Offenheit, dass er Ihnen vertrauen kann und dass Sie ihn, obwohl Sie sich trennen wollen, lieben. Damit erleichtern Sie seinen Trennungsschmerz. Sie nehmen ihm das Gefühl, nicht geliebt zu werden, und die Enttäuschung, Ihnen nicht vertrauen zu können. So helfen Sie Ihrem Partner wirklich.

**Ich verkrafte die Trennung nicht**

Einige Menschen kommen über eine Trennung oder auch den Tod des Partners einfach nicht hinweg. Sie tragen den Kummer manchmal über viele Jahre mit sich herum und sind nicht fähig, sich auf eine neue Beziehung einzulassen. Sie versuchen alles Mögliche, um das Vergangene zu vergessen, aber es holt sie immer wieder ein.

*Was steht dahinter?*

Wir bleiben so lange mit einem Menschen verbunden, solange wir Gefühle der Anziehung oder Ablehnung in uns tragen. Beides bindet unsere Aufmerksamkeit. Wenn wir vergessen, dass der andere uns nur zeigt, was wir in uns tragen, aber nicht als unser Eigen annehmen wollen, dann machen wir uns abhängig von ihm. Wir glauben, etwas zu verlieren, wenn wir verlassen werden. Das will aber keiner und darum halten so viele Menschen fest. Genau so ist es auch, wenn wir jemandem nicht verzeihen können. Es zeigt uns, dass wir uns selbst nicht verzeihen können oder eine Eigenschaft bewerten und ablehnen. Solange wir uns selbst nicht annehmen und uns selbst nicht verzeihen können, können wir auch dem anderen nicht vergeben.

*Was ist zu tun?*

Erkennen Sie, dass Sie nie etwas falsch gemacht haben, dass Sie in jeder Situation immer Ihr Bestmögliches getan haben. Im Nachhinein kann man natürlich leicht urteilen, aber in der Situation haben Sie getan, was Sie für am besten hielten, und das war richtig. Wenn Sie sich bewusst machen, dass das Leben nur Ihrer eigenen Entwicklung dient, dem Ziel, frei und glücklich zu sein, dann können Sie erkennen, dass gerade diese Situation Sie einen großen Schritt weitergebracht hat. Sich selbst anzunehmen und zu lieben öffnet uns die Tür, alle Menschen zu lieben. Dann erkennen Sie auch, dass Ihr Partner nichts falsch gemacht hat, und Vergebung geschieht ganz von alleine.

Es kann recht hilfreich sein, sich nach einiger Zeit noch einmal mit dem Partner zu treffen und ganz offen über das zu reden, was Sie noch heute belastet oder berührt und was Sie bisher nicht ausgedrückt haben. Sollte dies nicht möglich sein oder sollten Sie dieses nicht wollen, dann schreiben Sie alles in einem Brief auf. Es ist nicht wichtig, ob Sie diesen abschicken, Sie werden die befreiende Wirkung schon beim Schreiben bemerken. Verzeihen bedeutet nichts anderes, als zu erkennen, dass alles gut ist. Loslassen geschieht dann von ganz alleine.

# 5. Warum überhaupt Partnerschaft?

Die Natur hat den Menschen so angelegt, dass er nicht allein existieren kann. Demgemäß sind zur Fortpflanzung, also zur Erhaltung der Menschheit, zwei Menschen nötig. Aus dieser Voraussetzung zur Arterhaltung hat sich die Partnerschaft entwickelt, die in den verschiedenen Epochen und Kulturen unterschiedlichste Formen angenommen hat.

In unserer heutigen Zeit und in der westlichen Welt hat sich in den letzten Jahren das Single-Dasein mehr und mehr verbreitet. Diese einst so revolutionäre neue Daseinsform hat jedoch längst ihren Glanz verloren und immer mehr Alleinlebende geben offen zu, dass sie sich nichts mehr wünschen als einen Partner, als ein Leben zu zweit. Sie empfinden die Freiheit schon lange nicht mehr so berauschend und suchen mehr denn je den Sinn ihres Lebens eher in der Partnerschaft, als in ständig wechselnden Beziehungen.

Diejenigen jedoch, die in einer festen Beziehung leben, neigen heute dazu, bereits bei der kleinsten Schwierigkeit den scheinbar bequemsten Weg zu gehen: Trennung und Suche nach einem neuen Partner. Der Partner wird „konsumiert", ausgetauscht, sobald er nicht mehr den eigenen Wünschen entspricht. Die hohen Scheidungsraten beweisen diesen Trend. Und auch die nichtehelichen Beziehungen haben sich nicht als eine stabilere Form des Zusammenlebens erwiesen.

Warum also eine Partnerschaft, wenn weder die Alleinlebenden noch die Paare mit ihrem Zustand zufrieden sind? Weil es trotz allem ein Grundbedürfnis des Menschen ist, sich in einer Beziehung zu entfalten, Liebe und Geborgenheit zu erfahren, weil eine Partnerschaft das Leben bereichert, neue Impulse gibt und eine Weiterentwicklung einfacher macht. Und nicht zuletzt, um Kinder in einer Familie aufwachsen und sie sich ihren Fähigkeiten entsprechend entwickeln zu lassen. Nicht umsonst gilt der Satz aus der Bibel auch heute noch: „Es ist nicht gut, dass der Mensch alleine sei".

# 6. Wie gestalte ich eine Partnerschaft glücklich und erfüllt?

Diese Frage ist mit einem Satz zwar leicht beantwortet – nämlich: indem ich meinen Partner in Liebe annehme, durch seine Unterschiedlichkeit lerne und mich weiterentwickle. Liebe kann auf Dauer nur dann erhalten bleiben, wenn Sie Ihren Partner bewundern (wofür ist hier nicht entscheidend) und gemeinsam mit ihm ein Ziel ansteuern. Die Umsetzung dieser Gedanken ist jedoch mit erheblichen Schwierigkeiten verbunden. Wir wollen Ihnen helfen, Ihre Partnerschaft zu verbessern bzw. den idealen Partner zu finden, falls Sie ihn noch nicht gefunden haben.

Natürlich hängt es ganz von Ihrer persönlichen Lebensvorstellung ab, was Sie von einer Beziehung erwarten. Es gibt jedoch gewisse Grundelemente, die für fast jeden von uns Gültigkeit haben. Daher wollen wir uns mit diesen Punkten nun als erstes etwas eingehender befassen. Sie finden im Folgenden eine alphabetische Aufstellung solcher Beziehungs-Bausteine inklusive deren Ursachen und Auswirkungen. Diese bzw. die Arbeit mit und an ihnen trägt wesentlich zum Gelingen einer Partnerschaft bei.

Allerdings wollen wir dieses Ziel nicht nur finden, sondern es auch erreichen. Und der Weg dorthin heißt MENTALTRAINTNG. Wir machen Sie dadurch mit einer Methode bekannt, mit der Sie Ihr Leben grundlegend verändern und Ihre Probleme (nicht nur in der Partnerschaft) lösen können. Es ist eine preiswerte Methode, denn Sie kostet fast nichts und erfordert von Ihnen lediglich den Wunsch und die Bereitschaft, an sich zu arbeiten, um Ihre Wünsche zu realisieren.

# 7. Grundelemente partnerschaftlicher Beziehungen

## Angst

Sitzt immer in der Seele. Deshalb kann sie auch nur aufgelöst werden, wenn Sie den seelischen Ursprung erkennen. Angst ist immer ein Feind der Liebe. Und Angst hat eine ganz unangenehme Eigenschaft: Sie tendiert dazu, sich mehr und mehr auch in andere Lebensbereiche auszudehnen. Sagen Sie deshalb nicht: „Es ist ja nur ein bißchen Angst". Gerade, wenn es nur eine kleine Angst ist, können Sie sie schneller aufarbeiten. Lassen Sie die Angst los, lassen Sie Ihr Leben nicht von der Angst bestimmen. Angst gibt es auf allen Gebieten.

Berührungsängste oder Angst vor der Sexualität spiegeln nur innere Unsicherheit wider. Unsicherheit, sich dem anderen zu öffnen und sich ihm zu nähern. Arbeiten Sie an sich; scheuen Sie sich aber nicht, die Hilfe eines Therapeuten in Anspruch zu nehmen, wenn Sie allein keine Erfolge erzielen. Oft genügen schon wenige Stunden, um tiefsitzende Blockaden zu lösen.

Falsche Partnerwahl und der damit verbundene Liebeskummer und seelische Schmerz löst leicht Angst vor der Liebe überhaupt aus. Das sollte aber kein Grund für Sie sein, auf die Liebe zu verzichten. Arbeiten Sie lieber die alten Erfahrungen auf, etwa mit „Schluss mit dem Liebeskummer". Erst durch das Loslassen alter Strukturen können Sie Neues wachsen und entstehen lassen.

Angst vor dem anderen Geschlecht ist meist auf negative Erfahrungen in der Kindheit zurückzuführen oder aber durch die Erziehung bedingt. Sie ist ebenso aufzuarbeiten wie alle Ängste: Durch Erkennen der Ursachen, Aufarbeiten und Loslassen der negativen Verhaftungen.

**Aids**

Aids bekommt man nicht – Aids holt man sich. Es ist Vorsicht geboten bei sexuellen Kontakten mit Menschen, deren Lebensweise und deren Umfeld nicht bekannt sind. Lassen Sie sich deshalb ruhig Zeit für neue Bekanntschaften, lernen Sie ihn/sie erst einmal besser kennen – es bleibt dann noch genügend Zeit für die körperliche Liebe, die Sie dann viel entspannter genießen können. Vergessen Sie nie Ihre Verantwortung anderen Intimpartnern gegenüber. Außerdem sind Kondome heute problemlos und bieten Schutz, vorausgesetzt, sie werden richtig angewandt.

**Abhängigkeit**

Liebe – oder das, was in diesen Fällen für Liebe gehalten wird – kann zur Sucht werden. Hier spielen gewisse Verhaltensmuster eine wichtige Rolle. Entscheidend ist dabei die Abhängigkeit des schwächeren Partners, der glaubt, ohne den anderen nicht existieren zu können. Hier ist schnellste Abhilfe geboten! Aussagen wie „ich kann ohne ihn/sie nicht leben" sind keinesfalls ein Zeichen von Liebe, sondern ein Zeichen der eigenen Schwäche. Solche Beziehungen sind extrem gefährdet, weil ihnen das Fundament von Freiheit und Selbständigkeit fehlt.

**Alleinsein/Einsamkeit**

Unterscheiden Sie zwischen diesen beiden Begriffen. Alleinsein muss nicht Einsamkeit bedeuten. Umgekehrt ist Zweisamkeit keine Garantie dafür, nicht auch einsam zu sein.

Es gibt ein gutes Mittel gegen Einsamkeit: Nehmen Sie sich an, lieben Sie sich selbst und entdecken Sie Ihre Fähigkeiten. Sie werden sich nie mehr einsam fühlen, denn Sie haben ja sich und sich selbst werden Sie nie verlieren können. Diese Erkenntnis gibt Ihnen viel Kraft.

Das Wissen um die eigene Stärke ist ein wichtiger Punkt in einer erfüllten Beziehung. Sie BRAUCHEN (s. auch Abhängigkeit) Ihren Partner nicht, weil Sie einsam sind. Ihr Partner ist ein echter Partner, er trägt zur Bereicherung Ihres Lebens bei, so wie Sie sein Leben bereichern.

Wenn Sie sich einsam fühlen, dann sollten Sie nicht dem Irrtum verfallen, dass Ihr Problem durch einen Partner gelöst wäre. Nein, eher das Gegenteil kann eintreten. Stellen Sie sich vor, Ihrem Partner ginge es ebenso. Zwei Einsame machen noch lange kein Paar!

Also gehen Sie heraus aus Ihrer Einsamkeit, finden Sie sich selbst, seien Sie aktiv, unternehmen Sie alles, was Ihnen Spaß macht.

**Dialog**

In einer guten Beziehung spielt das Gespräch, der Gedankenaustausch, eine große Rolle. Lassen Sie Ihren geliebten Menschen teilhaben an Ihrem Leben und interessieren Sie sich für seine Gedanken. Benutzen Sie aber nicht Ihren Partner dazu, alle Ihre Sorgen bei ihm abzuladen, machen Sie ihn nicht zum seelischen Müllschlucker. Hören Sie intensiv zu, „hören Sie auch zwischen den Worten" und Sie werden besser verstehen. Achten Sie darauf, dass Sie nicht in Routine verfallen, das tötet jede Liebe. Liebe lebt durch neue Gedanken, durch Impulse und auch durch ein lebendiges Miteinander. Bewahren Sie sich die Lebendigkeit Ihrer Gefühle. Denken Sie einmal daran, wie es war, als Sie ihn/sie kennen lernten. Damals waren Sie neugierig darauf, was er/sie zu erzählen hatte, damals wollten Sie alles wissen, was ihn/sie bewegt. Wie steht es damit heute? Haben Sie noch ein echtes, tiefes Interesse an Ihrem Partner. Sie kennen Ihren Partner ja nun schon so viele Jahre und Sie glauben, Sie wissen schon im Voraus, was er sagen wird. Deshalb brauchen Sie nicht mehr so genau zuzuhören. Wundern Sie sich bei einer solchen Einstellung nicht, wenn eines Tages Ihr Partner einen anderen (Gesprächs-) Partner hat.

Über welche Themen unterhalten Sie sich mit Ihrem Lebensgefährten?

Wie sieht das aus mit den Gesprächen über Ihre Gefühle? Lassen Sie in teilhaben an Ihren Empfindungen? Weiß er, wie es in Ihnen aussieht? Können Sie Ihre Gefühle überhaupt in Worte fassen? Wenn Sie Schwierigkeiten haben, dann lernen Sie es - viele Probleme können allein durch ein richtiges Wort zum richtigen Zeitpunkt gelöst werden. Viele Irrtümer können Sie klären und viele Fehler künftig vermeiden, wenn Sie wissen, wie es um ihn steht und ihn wissen lassen, wie es in Ihnen selbst aussieht. Wieviel Dynamik können Sie Ihrer Beziehung geben, wenn Sie nicht nur lernen zu sprechen, sondern MITEINANDER reden. Neues werden Sie an Ihrem Partner entdecken, den Sie doch schon so gut zu kennen glaubten. Lassen Sie sich ein auf den Dialog, lassen Sie sich ein auf das Neue im vertrauten Partner.

## Egoismus

Es ist kein Egoismus, sich selbst zu lieben. Selbstliebe ist die notwendige Voraussetzung für die Liebe überhaupt. Es ist auch nicht egoistisch, seine Wünsche zu verwirklichen und seine Ziele anzustreben. Zum Egoismus wird es erst dann, wenn die Verwirklichung eigener Vorstellungen zu Lasten anderer Menschen geschieht. Wenn Sie berufliche Karriere auf Kosten Ihres Partners machen, so ist das dann eigennützig, wenn Sie einen Partner haben, für den Familienleben an erster Stelle steht. Bedeutet für Sie Karriere sehr viel, dann heißt das nicht, dass Sie allein leben müssten. Sie brauchen nur den für Sie und Ihre Lebensvorstellung richtigen Partner. Einen Partner also, der nicht darunter leidet, dass der Karriere zu-liebe (!) das Leben in bestimmten Bahnen verläuft. Das kann wunderbar funktionieren, wenn beide Partner die große Erfüllung im Beruf anstreben: Beide sind beruflich stark engagiert, keiner ist durch das Engagement des anderen benachteiligt. Bei gutem Management kann die gemeinsame Zeit sehr nutzbringend und bereichernd sein. Wer jedoch sein Lebensglück in einem intensiven Familienleben sieht, wird mit einem Karrierepartner nicht glücklich.

Betrachten Sie einmal Ihre Beziehung in Form von drei Konten nach dem Motto ICH – DU – WIR. Wenn die Einzahlungen ungleich geschehen, also Sie das meiste auf Ihr ICH-Konto geben, dann entsteht ein Defizit bei den anderen Konten. Ziehen Sie Bilanz!

**Ehe**

ist die legale Verbindung von Mann und Frau. Sie bietet die Möglichkeit einer intensiven Auseinandersetzung, sowohl mit dem Partner als auch mit sich selbst. Die Ehe kann als Abenteuer betrachtet werden, zu dem ein spezielles Talent nötig ist und von dem keiner weiß, wie es enden wird. Im positiven Fall führt die Ehe zu einer Weiterentwicklung beider Partner, zur gegenseitigen Bereicherung und zu einer tiefen Selbsterkenntnis – zu einem größeren Verständnis für das Leben überhaupt. Die Ehe, richtig erlebt, ist ein seelisches (und heutzutage auch finanzielles) Wagnis.

**Ehrlichkeit**

Sie kann am besten in Freiheit gedeihen. Wer seine Meinung äußern kann, ohne auf Ablehnung, Kritik oder Verspottung zu stoßen, kann sich frei entfalten. Freiheit, Ehrlichkeit und Toleranz gehören zusammen. Ehrlichkeit muss Bestandteil einer Partnerschaft sein. Manche Beziehungen scheitern allerdings gerade an diesen Anspruch der „Ehrlichkeit". Sie verstehen darunter die Offenbarung jeden Gedankens, jeder Emotion. Liebe kann sich aber nur in Freiheit entwickeln. Dazu gehört die Freiheit, nicht alles sagen zu MÜSSEN. Es ist für keine Partnerschaft dienlich, sofort jeden Gedanken, jede Idee dem anderen mitzuteilen. Wie oft sind spontane Gedanken schon morgen nicht mehr aktuell? Warum also damit den Partner belasten oder beunruhigen! Bei diesem Thema taucht natürlich immer sofort die Frage nach der Ehrlichkeit bei einem Seitensprung auf. Fragen Sie sich, wem Ihre Beichte wirklich nützt. Sie werden nicht umhin kommen, dass es eigentlich nur Ihnen dient, nur Ihr Gewissen erleichtert und Sie sich wieder frei und rein fühlen. Oder? Gehen Sie mit der Ehrlichkeit auch ehrlich um, zerstören Sie nichts nur um der Ehrlichkeit willen. Wir wollen damit keinesfalls der Lüge Tür und Tor öffnen: Wir wollen das Bewusstsein für das eigene Tun wecken. Wenn der einzige Erfolg der Ehrlichkeit in einer Verletzung des anderen liegt, dann sollten Sie Ihr Grundverhalten prüfen. Sie können nämlich verletzende Situationen gar nicht erst entstehen lassen, wenn Sie vorher daran denken, was Sie tun und wie das Ihren Partner betrifft, oder wie es ihn trifft.

**Eifersucht**

Nicht zu Unrecht heißt es: „Eifersucht ist eine Leidenschaft, die mit Eifer sucht, was Leiden schafft“. Dabei gibt es keinen Grund zur Eifersucht, denn entweder ist sie unbegründet (Ihr Partner ist treu) oder aber die Untreue Ihres Partners macht eine Beziehungskrise deutlich oder Sie haben überhaupt nicht den richtigen Partner! Eines ist sicher: Mit Eifersucht werden Sie keine dieser drei Situationen verbessern, eher umgekehrt.

Fragen Sie sich, warum Ihr Partner Sie betrügt, was findet er bei einem anderen Menschen, was fehlt ihm bei Ihnen? Wenn Sie Ihre Beziehung erhalten wollen, dann ist es jetzt höchste Zeit für

Sie, aktiv zu werden. Fragen Sie sich, ob Sie Ihr Verhalten oder Ihre Einstellung verändert haben. Was ist zwischen Ihnen anders geworden? Seien Sie kritisch zu sich selbst – und vor allem: seien Sie ehrlich zu sich. Nur so finden Sie auch einen Weg heraus aus dieser Krise und wieder hin zu Ihrem PARTNER: Sprechen Sie mit ihm in aller Ruhe, sprechen Sie über Ihre Gefühle und Vorstellungen. Fragen Sie ihn, was er bei Ihnen vermisst, was ihm an Ihnen nicht gefällt, warum er sich abwendet. Machen Sie zusammen eine Bestandsaufnahme ihrer Beziehung. Sie werden daran erkennen, ob es einen gemeinsamen Weg gibt und wie Sie den Kurs dafür verändern müssen.

Das Leben ist Wandel und Veränderung. Wer sich in Routine und festgefahrenen Bahnen bewegt, stellt früher oder später fest, dass er am Wesentlichen vorbeilebt. Wie schön ist es doch, immer wieder Neues zu erleben, andere Wege zu gehen und neue Erfahrungen zu machen. Eifersucht zeigt aber noch etwas ganz anderes: Nämlich tief sitzende Ängste und Minderwertigkeitsgefühle. Es ist ein deutlicher Hinweis, sich intensiv mit sich selbst zu befassen und Ursachen für die Eifersucht herauszufinden und aufzuarbeiten. Gerade in Liebesbeziehungen kommen alte Muster aus der Kindheit deutlich zum Vorschein. Liebesentzug durch die Eltern als Bestrafung, ständige Kritik und Verlustängste spielen dabei eine große Rolle. Nutzen Sie die Chance, die Ihnen die Eifersucht bietet, um alte Strukturen zu erkennen und aufzulösen.

### Flirt

Ein Flirt ist an sich oft ein belebender Impuls für eine Partnerschaft. Es macht Spaß, ein wenig abzuchecken, wie ein anderer reagiert, den eigenen „Marktwert" zu erkunden. Der Flirt belebt und muss für eine Partnerschaft kein Problem darstellen, so lange der Flirt ein Flirt bleibt. Er hebt das Selbstwertgefühl, macht beschwingt; er ist wie ein Sonnenstrahl an einem grauen Tag. Gönnen Sie sich ruhig einen Flirt (und natürlich auch Ihrem Partner).

**Freiheit**

Unter Freiheit verstehen leider die meisten Menschen in erster Linie „sexuelle Freiheit". Das ist aber nur ein sehr geringer Teil der Freiheit. Gedankenfreiheit, Freiheit, sich nach seinen Fähigkeiten zu entwickeln, Freiheit der Gefühle – wie steht es da bei Ihnen?

Sinn einer Partnerschaft sollte ja sein, das Leben erfüllter leben zu können durch einen Austausch auf emotionaler, seelischer, körperlicher Basis. Das kann jedoch nur gelingen, wenn jeder sich frei entwickeln kann. Überprüfen Sie einmal Ihr Leben und Ihre Beziehung auf diesen Aspekt hin. Wo sind Sie eingeengt, wo behindern Sie Ihren Partner? Ist Ihr Leben durch die Partnerschaft interessanter geworden, ist Ihr Partner ein Gewinn für Sie? Und was haben Sie im Leben Ihres Partners bewirkt? Untersuchungen haben wieder einmal gezeigt, dass sich Gegensätze anziehen: Gerade Menschen mit unterschiedlichen Eigenschaften sind besonders von einander begeistert. Der Chaot liebt die Ordentliche, der phlegmatische Heimwerker liebt die unternehmungslustige Aktivsportlerin. Probleme sind bei solchen Beziehungen vorprogrammiert. Es gibt drei Lösungswege: erstens Trennung, zweitens das Aneinander-Vorbeileben und drittens die Bereicherung durch den anderen, und damit eine lebendige, kraftvolle Beziehung. Das ist möglich, wenn eine Partnerschaft auf dem Fundament der Freiheit gebaut ist. Es erscheint vielen Menschen immer noch schwer verständlich: Eine Vereinigung von Liebe und Freiheit. Liebe IST Freiheit. Der Ursprung Liebe, besonders in der Partnerschaft, ist die Freiheit, sich selbst zu sein.
Geborgenheit

Das Gefühl der Geborgenheit ist das zentrale Bedürfnis des Menschen, sich fallenzulassen. Zu sich selbst zu finden, sich auszuruhen und Kräfte zu sammeln – all das ist nur dort möglich, wo wir uns geborgen fühlen. In erster Linie finden wir diesen Ort der Geborgenheit in uns selbst, in unserer Mitte, und nicht, wie viele irrtümlich glauben, in einem anderen Menschen. Meditieren Sie, gehen Sie den Weg nach innen, finden Sie sich selbst und automatisch werden Sie Ruhe erleben, Geborgenheit in sich erfahren. Aus diesem Vertrauen zu sich selbst wächst das Selbstbewusstsein, das tiefe und untrügliche Wissen um die eigenen Kräfte und Fähigkeiten.

**Kinder**
Kinder beleben eine Partnerschaft, setzen andere Akzente und sind eine Lebensaufgabe, die viel Geduld, Liebe und Verständnis erfordert und große Erfüllung beinhaltet. Kinder als Mittel zur Stabilisierung einer brüchigen Beziehung können nicht helfen, die Partnerschaft zu verbessern, sondern werden eher zu einem zusätzlichen Problem. Nicht umsonst heißt es: „Kinder sind Zeugnis der Liebe".

**Körperbewusstsein**
Lieben Sie eigentlich Ihren Körper? Ja, kennen Sie ihn überhaupt? So wichtig wie das Selbstbewusstsein für die Liebe ist, ist auch das Bewusstsein über den und die Akzeptanz des eigenen Körpers. Wenn Sie damit Probleme haben sollten, dann machen Sie eine einfache Übung: Stellen Sie sich nackt vor den Spiegel und betrachten Sie Ihren Körper genau. Beachten Sie Ihre körperlichen Vorzüge, z. B. Ihre zarte Haut, Ihre gute Haltung oder bei Frauen auch den attraktiven Busen oder die erotischen Pobacken. Natürlich sehen Sie im Spiegel auch Dinge, die Ihnen nicht so gut gefallen, wie z. B. ein schlaffer Bauch oder

Fettpölsterchen an den falschen Stellen. Wenn Sie Ihre Figur verändern möchten, dann bearbeiten Sie die kritischen Stellen, nehmen Sie ab, bewegen Sie sich, pflegen Sie sich. Lassen Sie sich jedoch bei Ihrem persönlichen Idealbild von einer guten Figur nicht von Modezeitschriften beeindrucken: Keiner kann immer 18 Jahre bleiben und immer über eine knackige Figur verfügen. Vielmehr geht es um das Bewusstsein für Ihren Körper. Das bedeutet auch die Annahme der eigenen Mängel, denn sie sind ein Teil von Ihnen und ebenso liebenswert wie die Partien, die Sie an sich besonders mögen. Lernen Sie, mit diesen Mängeln zu leben, die Sie nicht ändern können und nehmen Sie sie als Teil Ihrer Person an. Betonen Sie Ihre Pluspunkte durch entsprechende Kleidung. Besonders Frauen neigen dazu, sich äußerlich viel zu sehr von modischen Leitbildern erdrücken zu lassen. Auch wenn eine sexy Figur zuerst viele Blicke auf sich zieht, reicht das doch nicht für eine glückliche Beziehung aus. Und Sie werden auch erkennen, dass der Körper sich im Laufe der Zeit verändert. Damit vergeht jedoch nicht zwangsläufig auch die Schönheit, es sei denn, es handelt sich nur um eine rein äußerliche Schönheit. Schönheit kommt immer von innen, von einer positiven Einstellung durch das bewusste Sein.

Das Mentaltraining ist eine ideale Form, dieses Bewusstsein für Ihre Seele, für Ihren Geist und für Ihren Körper zu verstärken. Sie lernen dabei, sich anzunehmen und rundum zu lieben.

### Liebesfähigkeit

Fähig zur Liebe ist derjenige, der bereit ist, sich auf einen anderen einzulassen und sich ihm zu öffnen. Es ist eine Herausforderung, Schwingungen zuzulassen, Verletzlichkeit zu akzeptieren und mit großer Sensibilität auf den anderen zuzugehen, ohne ihn zu bedrängen oder ihn zu überfordern. Eine tiefe Sehnsucht nach Verständnis und Wärme allein macht noch nicht liebesfähig. Erst die Bereitschaft, auch Verantwortung für den geliebten Menschen zu übernehmen und das Bemühen um einen gemeinsamen Weg, sowie die Berücksichtigung der Bedürfnisse beider Partner, macht das Wunder der Liebe möglich. Fähig sein zur Liebe bedeutet Geben und Nehmen gleichermaßen, bedeutet Freude, Lust und Zusammensein. Es kann aber auch Schmerz, Trauer und Verletzung mit sich bringen. Jede Erfahrung lässt Sie reifen und wachsen, lässt Sie neue Erkenntnisse gewinnen und gibt Ihnen wiederum die Chance, Ihr Wissen umzusetzen. Das sollte Ihnen nicht Angst vor der Liebe machen, sondern Sie nur für Emotionen aller Art sensibilisieren.

Liebesfähigkeit ist natürlich auch eine Umsetzung der seelisch-geistigen Schwingung in die körperliche Ebene. Eine körperliche Vereinigung ist dann am vollkommensten, wenn beide Partner frei und offen sind. So können Sie alle Formen der Lust genießen, können sich die geistig-seelischen Kräfte mit den körperlichen Energien vereinen. Wer sich mit den östlichen Liebestechniken Tao oder Tantra befasst, wird ein noch viel größeres Ausmaß der Schwingungen erleben können: Die Vereinigung der Liebenden mit den kosmischen, den universellen Kräften.

**Impotenz**

Für viele Männer ein Tabu-Thema. Dieses Verhalten zeigt bereits an, wie groß die Angst vor einem Versagen im Bett ist. Viele Männer glauben übrigens, dass sie minderwertig sind, wenn sie impotent sind. Doch es verhält sich genau umgekehrt: Minderwertigkeitsgefühle und Belastungen lösen die Impotenz erst aus (sofern nicht organische Gründe vorliegen). Angst ist der große Bruder der Impotenz! Angst vor Versagen bewirkt unweigerlich früher oder später Versagen. Erfahrungen aus der Kindheit – besonders gestörte Mutter-Sohn-Beziehungen – sind meist die Ursachen dieses Problems. Unbewusst spielen sogar die

Partnerinnen hier eine Rolle: Ist er erst einmal wieder potent, dann könnte er ja untreu werden ...
Auch hier gilt: Es gibt keine unlösbaren Probleme. Die Lösung ist in Ihnen bereits angelegt.

**Lust**
ist alles, was uns Vergnügen bereitet. Lustvoll den Champagner zu schlürfen, Lust auf eine abenteuerliche Reise, Lust auf Liebe. Mit Lust und Liebe den Körper seines Partners zu erkunden, herauszufinden, was ihm/ihr Lust bereitet, Lust selbst zuzulassen. Jeden Augenblick genießen, jede Berührung bewusst zu erleben, zu fühlen, wie Energie fließt, indem Sie sich nur darauf konzentrieren, was in diesem Moment geschieht – alles andere wird unwichtig. Es gibt nur noch Sie und Ihren Partner. Lassen Sie die Lust zu, sie eröffnen sich damit neue Dimensionen. (s. auch Tantra und Tao).

**Partnersuche**
Die große Zahl der Singles belebt natürlich die vielfältigen Bereiche der Kontaktpflege: Single-Treffen, Begleitservice, Bekanntschaftsanzeigen, Club-Urlaube, Flirt-Kurse etc. Doch nur wenige treffen bei diesen Aktivitäten den Partner fürs Leben. Vielmehr enden solche Unternehmungen meist mit emotionalen Enttäuschungen (und oft auch mit finanziellen). Wer verkrampft nach einem Partner Ausschau hält, wer glaubt, nur mit einem Partner ein interessanter und vollwertiger Mensch zu sein, der gewinnt ganz sicher eines, nämlich: Frustration. Der Blick für das Wesentliche wird getrübt, wenn das Lebensglück von einem Partner abhängig gemacht wird.

Suchen Sie lieber das Glück in sich selbst, lernen Sie sich kennen, sehen Sie Ihre Stärken und Ihre Talente, sagen Sie JA zu sich. Nehmen Sie das Abenteuer Leben an – als ein wunderbares

Spiel, das Sie maßgeblich bestimmen. Wenn Sie von innen heraus strahlen, wenn Sie Lebensfreude ausstrahlen, dann wird Ihr Lächeln erwidert und – wenn die Zeit reif ist – werden Sie den für Sie richtigen Partner treffen. Viele Menschen suchen und suchen und erkennen gar nicht, dass sie in sich selbst keine Voraussetzungen für eine Beziehung geschaffen haben. Sie gehen einen Weg, der ihnen schwierig erscheint, weil sie nicht finden, was sie suchen. Doch ist dieser Weg der bequemere, denn er führt weg vom Kernpunkt: von der eigenen inneren Leere, die ein anderer Mensch füllen soll.

Wenn Sie also einen Partner suchen, dann erarbeiten Sie sich Selbstbewusstsein, eine positive Einstellung und leben Sie aus Ihrer Mitte. Setzen Sie die richtigen Ursachen! Sie werden anziehen, was Sie aussenden und Sie können nach den geistigen Gesetzen nur das anziehen, was Ihnen entspricht: Wer voller Neid, Unsicherheit und hohen Ansprüchen an andere ist, wird Menschen treffen, die ebenso denken und fühlen wie er selbst. Geht von Ihnen Harmonie, Liebe und Sicherheit aus, so ziehen Sie Menschen mit denselben Schwingungen an. Natürlich reicht die Arbeit an sich selbst nicht aus, um einen Partner zu treffen. Es wird kaum jemand an Ihrer Wohnungstür läuten und sich als der Idealpartner vorstellen. Tun Sie ruhig alles, was Ihnen Spaß macht und gehen Sie dorthin, wo Sie Menschen treffen. Aber: Lassen Sie den fixen Gedanken los, dort den Partner zu finden. Wenn Sie mit dem Mentaltraining Ihre Wünsche realisieren, dann wird Sie Ihr Unterbewusstsein leiten. Verlassen Sie sich darauf, dass Sie dem/der Richtigen zur rechten Zeit begegnen.

### Phantasien

Lassen Sie Ihre Phantasien und Tagträume ruhig zu. Sie sagen Ihnen viel über Ihr Seelenleben, und Sie können Ihre Phantasien auch kreativ einsetzen. Sexuelle Phantasien sind normal.

Vielleicht lassen Sie Ihren Partner daran teilhaben und setzen das eine oder andere mit ihm sogar in die Tat um?

**Selbstbewusstsein**

ist nicht nur für ein glückliches Leben, sondern auch für eine gute Beziehung unerlässlich. Sich seiner selbst bewusst zu sein, das bedeutet, überzeugt von seinen Fähigkeiten und Vorzügen sein und um seine Schwächen zu wissen. Das Glück liegt nicht im Haben, sondern im SEIN, keinesfalls im Schein. Wer sich annimmt und liebt, wer auf sich selbst vertraut, kann ruhig und gelassen in jede Situation des Lebens gehen; er wird sie meistern. Von einem tiefen Selbstbewusstsein profitiert jede Beziehung – geistige, seelische und körperliche Energien können fließen.

**Sexualität**

Sexualität ist eine Form der zwischenmenschlichen Beziehung, ein lustvolles Erlebnis; sie dient der Fortpflanzung und beschäftigt unsere Phantasien und Träume in hohem Maß. Sexualität hat auch einen hohen Symbolgehalt im Erleben der Polaritäten von Mann und Frau, der Auseinandersetzung mit der männlichen Seite in der Frau und der weiblichen Seite im Mann. Sicher haben Sie auch schon einmal erlebt, dass „ein Blitz" einschlug, manchmal auch als Liebe auf den „ersten Blick" bezeichnet, obwohl es mit Liebe nicht unbedingt zu tun hat. Sie sehen einen Menschen, die Knie werden zittrig, das Herz schlägt schneller, Sie sind völlig verwirrt, haben nur noch einen Wunsch, nämlich mit ihm ins Bett zu gehen. Eine weitere Beziehung muss daraus nicht entstehen und ist oft auch von keinem der beiden Beteiligten erwünscht. Hier hat die sexuelle Anziehung „zugeschlagen", eine Entladung sexueller Energien hat stattgefunden, weil eine gewisse Bereitschaft vorhanden war und Sie an einen Menschen mit derselben Schwingung geraten sind. Stimmen die Voraussetzungen, arbeitet unser Nervensystem auf Hochtouren und stellt das Hormon Noradrenalin her, das im Lustzentrum des Gehirns für das Gefühl des Verliebtseins verantwortlich ist. So einfach funktioniert das und wie kompliziert ist das tatsächliche Erleben! Das zeigen die vielen sexuellen Probleme. Sexualität ist Ausdruck der Zuwendung, der Gefühle, der Liebe. Deshalb ist das Gespräch, das Einfühlungsvermögen und auch die Rücksichtnahme von großer Bedeutung, wenn dieser Bereich eine Partnerschaft beglücken soll. Gestatten Sie sich und Ihrem Partner eigene Empfindungen. Sexualität kann nicht wie ein Schalter funktionieren, den man beliebig ein- und ausschaltet. Wenn Ihr Partner keine Lust hat, sehen Sie das nicht als eine persönliche Zurückweisung, lernen Sie zu akzeptieren. Setzen Sie sich nicht selbst unter Leistungsdruck: Die Qualität Ihrer körperlichen Liebe hängt nicht von der Quantität ab und es gibt hier auch keine Richtlinien. Sexualität sollte immer mit den individuellen Bedürfnissen der Beteiligten, sowie mit den jeweiligen Umständen übereinstimmen. Sex soll nie zur Leistung werden, die – wie bei einer sportlichen Kür – benotet wird. Sprechen Sie mit Ihrem Partner darüber, was Sie stört oder was Sie besonders gern mögen, legen Sie ruhig einmal Pausen ein, wenn die Voraussetzungen nicht stimmen.

Genießen Sie das Zusammensein mit Ihrem Partner, machen Sie die körperliche Liebe nicht zu einer Routineangelegenheit, sondern zu einem Fest der Liebe, lassen Sie sich fallen, spüren Sie, wie die Liebe Sie durchflutet und emporhebt in höhere Sphären. Sexualität ist eine Bekenntnis zum Leben und zur Freude am Leben – ein Bekenntnis zum Austausch kreativer Energien. Die Lösung Ihrer Probleme ist in Ihnen selbst angelegt. Bevor Sie weitreichende Entscheidungen treffen, andere für eigene Frustrationen verantwortlich machen oder in unbefriedigenden Situationen verharren: Finden Sie die Antwort in sich selbst, denn dann können Sie an eine Verbesserung Ihres Liebesleben gehen.

Wer in der Sexualität mehr finden möchte als die Entladung körperlicher Energien, der sollte sich mit Tantra und Tao befassen. Diese östlichen Theorien lassen nicht nur die Liebeskraft wach-sen, sondern zeigen auch neue Wege und andere Dimensionen auf.

## Sicherheit

Das Sicherheitsbedürfnis entspringt einem Urinstinkt des Menschen. Es ist deshalb nicht verwunderlich, dass die Versicherungsbranche in unserer westlichen Welt ein aufstrebender Wirtschaftszweig ist. Dieses Sicherheitsdenken hat den modernen Menschen schon so durchdrungen, dass es ihm kaum noch bewusst wird, wie sehr er damit vitale Fähigkeiten einschränkt. Wer sich immer erst absichert, alles prüft und genau vorbestimmt, bevor er etwas unternimmt, verliert jegliche Spontaneität. Dieses Verhalten mag für das Berufsleben notwendig sein, ansonsten ist es hinderlich für das Lebensgefühl. Sind Sie auch schon ein Sicherheitsdenker? Dann ist es höchste Zeit, dass Sie Ihre festen Bahnen verlassen und das wundervolle Lebensgefühl kennenlernen, das sich in dem Schwebenlassen, dem Erleben des Augenblicks, der Freiheit, seine Gefühle und Bedürfnisse auszuleben, entwickelt. Wann haben Sie das letzte Mal etwas ganz spontan getan? Was tun Sie überhaupt ohne vorherige Planung?

Gehen Sie in kleinen Schritten vor: Nehmen Sie sich beispielsweise für einen Abend in der Woche, oder für das nächste Wochenende gar nichts vor. Stellen Sie sicher, dass Sie nicht doch unterschwellig Pläne haben („ich müsste eigentlich schon lange meine Akten sortieren/die Fenster putzen ..."). Und dann tun Sie ganz einfach das, wonach Ihnen im Moment zumute ist: Setzen Sie sich – ohne schlechtes Gewissen – vor den Fernseher oder

gehen Sie aus. Telefonieren Sie, laden Sie einen Freund auf ein Glas Wein ein... Kosten Sie den Augenblick in all seinen vielfältigen Möglichkeiten aus.
Spüren Sie, wie Sie plötzlich Neues entdecken? Haben Sie den Mut, ein kleines Risiko einzugehen, eigentlich ist es nur das Risiko, Sie selbst zu sein, und das ist keine Gefahr, sondern eine Entdeckungsreise. Zu erkennen, was wirklich in Ihnen schlummert und was Sie unterdrückt, beiseite geschoben oder ignoriert haben. Verlassen Sie die Routinepfade, lieben Sie Ihren Partner nicht dann, wenn Sie sich Zeit dazu genommen haben, sondern dann, wenn Sie Lust auf ihn haben. Gehen Sie ins Kino, wenn Sie der Film interessiert und nicht nur dann, wenn Sie einen Kinoabend eingeplant haben. Leben Sie im Hier und Jetzt, genießen Sie das Sein und Sie werden durch die Fähigkeit, flexibel und beweglich zu sein, neue Talente entdecken, Ihre Stärke besser nutzen und so Ihrem Leben eine Qualität der Sicherheit geben, die von innen kommt.

**Stress**

ist immer selbst verursacht und sollte deshalb kein Grund für Probleme in der Partnerschaft sein. Natürlich gibt es immer wieder Zeiten, in denen mehr zu tun ist, und Aufgaben anstehen, die starkes Engagement verlangen. Entspannungsübungen können in kritischen Situationen schnell wieder Ruhe herstellen.

**Tantra Sex**

Tantra ist ein indischer Kult der Ekstase, der heute mehr und mehr auch im Westen bekannt wird. Diese Methode hat zum Ziel, den Menschen aus seiner Bindung an das Äußere, Materielle zu lösen, um ihn zu seinen inneren psychischen Kräften zurückzuführen. Die innere Erleuchtung und das Gefühl höchster Glückseligkeit wird angestrebt – weit über die sexuelle Vereinigung hinaus. Die Anhänger dieses Kults (Tantriker) bejahen das Leben, das Vergnügen und die Sexualität. Im Vordergrund steht die persönliche Erfahrung der Freude – im Gegensatz zu den meisten anderen Lehren und Religionen, die körperliche Vergnügungen ablehnen oder sogar verdammen. „Tan" bedeutet „erweiternd" und der Tantriker lernt, seine sinnlichen und emotionalen Kräfte zu erweitern. Wenngleich die Praxis des Tantra in den verschiedenen Ländern anders ausgeübt wird, so bleibt doch das Ziel, den Zustand spiritueller Seligkeit durch Meditation und Rituale – unter Einbeziehung aller Sinne – überall gleich. Tantra ist keine Lehre, die aus Büchern erlernt werden kann. Tantra muss gelebt und erlebt werden. In der sexuellen Vereinigung kommt der Mensch der Seligkeit, d.h. der Vereinigung mit dem Göttlichen, am nächsten. Wenn Sie mehr darüber wissen wollen: Es gibt entsprechende Literatur.

**Tao der Liebe**

Es wird auch die Yin-Yang-Harmonie oder das Tao der Vereinigung genannt. Diese Bezeichnung macht bereits das Ziel deutlich: Die kosmische Vereinigung von Yin und Yang, von männlicher und weiblicher Energie. Diese Liebeskunst ist bereits über zweitausend Jahre alt, und vieles davon erscheint uns im Westen immer noch unverständlich und voller Geheimnisse. Taoismus ist eine Philosophie der Chinesen, die kluge Zurückhaltung und das Abwarten des richtigen Zeitpunkts lehrt und dazu beigetragen hat, dass sich der Begriff von der „chinesischen Ausdauer" geprägt hat. Das Grundprinzip des Tao ist Steuerung der Ejakulation, vorrangige Befriedigung der Frau und die Erkenntnis, dass Orgasmus und Ejakulation des Mannes nicht ein- und dasselbe sind. Westliche Wissenschaftler wie Alfred Kinsey oder Willia Masters haben sich eingehend mit dieser Vorstellung von Liebe und Sex befasst. Im alten China wurde die körperliche Liebe immer in Verbindung mit der Gesundheit, d.h. mit einem langen Leben gesehen. Hierbei spielt die Anwendung des Tao eine große Rolle. Diese Schlussfolgerungen der Chinesen decken sich übrigens mit unseren neuesten wissenschaftlichen Erkenntnissen: Wer liebt, bleibt gesund und lebt länger als derjenige, der kein glückliches Liebesleben hat.

**Trennung/Scheidung**

Fast jede Beziehung wird mit der Absicht begonnen, sie so lange wie möglich zu erhalten. Das gilt ganz besonders für die Ehe, die heute noch unter dem Versprechen „Bis dass der Tod Euch uns scheidet" geschlossen wird. Viele Beziehungen zerbrechen immer schneller. Das liegt zum einen daran, dass der Anspruch auf Glück und Erfüllung immer größer wird, ohne jedoch zu berücksichtigen, dass Glück nicht von selbst geschieht, sondern erarbeitet werden muss – und zwar von beiden Partnern. Überall wird das Recht auf Glück, Freiheit und Liebe propagiert. Nur selten allerdings wird auch von der Verpflichtung gesprochen.

Paare, die lange und harmonisch zusammenleben, haben sich diesen Zustand der Gemeinsamkeit erarbeitet, sind durch Höhen und Tiefen gegangen und werden das auch weiterhin tun müssen, wenn ihre Beziehung Bestand haben soll. Ist jedoch die innere Verbindung gerissen, dann sollte eine faire Trennung beide Partner wieder frei machen für Neues, für die Zukunft. So schwer diese Entscheidung oft auch fallen mag, die meisten Geschiedenen fühlen sich regelrecht befreit, wenn sie sich zu diesem Entschluss durchgerungen und ihn dann auch in die Tat umge-setzt haben. Ständige Unstimmigkeiten, Streit oder Lieblosigkeit kosten viel Energie und Lebensfreude. Es ist wich-tig, sich darüber klar zu werden, warum man diesen Zustand weiter erträgt. Meist sind es die Ängste, die uns blockieren – Angst vor dem Neuen, Angst vor Alleinsein, Angst vor der Unsicherheit,

Angst davor, was die Familie/Freunde sagen. Es gibt aber auch andere Aspekte:

Freude auf eine freie Entfaltung, Freude, etwas Neues zu tun, sich neuen Aufgaben zu stellen und sich fordern zu lassen. Wenn Sie erst einmal die positive Erfahrung gemacht haben, dass Sie selbst sehr viel können, entdecken Sie möglicherweise noch ungeahnte Talente in sich selbst. Sagen Sie JA zu sich, schauen Sie nach vorn und packen Sie es an!

Lassen Sie Ihren Partner in Liebe los, seien Sie dankbar, dass Sie ein Stück des Weges mit ihm gehen durften, dass Sie mit ihm und durch ihn lernen konnten. Doch jetzt ist es an der Zeit, einen neuen Weg einzuschlagen. Tun Sie das ohne Hass, sondern mit Dankbarkeit und mit der Vorfreude auf das Neue.

### Umgang mit dem „modernen" Mann/der „emanzipierten" Frau

Es gehört Selbstbewusstsein und Sensibilität dazu, mit anderen Menschen behutsam umzugehen und trotzdem die eigenen Wünsche und Bedürfnisse zu realisieren. Ganz besonders erschwert scheint das heute bei den so genannten modernen Männern und den emanzipierten Frauen zu sein. Obwohl sie sich äußerst stark und selbstbewusst geben, sieht es hinter dieser Fassade oft ganz anders aus. Dies herauszufinden und damit umgehen zu lernen, erfordert Takt und Fingerspitzengefühl. Nicht umsonst haben wir ja so viele Singles, und der Großteil von ihnen ist im „besten“ Alter. Die Berührungsängste nehmen zu, weil zu viel Zeit und Energie darauf verwendet wird, eine Rolle zu spielen, anstatt ganz einfach man SELBST zu sein. Ein Mann verliert nichts von seiner Männlichkeit, wenn er Gefühle zeigt, und eine Frau kann ruhig wissen, was sie will, ohne dabei zu vermännlichen. Emanzipation heißt nicht, dass eine Frau so sein muss wie ein Mann – oder schlimmer noch, sich die schlechten

Eigenschaften der Männer zu eigen machen soll. Emanzipation bedeutet ein gleichgestellter Partner zu sein – beruflich wie privat. Und hier gibt es für alle – Männer wie Frauen – noch viel zu tun.

**Unfähigkeit zu lieben: körperlich – seelisch**

Wenn wir davon ausgehen, dass keine organischen Erkrankungen vorliegen, dann sind die Ursachen dafür im seelischen Bereich (s. auch Impotenz) zu suchen. Hier sollten Sie ruhig die Hilfe eines Therapeuten in Anspruch nehmen, wenn Sie allein keine Lösung finden. Oftmals hilft jedoch die Meditation und die Arbeit mit Affirmationen, um herauszufinden, wo die Blockaden liegen. Meist liegen Ängste vor, die bereits in der Kindheit ausgelöst wurden. Drohungen der Eltern „wenn du schwanger wirst, dann ..." oder „wer onaniert ..." haben sich fest im Unterbewusstsein verankert und machen es schwer, sich für die Liebe zu öffnen, Vertrauen zu sich selbst und zu seinem Partner zu finden.

Aber gerade diese Probleme sind zu lösen, denn sie haben ja erkennbare Ursachen. Alte Denkschemata und Verhaltensmuster müssen aufgelöst werden, um die eigenen, tiefen Gefühle zulassen zu können.

**Untreue**

gibt es auf körperlicher, geistiger und seelischer Ebene. Die körperliche Untreue wird im Allgemeinen als die schlimmste Form betrachtet, obwohl gerade dies eigentlich die leichteste Form sein könnte. Ihr Partner ist nicht Ihr Besitz. Dies gilt natürlich für alle Ebenen. Doch wenn er einmal ein körperliches Bedürfnis mit einem andern auslebt, so muss das nicht unbedingt eine feste Beziehung nachhaltig beeinträchtigen (s. Sexualität).

Allerdings ist körperliche Untreue fast immer Ausdruck einer gestörten Beziehung. Deshalb sollten die Ursachen erkannt und verarbeitet werden. Worin besteht und wie schwer wiegt die seelische, die geistige Untreue? Wenn Ihr Partner – während er Sie liebt – sich andere Männer/Frauen vorstellt? Wenn seine Tagträume von anderen belebt werden? Wenn seine Gedanken mehr bei einer anderen als bei Ihnen sind? Dann heißt es an sich arbeiten, die Ursachen für die Veränderungen herausfinden und die Entscheidung treffen, wie es weitergehen soll. Es hat keinen Sinn, Anzeichen der Untreue zu ignorieren. Die Chancen für eine positive Veränderung, wie auch immer sie im individuellen Fall aussehen mag, sind größer, wenn Sie bald damit beginnen, sich mit der Situation auseinanderzusetzen.

### Verliebtsein

Endlich ist eine verwandte Seele gefunden! Der andere ist genau so, wie man sich den idealen Partner immer vorgestellt hat. Und selbst zeigt man sich von seiner Schokoladenseite. Das geschieht nicht vorsätzlich, sondern ganz unbewusst. Es schwingt wundervoll und Sie genießen dieses Schweben auf der silbernen Wolke. Ob daraus Liebe wird, zeigt die Zeit. Belebend ist das Verliebtsein auf jeden Fall, mit Energie werden jetzt endlich Pläne in die Tat umgesetzt: Es wird abgenommen, Sport getrieben, der längst geplante Sprachkurs begonnen.

Der Zustand des Verliebtseins ist leider von der realen Welt, vom Alltag weit entfernt. Manche Menschen sind immer wieder, ein ganzes Leben lang, verliebt, ohne jemals die Liebe kennen gelernt zu haben. So schön das auch sein mag, es gleicht jedoch einer Blüte, die ständig nur kurz blüht, ohne jemals eine Frucht zu bringen. Trotzdem sollten wir uns an der Blüte erfreuen und sie ergreifen, wenn sie sich uns darbietet.

**Vertrauen**
ist ein Grundpfeiler jeder Beziehung – ob zwischen Partnern oder zwischen Eltern und Kindern.

Ohne Vertrauen kann keine Entwicklung vorangehen. Vertrauen Sie sich selbst, denn dann können Sie sich in das Vertrauen zum Partner fallen lassen (Selbst-Vertrauen = Selbst-Bewusstsein). Vertrauen in einer Beziehung muss wachsen und sich entwickeln. Vieles ist leichter lösbar, wenn das Vertrauen vorhanden ist, aber dieses Vertrauen geht in erster Linie von Ihnen aus. Ruhen Sie sicher in sich, dann können Sie vertrauen, denn Sie wissen: Es kann Ihnen nichts geschehen. Vertrauen ermöglicht auch innere Freiheit und Unabhängigkeit, die einer Liebe und Partnerschaft zugute kommen.

Das Vertrauen Ihres Partners wächst durch Ihre Zuverlässigkeit, Ehrlichkeit, Fairness und Beständigkeit. Wer vertraut, der ist sicher und umgekehrt, wer sicher ist, der kann vertrauen.

**Zärtlichkeit**
Sensibilisieren Sie Ihr Herz und Ihren Körper für die Zärtlichkeit. Erspüren Sie den Körper Ihres Partners, finden Sie heraus, wie und an welchen Stellen Sie besondere Schwingungen in Gang setzen. Lassen Sie es geschehen, wenn Ihr Partner Sie liebkost, konzentrieren Sie sich nur auf das, was Sie körperlich und seelisch fühlen. Lassen Sie es zu, öffnen Sie Ihr Herz und Ihre Sinne für die Zärtlichkeit.

**Zeit**
Alles hat seine Zeit: Das Verliebtsein, die Liebe – die Gefühle, die kommen, die sich verändern und auch wieder gehen. Dann ist die Zeit reif für Neues. Erkennen Sie, dass die Dinge, die gestern für Sie wichtig waren, heute vielleicht keine große Bedeutung mehr

haben, weil Sie sich weiterentwickelt haben, weil Sie einen Schritt vorangekommen sind.

Zeit hat aber noch einen anderen Aspekt: Nämlich die Zeit, die Sie sich für Ihre Partnerschaft nehmen. Der Anspruch des modernen Menschen, seine Zeit „sinnvoll" zu verbringen, führt dahin, dass fast jede Minute, auch im Privatleben, verplant ist. Entziehen Sie sich diesem Druck, nehmen Sie sich Zeit für die Liebe. Sorgen Sie für Mußezeit, in der nichts geplant ist, die Sie einfach genießen und in der Sie das zulassen, was entsteht.

# Register 2: Gefühle – mögliche körperliche Folgen

## Einleitung

Im folgenden Register sind die scheinbar negativen Gefühle und ihre möglichen körperlichen Folgen aufgeführt. Dabei bin ich nur auf die uns bekanntesten eingegangen und habe diese alphabetisch geordnet. Solche Gemütszustände haben natürlich eine Wirkung auf den Körper. Dabei ist es wichtig, im Bewusstsein zu behalten, dass die körperlichen Folgen von verschiedenen Faktoren abhängig sind.

Dazu gehören zum einen die Intensität und Dauer des Gefühles und zum anderen, und das ist sehr entscheidend, wie man mit der Situation umgeht. Man kann ein solches Gefühl annehmen und zum Ausdruck bringen, man kann sich aber auch dagegen wehren, es nicht haben wollen und verdrängen. Die jeweils aufgelisteten möglichen körperlichen Folgen sind in diesem Sinne also als Anregungen zu verstehen und nicht als eine notwendige und immer auftretende Folge eines solchen Gefühles. Deshalb heißt es auch ausdrücklich: „Mögliche körperliche Folgen“. Lang anhaltende und ständig präsente Gefühle führen hauptsächlich zu chronischen Krankheitsbildern, während kurzzeitige und heftige Gemütszustände mehr von akuten Krankheitsbildern begleitet werden. Natürlich können solche Gefühlszustände auch ohne bemerkbare körperliche Wirkung da sein, was eben in erster Linie vom Umgang mit ihnen abhängt.

Wie man mit solchen Gefühlen umgeht, ist ausführlich im Kapitel „Der Schlüssel für jede Krise“ beschrieben, weshalb ich an dieser Stelle darauf verweisen will. Gleichzeitig möchte ich Sie auch noch einmal auf das erste Register hinweisen, in dem situationsbezogene Lösungsvorschläge angegeben sind.

## Abhängigkeit

Das Gefühl von Abhängigkeit geht häufig mit einer Angst vor dem Alleinsein einher. Man glaubt, alleine nicht zurechtzukommen. Das kann sich auf die materielle Ebene oder aber auch auf die Bewältigung von Krisensituationen beziehen. Vielen ist dieses nicht bewusst, sie fühlen nur, dass sie den anderen brauchen, und glauben, ohne ihn nicht klarzukommen.

### Mögliche körperliche Folgen

- Migräne
- Hypotonie
- akute und chronische Erkrankungen der Atmungsorgane: Atembeschwerden, Husten, Grippe, Bronchitis
- chronische Verstopfung
- Rheuma

## Ablehnung

Das Gefühl, abgelehnt zu werden, resultiert immer aus einer Selbstablehnung. Der Glaube, nicht gut genug zu sein oder sich verändern zu müssen, um geliebt zu werden, lässt Sie genau das in Ihrem Alltag erfahren. Sie werden sich zahlreiche Situationen erschaffen, in denen Sie auf Ablehnung stoßen, um sich Ihre Minderwertigkeit zu beweisen. Früher oder später verschließen sich die meisten Betroffenen, ziehen sich zurück und vermeiden neue oder sogar jegliche Kontakte zu anderen Menschen.

### Mögliche körperliche Folgen

- Depression
- Kreislaufbeschwerden: Hypotonie, Herzprobleme

- Hautprobleme: Allergie, Neurodermitis
- Zahn- und Zahnfleischerkrankungen
- Verdauungsprobleme: unregelmäßiger Stuhlgang mit Durchfall
- Gallenstörungen
- Erkrankungen der Atmungsorgane

## Abweisung

Abweisung ist die gesteigerte Form der Ablehnung. Es ist nicht nur das Gefühl, mit dem anderen unzufrieden zu sein, sondern man sagt schon, dass man nichts mit ihm zu tun haben will. Aber auch hier ist das Außen nur ein Spiegel. Abweisung, die Sie von Ihren Mitmenschen erfahren, zeigt nur, dass Sie sich selbst abweisen. Vorstellungen und Erwartungen über das eigene Sein und Verhalten stehen im Widerspruch zur Realität.

### Mögliche körperliche Folgen

- Depression
- Kreislauf- und Herzbeschwerden
- Hautprobleme: Allergie, Neurodermitis
- Zahn- und Zahnfleischprobleme
- Verdauungsprobleme: wechselhafter Stuhlgang
- Gallenstörungen
- Übelkeit und Erbrechen
- Erkrankungen der Atmungsorgane
- Nierenprobleme

## Aggression

Aggression ist eine sehr produktive und sehr empfindliche Kraft. Der Umgang mit ihr bestimmt, ob sie Kreatives oder Destruktives hervorbringt. Aus Angst vor der eigenen Kraft unterdrücken viele Menschen ihr eigenes Potential. Irgendwann wird der Druck aber so groß, dass es bei jeder Kleinigkeit aus ihnen herausplatzt und dann unerwünschte Wirkungen mit sich bringt. Sie fühlen sich bestätigt in ihrer Angst vor der eigenen Kraft und versuchen, diese mit noch mehr Anstrengung zu unterdrücken.

**Mögliche körperliche Folgen**

- Zahnprobleme
- Gallenstörungen
- chronische Magenbeschwerden
- Sodbrennen
- Hypertonie
- Migräne
- erhöhte Unfallgefahr

## Angst

Das Gefühl der Angst hat viele verschiedene Gesichter und dementsprechend viele verschiedene körperliche Ausdrucksformen. Es kann die Angst vor dem Alleinsein, vor Verlust, Krankheit, Not, Ablehnung, Tod usw. sein. Hinter allen Ängsten steht aber immer die eine Sorge, mit einer möglichen Situation nicht zurechtkommen zu können. Diese Angst liegt allen anderen Ängsten zugrunde.

**Mögliche körperliche Folgen**
- Abwehrschwäche
- Hypertonie
- Herzerkrankungen
- Asthma und andere chronische Erkrankungen der Atmungsorgane
- Verdauungsbeschwerden: Magenprobleme, wechselnder Stuhlgang mit Durchfall
- Schluckbeschwerden
- Zahnerkrankungen
- Migräne
- Haltungsstörungen
- Augenprobleme mit Sehstörungen
- Hörschwierigkeiten
- erhöhte Unfallgefahr
- Nierenerkrankungen

## Anspannung

Das Gefühl der Anspannung kann durch Aufregung, Sorge und Leistungsdruck entstehen. Diesen Leistungsdruck schaffen wir uns durch unsere Erwartungen und Vorstellungen immer selber, auch wenn es manchmal so scheint, als ob er von außen kommt.

**Mögliche körperliche Folgen**
- Migräne
- Verkrampfungen im Magen-Darm-Bereich mit Verdauungsbeschwerden
- Hypertonie
- Muskelkrämpfe und Verspannungen

## Desinteresse

Desinteresse kann verschiedene Ursachen haben. Möglicherweise berührt uns das Geschehen nicht, es ist langweilig und lässt uns kalt. Oft zeigt dieses Gefühl, dass der Betroffene sich mit einem Problem, bewusst oder unbewusst, intensiv auseinander setzt, so dass alles andere ihm unwesentlich erscheint und er damit das Gefühl von Desinteresse hervorruft.

**Mögliche körperliche Folgen**

- Bindegewebsschwäche
- Hypotonie und Durchblutungsstörungen
- Lungenprobleme
- körperliche Schwäche und Müdigkeit
- Depression
- Abwehrschwäche

## Druck

Druck entsteht, wenn wir das Gefühl haben, etwas tun zu müssen. Dieser steigert sich, wenn wir noch nicht wissen, was wir tun können oder tun sollten. Das Gefühl, nicht gut genug zu sein, und die Überzeugung, Anerkennung nur nach entsprechender Leistung zu bekommen, setzt manche Menschen unter Dauerdruck.

**Mögliche körperliche Folgen**

- Schlafstörungen
- Migräne
- Magenprobleme
- Kreislauf- und Herzbeschwerden

- Übelkeit und Erbrechen
- Verdauungsprobleme
- Unfruchtbarkeit
- Verspannungen
- Wirbelsäulenschäden und Bandscheibenprobleme

## Eifersucht

Hinter dem Gefühl der Eifersucht liegen meistens die Verlustangst und die Angst, nicht gut genug zu sein. Das mangelnde Vertrauen ist ein Zeichen für das mangelnde Selbstvertrauen. Die Angst, den Partner zu verlieren, führt zur Unruhe, ja teilweise bis zur Panik und völligen Selbstaufgabe.

**Mögliche körperliche Folgen**
- Schlafstörungen
- Verdauungsprobleme mit Magenerkrankungen
- Appetitstörungen mit Abmagerung
- Migräne
- Rückenprobleme

## Einengung

Einengung ist ein Gefühl, welches häufig mit Veränderungen einhergeht und manchmal als nötige Antriebskraft gebraucht wird. Erweitert man seine Grenzen nicht, kann der innere Druck zu groß werden und entsprechende körperliche Folgen haben. Im Weiteren können sich aber auch Antriebslosigkeit, Langeweile und mangelnde Lebensfreude einstellen, besonders dann, wenn man die Verhältnisse aus Angst oder anderen Gründen nicht ändern will.

**Mögliche körperliche Folgen**

- je nach Phase: Hypotonie oder Hypertonie
- Krämpfe
- Atembeschwerden
- Nierenerkrankungen
- Verdauungsprobleme, besonders Verstopfung
- Bindegewebsschwäche
- Übergewicht
- Verspannungen

## Einsamkeit

Einsamkeit ist das Tor zum „All-Eins-Sein“. Sie ist das Gefühl, von allem getrennt zu sein, und wird als Leid empfunden. Vom Alleinsein unterscheidet sie sich nur durch die Bewertung, weshalb der gleiche Zustand von manchen als sehr angenehm und von anderen eben als unangenehm empfunden wird. Alle verdrängten Bereiche kommen im Alleinsein an die Oberfläche und das wollen die meisten verhindern, weshalb sie dem Alleinsein aus dem Weg gehen.

**Mögliche körperliche Folgen**

- Lungenerkrankungen
- Depression
- Verstopfung
- Verkrampfungen
- Übergewicht, aber auch Appetitlosigkeit mit Abmagerung
- Müdigkeit

## Ekel

Ekel ist ein Ausdruck massiver Abwehr. Wir werden mit etwas konfrontiert, das wir auf keinen Fall wollen. Wir lehnen es vehement ab. Die individuellen Unterschiede zeigen, dass Ekel immer ein Ausdruck der persönlichen Ablehnung bzw. der Bewertung ist. Dieses ist dem Betroffenen in den meisten Fällen gar nicht bewusst, er kommt überhaupt nicht auf die Idee, seine eigenen Überzeugungen und Vorstellungen zu hinterfragen.

### Mögliche körperliche Folgen

- Übelkeit und Erbrechen
- Schluckbeschwerden
- Durchfall
- Lebererkrankungen
- Hauterkrankungen: Allergie, Ekzeme

## Entmutigung

Das Gefühl der Entmutigung ist fast immer mit mangelndem Vertrauen gepaart. Mangelndes Vertrauen in das Leben und die Umstände zeigt wiederum nur den Grad des fehlenden Selbstvertrauens. Dieses spiegelt sich natürlich in unserem Leben und den Misserfolgen wider. Frustration ist die Folge, wenn man sich selbst nicht als Schöpfer erkennt.

### Mögliche körperliche Folgen

- Depression
- Hypotonie
- Zahn- und Zahnfleischerkrankungen
- Gallenstörungen
- körperliche Erschöpfung
- Abwehrschwäche

## Enttäuschung

Enttäuschung ist immer die Folge von Erwartungen und Vorstellungen, die nicht erfüllt wurden. Je größer unsere Erwartungen sind, umso größer wird auch die Enttäuschung sein, wenn es eben anders kommt. Meistens ist sie mit einem Gefühl der Ohnmacht verbunden. Man fühlt sich nicht als Urheber der Situation, sondern als Opfer.

**Mögliche körperliche Folgen**

- Depression
- Erkrankungen der Nebenhöhlen
- Grippe
- Bronchitis
- Husten
- Herzprobleme
- akute Verdauungsstörungen

## Erregung

Das Gefühl der Erregung, das Aufgeregtsein, ist entweder die Folge von Sorgen und Angst oder es sind wiederum Erwartungen, die meistens unbewusst dahinter stehen. Erregung kann auch mit Freude verbunden sein, wenn man eben etwas Schönes, Besonderes oder Angenehmes erwartet. In jedem Fall aktiviert sie den Organismus bis hin zur ständigen Unruhe.

**Mögliche körperliche Folgen**

- Schlafstörungen
- Magenprobleme
- Durchfall

- Hypertonie
- Herzrasen erhöhte Unfallgefahr
- Zittern
- Verspannungen

## Erschöpfung

Das Gefühl der Erschöpfung kann sich auf Körper und Geist beziehen oder aber auch auf eines beschränkt sein. Eine geistige Erschöpfung hat auf Dauer immer eine körperliche Erschöpfung zur Folge. Anstrengung und Überforderung, um ein bestimmtes Ziel zu erreichen oder einer Vorstellung gerecht zu werden, sind dabei die Ursachen.
Mögliche körperliche Folgen

- Müdigkeit
- Appetitstörungen
- Gliederschmerzen
- Migräne
- Verspannungen und Krämpfe
- Kreislaufprobleme
- Verdauungsstörungen
- Haltungsprobleme
- Abwehrschwäche

## Hass

Hass ist ein Gefühl, das meist mit Aggressionen verbunden ist. Es kann infolge von Enttäuschungen, nicht erfüllten Erwartungen auftreten, aber auch ohne einen erkennbaren Zusammenhang vorhanden sein. Hass kann sich auf andere Menschen, auf sich selbst und auch auf Situationen beziehen. Er beinhaltet immer massive Ablehnung und Abwehr und geht häufig mit einer Unruhe einher.

**Mögliche körperliche Folgen**

- Hautprobleme: Juckreiz, Ekzeme, Allergie
- akute und heftige Verdauungsprobleme
- Verspannungen
- Herzprobleme
- Gallenstörungen
- Sodbrennen
- Sehprobleme
- Migräne
- Hämorrhoiden

## Kälte

Es fällt vielen schwer, das Gefühl von Kälte zu beschreiben. Es ist eine Mischung aus Desinteresse, mangelnder Lebensfreude, Unlust, Ratlosigkeit und Traurigkeit. Zahlreiche Enttäuschungen gehen diesem Gefühl meistens voraus. In zwischenmenschlichen Beziehungen entwickelt es sich oft, wenn man sich, meistens unbewusst, auf etwas nicht einlassen will. Man lässt den anderen nicht an sich heran und distanziert sich.

**Mögliche körperliche Folgen**

- Nierenprobleme
- Herzschmerzen
- Depression
- Müdigkeit
- körperliche Schwäche

- Hypotonie
- Erkrankungen der Atmungsorgane
- Verspannungen
- Rheuma

## Kraftlosigkeit

Dieses Gefühl wird oft von dem Gefühl der Ohnmacht begleitet. Man fühlt sich zu allem zu schlapp und kann nicht die Dinge so erledigen, wie man es sich optimalerweise vorstellt. Gleichzeitig verschwinden die Motivation und die Antriebskraft. Es ist häufig eine Folge nicht wirklich motivierender Ziele. Man lebt zu sehr nach seinen Vorstellungen, anstatt seine Ziele nach den Wünschen des Herzens auszurichten.

**Mögliche körperliche Folgen**

- Kreislaufprobleme: Hypotonie, Schwindelanfälle
- Müdigkeit
- Zahn- und Zahnfleischerkrankungen
- Haltungsprobleme
- Depression
- Lethargie
- Erkrankungen der Atmungswege
- Abwehrschwäche

## Langeweile

Das Gefühl der Langeweile ergibt sich aus der Ziellosigkeit. Die Unruhe, die dabei entsteht, kommt aus der Vorstellung, etwas tun zu müssen. Anstatt eine solche Phase anzunehmen, die manchmal wichtig ist, um sich neu zu besinnen und in die Stille zu gehen, suchen viele nach einem Lückenfüller. Nicht selten ist es die Flucht vor dem Alleinsein und der Stille, die dieses Gefühl verursacht.

**Mögliche körperliche Folgen**

- Depression
- Kreislaufprobleme
- Gallenstörungen
- Haut- und Haarprobleme
- Abwehrschwäche
- Müdigkeit

## Leere

Das Gefühl der Leere zeigt meistens eine anstehende Veränderung an. Das derzeitige Sein erfüllt einen nicht oder nicht mehr und Neues will nun in das Leben treten. Mangelndes Lebensvertrauen, Angst vor dem Neuen und Sicherheitsdenken verhindern oder halten diese Veränderung oft auf. Genauso verhindert das Bestreben, das Gefühl der Leere zu beseitigen, diesen Entwicklungsprozess.

**Mögliche körperliche Folgen**

- Herzprobleme
- Kreislaufstörungen
- Abwehrschwäche
- Haltungsprobleme
- unregelmäßiger und wechselnder Stuhlgang
- Appetitlosigkeit mit Abmagerung
- Fresssucht mit Übergewicht

- Depression
- Leberstörungen

## Leidenschaft

Leidenschaft ist ein Gefühl, das uns ganz einnimmt. Da ist kein Platz mehr für andere Dinge. Was wir leidenschaftlich angehen, das machen wir total. Es begeistert uns und gibt uns Kraft. Nicht selten steht aber auch der unbewusste Versuch dahinter, ein Ziel mit allen Mitteln zu erreichen. Dann raubt die Leidenschaft uns bald Kräfte, ist anstrengend und schafft letztendlich Leiden.

**Mögliche körperliche Folgen**

- Schlafstörungen
- Verdauungsstörungen mit Durchfall
- Kreislaufbeschwerden
- Lebererkrankungen

## Minderwertigkeitsgefühle

Viele Menschen tragen ein Gefühl der Minderwertigkeit in sich, das unterschiedlich stark ausgeprägt ist. Die Intensität unterliegt starken zeitlichen Schwankungen. Diese Überzeugung unserer Minderwertigkeit beweisen wir uns durch vielfältige Lebenssituationen, in denen wir nicht gut genug sind, unseren Erwartungen nicht entsprechen oder uns ständig mit scheinbar besseren Menschen vergleichen.

**Mögliche körperliche Folgen**

- Depression

- Haltungsstörungen
- Bindegewebsschwäche
- Abwehrschwäche
- Hypotonie
- Leberstörungen
- Magenprobleme
- Zahn- und Zahnfleischerkrankungen

## Misstrauen

Vielen ist nicht bewusst, dass sie oft ein Gefühl des Misstrauens haben. Alles, was nicht im Vertrauen geschieht, geschieht mit einem mehr oder weniger großen Misstrauen. Wo kein Selbstvertrauen ist, ist Misstrauen gegenüber sich selbst. Dieses Nein zum Leben und zu sich selbst will in ein Ja umgewandelt werden, sonst macht uns der Körper früher oder später darauf aufmerksam.

**Mögliche körperliche Folgen**

- Abwehrschwäche
- Leber- und Gallenprobleme
- Erkrankungen der Atmungsorgane
- Migräne
- Verspannungen
- Seh- und Hörprobleme

## Mitleid

Wie schon das Wort sagt, leiden wir mit jemandem oder einer Situation mit. Im Gegensatz zum Mitgefühl bewerten wir das

Geschehen negativ, bezeichnen es also als schlecht, falsch, böse oder sogar schrecklich. Das Gefühl des Mitleids ist also eine Folge unserer Bewertungen. Lassen wir unsere Vorstellungen los, wie etwas sein oder nicht sein soll, dann fühlen wir mit, aber leiden nicht dabei.

**Mögliche körperliche Folgen**

- Depression
- Verdauungsstörungen
- Nierenprobleme
- Gelenkerkrankungen
- Haltungsprobleme
- Rheuma
- Herzprobleme

## Müdigkeit

Das Gefühl der Müdigkeit muss sich nicht nur auf den Körper beziehen. Manchmal beschränkt es sich nur auf eine geistige Müdigkeit, wobei der Körper dieses dann bald widerspiegelt. Es zeigt an, dass wir einer Sache überdrüssig sind und Veränderungen anstehen. Zu viel unserer Energie geht in Bereiche, die mit unseren wirklichen Wünschen nicht übereinstimmen. Verfolgen wir unsere Herzenswünsche, dann werden wir mit Energie aufgeladen.

**Mögliche körperliche Folgen**

- Verspannungen
- Gliederschmerzen
- Hypotonie
- Verstopfungen

- Nieren- und Blasenerkrankungen
- Bindegewebsschwäche
- erhöhte Unfallgefahr
- Abwehrschwäche
- Depression

## Neid

Neid zeigt, dass man das Gefühl hat, im Mangel zu leben. Das Einzige, was uns in diesem Mangel hält, ist unsere Überzeugung, es nicht verdient zu haben und minderwertig zu sein. Dem anderen etwas nicht zu gönnen zeigt nur, dass man es sich selbst nicht gönnt. Dementsprechend erleben wir dann den Mangel. Die Missgunst richtet sich also nur gegen uns selbst.

**Mögliche körperliche Folgen**
- Abmagerung
- Verdauungsstörungen
- Magen- und Gallenprobleme
- Sodbrennen
- Zahnerkrankungen
- Herzerkrankungen
- Hautprobleme
- Abwehrschwäche

## Panik

Panikgefühle treten in Situationen oder Augenblicken großer Angst auf. Angst vor großem Verlust, z. B. dem des Partners, oder sogar Angst vor dem Tod. Wenn sie uns befällt, scheinen wir jegliche Kontrolle über uns verloren zu haben. Wir können diesem Gefühl nicht ausweichen und wissen in dem Augenblick nicht, was wir tun können. Viel Energie wird benötigt, so dass wir uns danach sehr erschöpft und ausgelaugt fühlen.

**Mögliche körperliche Folgen**

- Auszehrung
- Gliederschmerzen
- Verspannungen und Krämpfe
- Durchfall
- Übelkeit und Erbrechen
- Hypertonie

## Rachsucht

Die Gefühle Rachsucht und Hass sind sehr eng miteinander verbunden. Enttäuschung auf Grund eigener Erwartungen und Vorstellungen gehen ihnen meistens voraus. Dabei ist sich der Betroffene dessen selten bewusst, er fühlt sich vielmehr als Opfer. Alle Gefühle, die wir nach außen projizieren, betreffen immer uns selbst. Hass und Rachsucht richten sich immer gegen einen selbst, auch wenn man das nicht wahrhaben will.

**Mögliche körperliche Folgen**

- Abwehrschwäche
- Lebererkrankungen
- Hautprobleme
- Magenbeschwerden
- Krebs
- Gallenbeschwerden
- erhöhte Unfallgefahr

## Stress

Das Gefühl von Stress haben wir dann, wenn wir uns von einer Situation überfordert fühlen. Wir haben den Überblick verloren, wissen noch keine Lösung für das Problem oder meinen, noch mehr tun zu müssen. Gerade in Beziehungen kann das Gefühl, noch etwas tun zu müssen, um irgendetwas zu erreichen oder zu vermeiden, stressartige Gefühle auslösen.

**Mögliche körperliche Folgen**

- Schlafstörungen
- Magenprobleme
- Hypertonie
- Verdauungsstörungen
- Haarausfall und Schuppenbildung
- akute Atemwegserkrankungen
- Migräne
- Verspannungen
- Herzprobleme

## Trauer

Das Gefühl der Traurigkeit kann viele Auslöser haben. Nicht nur Verlust von nahe stehenden Menschen, sondern auch Enttäuschung, Ratlosigkeit und Versagen können dieses Gefühl hervorrufen. Alle diese Situationen sind von einer gewissen Ernsthaftigkeit geprägt. Man hat das Gefühl, dass etwas Ungutes passiert ist, dem man hilflos gegenübersteht. Dem zugrunde liegen wiederum Bewertungen und das Gefühl, Opfer zu sein.

**Mögliche körperliche Folgen**

- Haltungsstörungen
- Zahn- und Zahnfleischprobleme
- Abwehrschwäche
- Hypotonie
- Herzprobleme
- Verdauungsstörungen
- Bindegewebsschwäche
- Nebenhodenentzündungen

## Überforderung

Das Gefühl der Überforderung muss nicht erst mit der Erschöpfung auftreten, sondern tritt oft schon bei der Konfrontation mit einer neuen Arbeit, einem Problem oder einer bevorstehenden Veränderung auf. Dahinter stehen das mangelnde Vertrauen, mit der Situation klarzukommen, Minderwertigkeitsgefühle und oft auch Sicherheitsdenken, denn jede Veränderung bringt Unbekanntes mit sich.

**Mögliche körperliche Folgen**

- Depression
- Verdauungsbeschwerden mit Durchfall
- akute Erkrankungen der Atmungsorgane
- Schlafstörungen
- Gelenkerkrankungen
- Haltungsprobleme
- Verspannungen
- Migräne

## Überheblichkeit

Das Gefühl der Überheblichkeit ist nicht unbedingt die Folge einer falschen Selbsteinschätzung, denn wir alle sind vollkommene, wunderbare Wesen mit unbegrenzten Möglichkeiten. Überheblichkeit kommt dann, wenn man meint, man sei etwas Besseres als die anderen. Die Minderwertigkeit und die Überheblichkeit haben ihren Ursprung im Vergleichen und Bewerten.

**Mögliche körperliche Folgen**

- Haltungsprobleme
- Gelenkerkrankungen
- Erkrankungen der Atmungswege
- Leberstörungen
- erhöhte Unfallgefahr
- Sehprobleme

## Unbefriedigt-Sein

Wenn das Ergebnis nicht mit dem übereinstimmt, was wir erwartet haben, dann fühlen wir uns unbefriedigt. Es kann eine Motivation sein, weiterzumachen und zu verändern, um das gewünschte Ergebnis zu erreichen, oder aber auch frustrierend und demotivierend wirken. Im letzteren Fall raubt es uns die kreative Energie und wir fallen mehr und mehr in die Passivität. Für eine Beziehung bedeutet dieses früher oder später das Ende.

**Mögliche körperliche Folgen**

- Depression
- Lethargie

- Müdigkeit
- Gliederschmerzen
- Herzerkrankungen
- Magenbeschwerden

## Unruhe

Unruhe kennen wir alle immer wieder mal aus unserem Leben. Es kann Vorfreude sein, ein aufregendes Erlebnis, Sorge, Angst usw. Immer sind es aber Bewertungen und damit verbundene Erwartungen oder Ängste, die uns das Gefühl der Unruhe erleben lassen. Ruhen können wir nur in uns und nur dann, wenn wir uns nicht nur annehmen, wie wir sind, sondern uns wirklich lieben.

**Mögliche körperliche Folgen**

- Verdauungsstörungen
- Magenprobleme
- Zittern
- Herzprobleme
- Kreislauferkrankungen
- Abwehrschwäche

## Unsicherheit

Das Gefühl der Unsicherheit resultiert letztendlich immer aus dem Denken, dass es ein „Richtig und Falsch" gibt. Wir können uns richtig und falsch verhalten, das Richtige oder Falsche sagen und uns richtig oder falsch entscheiden. Da wir aber nie alle Folgen unseres Tuns und Denkens absehen können, werden wir so lange mit diesem Gefühl der Unsicherheit konfrontiert, wie wir an dem Denken, dass es ein „Richtig und Falsch" gibt, festhalten.

**Mögliche körperliche Folgen**

- Abwehrschwäche
- Leberstörungen
- Erkrankungen der Atmungsorgane
- Haltungsprobleme
- Bandscheibenprobleme
- akute Verdauungsprobleme
- Migräne

## Unverständnis

Wenn man von anderen nicht verstanden wird, dann fühlt man sich unverstanden. Aber warum will man überhaupt von anderen verstanden werden? Ein Grund sind das Bedürfnis nach Anerkennung und die Angst vor Ablehnung, und zum anderen spiegelt sich darin der Wunsch wider, das eigene Leben zu verstehen.

**Mögliche körperliche Folgen**

- Migräne
- Kreislaufprobleme
- Erkrankungen der Atmungsorgane
- Übergewicht und Fresssucht
- Verstopfung

## Unzufriedenheit

Nur wer in sich fühlt, dass alles wirklich gut ist, dass man nichts zu leisten braucht, dass einem nichts passieren kann und man schon lange vollkommen ist, wird wirklichen Frieden in sich tragen. Das Gefühl der Unzufriedenheit bezieht sich meistens auf die eigene Situation oder die eigene Person. Man ist mit den gegenwärtigen Bedingungen nicht einverstanden und wünscht sich etwas anderes, wobei deshalb keine Vorstellung da sein muss, wie es besser wäre.

**Mögliche körperliche Folgen**

- Depression
- Fresssucht mit Übergewicht
- Herz- und Kreislaufprobleme
- Migräne
- Abwehrschwäche
- Atembeschwerden
- Verspannungen und Haltungsprobleme

## Wut

Wut ist ein sehr aufdringliches Gefühl. Wir können es nur schwer auch nur für einen Moment außer Acht lassen. Es ist entweder die Folge einer massiven Enttäuschung oder das Gefühl der Ohnmacht, die uns zur Verzweiflung treiben. Beides finden wir oft gemeinsam. Wut drängt förmlich nach außen und je mehr wir versuchen, sie zu kontrollieren und zu unterdrücken, umso mehr manifestiert sie sich im Körper.

**Mögliche körperliche Folgen**

- Gallenbeschwerden
- Magenprobleme
- Sodbrennen
- Zahnerkrankungen
- Hämorrhoiden
- Erkrankungen der Atemwege
- Herzprobleme
- Verspannungen und Krämpfe
- Krebs
- Nieren- und Blasenprobleme

## Zweifel

Das Gefühl des Zweifelns ist ähnlich dem Gefühl der Unsicherheit. Beim Zweifel steht man zusätzlich unter dem Druck, eine Entscheidung treffen oder etwas tun zu müssen. Sicherheitsdenken und die Vorstellung, dass man etwas Falsches tun könnte, sind die Gründe, warum das Gefühl des Zweifelns bei so vielen Menschen einen festen Platz hat.

**Mögliche körperliche Folgen**

- Verspannungen
- Migräne
- Appetitstörungen
- Verdauungsstörungen: wechselnder Stuhlgang mit Durchfall
- Kreislaufprobleme
- erhöhte Unfallgefahr
- Magenprobleme
- Lebererkrankungen
- Gelenkserkrankungen

# Register 3: Die Bedeutung der Krankheitsbilder – Was ist zu tun?

## Adipositas (Fettsucht) – Übergewicht

Übergewicht entsteht, wenn mehr Nahrung aufgenommen wird, als nötig ist. Ein Gefühl der inneren Leere und des Mangels ist der Antrieb für Esssucht. Essen vermittelt vielen das Gefühl, etwas zu bekommen. Sie vergessen ihre Enttäuschung, Angst, Traurigkeit, Frustration usw. Darum spricht man auch vom „Kummerspeck“. Ein seelisches Defizit kann aber durch Essen nicht ausgeglichen werden. Der Hunger nach Liebe, Geborgenheit und Zärtlichkeit bleibt. Manche schaffen sich auch einen Schutzpanzer, den sie um den körperlichen Sitz der Gefühle, den Bauch, herumlegen. Sie haben Angst, verletzt zu werden. Mangelndes Vertrauen in das Leben und die Angst, nicht genug zu bekommen, lassen manche einen Vorrat anlegen. Sie nehmen, was sie bekommen können, und machen die Schüsseln leer. Es ist ein Mangel an Eigenliebe, den man versucht, im Außen zu kompensieren.

**Was ist zu tun?**

Wer in einer erfüllten Partnerschaft lebt, sich geborgen fühlt, Liebe und Zärtlichkeit bekommt, leidet selten an Übergewicht. Aber das ist nicht die Lösung. Das ist nur ein Zeichen, dass man sich selbst liebt und im Außen Liebe erfährt. Die Aufforderung heißt, sich anzunehmen, zu erkennen, dass man nichts falsch gemacht hat und auch nichts falsch machen kann. Vertrauen Sie dem Leben, in Wirklichkeit kann Ihnen nichts geschehen, dann brauchen Sie keine Sicherheit und keinen Schutz mehr.

## Aids (Acquired Immune Deficiency Syndrome)

Aids bedeutet so viel wie erworbener Mangel an Abwehrkraft. Dadurch werden Krankheitserreger nicht mehr ausreichend abgewehrt, wodurch eine sonst harmlose Infektion lebensgefährlich werden kann. Für die Übertragung des empfindlichen Aidsvirus sind vor allem der Sexualverkehr und die gemeinsame Benutzung von Injektionsnadeln bei Drogenabhängigen von Bedeutung.

Das Abwehrsystem, das bei Aids versagt, steht symbolisch für Abgrenzung und auch Neinsagen. Liebe heißt aber sich öffnen, hereinlassen und teilen. Liebe stellt Grenzen in Frage und öffnet sich dem von außen Kommenden, um mit ihm eins zu werden. Wird das Neinsagen übertrieben, ermüden früher oder später die Abwehrkräfte und der Mensch muss sich öffnen. Drogenabhängige sagen Nein zum Leben, sie fliehen in eine andere Welt. Homosexuelle gehen dem anderen Pol in sich aus dem Wege.

### Was ist zu tun?

Angst vor dem Unbekannten verhindert die Bereitschaft, sich zu öffnen und das Neue hereinzulassen. Erkennen Sie, dass Ihnen nichts geschehen kann, im Gegenteil, das Leben will Sie zu Glück und Freiheit führen. Sie brauchen nur Ja zu sagen. Wenn Sie sich öffnen und Unbekanntes hereinlassen, dann braucht Ihr Körper Sie nicht mehr dazu zu zwingen und die Krankheit wird überflüssig.

# Akne

Die Haut bildet die äußere Grenze unseres Körpers und ist damit die Kontaktfläche zur Außenwelt. Probleme mit der Haut sind ein Zeichen für Kontaktschwierigkeiten. Das kann bedeuten, dass man von außen nichts ranlassen will oder aber dass man nicht rauslässt, was raus will. Aggressionen und Sexualität sind die schwierigsten Themen der Pubertät. Meistens wird beides unterdrückt, weil es schmutzig, unrein oder unmoralisch ist. Akne zeigt, dass man mit seinen eigenen Gefühlen nicht im Reinen ist und diese unterdrückt. Manche Menschen denken, dass sie von Süßigkeiten Akne bekommen. Sie erkennen nicht, dass sie die Süßigkeiten nur essen, um ein unangenehmes Gefühl oder eine Unzufriedenheit zu unterdrücken. Aber dieses Verdrängte kommt wieder an die Oberfläche, es will ausgedrückt werden.

**Was ist zu tun?**

Nichts was in Ihnen ist, kann etwas Schlechtes sein, denn der Mensch ist eine vollkommene Schöpfung. Es sind Ihre Bewertungen, die sagen, dass das eine gut ist und das andere schlecht. In Wahrheit ist alles gut. Stehen Sie zu Ihren Gefühlen und lassen Sie diese ungehemmt raus, dann kann sich auch nichts anstauen, dessen Sie nicht wieder Herr werden, und es braucht sich nichts mehr über Ihre Haut ausdrücken.

## Alkoholsucht

Die Abhängigkeit vom Alkohol wird immer noch von vielen Betroffenen nicht wahrgenommen und schon gar nicht als Krankheit bezeichnet. Die körperlichen Folgen können sehr vielfältig sein. Angefangen bei einer allgemeinen Unruhe, Nerven- und chronischer Magenschleimhautentzündung, kommt es häufig zu Leber- und Nierenerkrankungen, Gelenkentzündungen, Impotenz und bleibende Gehirnschäden treten immer wieder auf. Wie jede Sucht ist auch die Alkoholsucht eine Suche. Was man im Alltag nicht findet, gibt einem der Alkoholkonsum. Man flieht in eine andere Welt, damit man das andere besser ertragen kann. Unzufriedenheit und Probleme kann man so, zumindestens für eine Zeit, vergessen. Aber sie lassen sich dadurch nicht lösen. Das mangelnde Vertrauen, mit den Problemen fertig werden zu können, lässt den Betroffenen nur die Möglichkeit, sie zu verdrängen. Alkohol ist dafür eine Möglichkeit.

**Was ist zu tun?**

Erkennen Sie, dass es keine unlösbaren Probleme gibt, auch nicht für Sie. Niemals werden Sie mit einer Situation konfrontiert, ohne dass Sie die Kraft haben, diese zu bewältigen.

Finden Sie heraus, wovor Sie weglaufen. Beobachten Sie, wann, wo und wie Sie zum Alkohol greifen. Das gibt Ihnen die nötigen Hinweise, um Ihr Problem zu erkennen. Mit dem Vertrauen, dass Sie es auch ohne Alkohol bewältigen können, werden Sie schnell einen Weg finden. Ihr Selbstvertrauen steigt und Sie werden schon bald keinen Alkohol mehr brauchen.

# Allergien

Allergiker zeigen eine übertriebene Abwehrreaktion auf kleinste Reize. Dies gilt für den Körper wie auch für den geistigen Bereich. Die körperliche Ebene spiegelt dabei nur wider, was sich im Bewusstsein des Menschen abspielt. Die Tatsache, dass der Körper auf die normalerweise Allergie auslösenden Stoffe in einer Narkose nicht reagiert, beweist dieses. Der Allergiker wehrt sich gegen bestimmte Teilbereiche des Lebens, er will mit ihnen nicht in Berührung kommen.
Die Art der Allergie macht symbolhaft deutlich, wogegen man sich wehrt.

## Heuschnupfen

Es handelt sich hierbei um die Überempfindlichkeit gegenüber Blütenpollen. Blütenpollen stehen symbolisch für die Befruchtung und Fortpflanzung, also für die Sexualität. Nicht zufällig haben viele Jugendliche, für die dieses Thema noch neu ist und die Probleme mit ihrer Sexualität haben, Heuschnupfen.

## Katzenhaarallergie

Die Katze hat einen sehr eigenwilligen Charakter. Sie tut, was sie will und führt fast immer ihr eigenes Leben. Menschen, die gegen Katzenhaare allergisch reagieren, erlauben sich häufig nicht zu tun, was sie wollen. Sie wehren sich dagegen, entweder weil sie glauben, dass es egoistisch und unmoralisch ist, oder weil sie die Verantwortung für ihre eigenen Wünsche und Bedürfnisse nicht übernehmen wollen. Gleichzeitig ist die Katze durch ihre Anschmiegsamkeit und Offenheit ein Symbol für die weibliche Sexualität und Hingabe. Die allergische Reaktion kann sich auch gegen diese Eigenschaften richten.

### Hausstauballergie

Dahinter steht die Überempfindlichkeit gegen scheinbar Unreines, der eine Bewertung, was rein und unrein ist, vorausgeht. Eigene Gefühle, Gedanken, Eigenschaften werden als unrein empfunden und abgelehnt. Diese gesteigerte Abwehr und Überempfindlichkeit werden in der Hausstauballergie deutlich.

### Was ist zu tun?

Hinter jeder Abwehrreaktion steht die Angst, dass etwas Ungutes passieren könnte. Vorstellungen, Bewertungen und mangelndes Vertrauen gilt es zu erkennen und anzunehmen. Erst dann kann man sie loslassen. Jede Allergie ist die Aufforderung, die eigenen Vorstellungen loszulassen und Ja zu sagen zu dem, was ist. Eigene Gedanken, Wünsche und Gefühle wollen zum Ausdruck gebracht werden, sie entsprechen der eigenen Wahrheit und nicht die Vorstellungen und Bewertungen, die wir dazu haben. Öffnen Sie sich vertrauensvoll dem Leben, um Neues zu erleben und das Vollkommene im scheinbar Unvollkommenen zu erkennen. Abwehren heißt Nein, Liebe sagt Ja zu allem.

## Arthritis

Die Beweglichkeit des Körpers wird durch die Arthritis oder den Gelenkrheumatismus eingeschränkt. Die Gelenke werden steif und unflexibel. Die körperliche Starrheit ist wiederum nur Spiegelbild der geistigen Einstellung. Die Arthritis will auf die Unflexibilität im Bewusstsein hinweisen. Festgefahrene Meinungen und Starrsinnigkeit stehen dahinter. Gerade ältere Menschen wollen häufig ihre Meinungen nicht mehr ändern und leiden dementsprechend oft an Arthritis. Man glaubt zu wissen, wie das Leben ist, anstatt offenherzig hinzuschauen und zu erkennen, wie es wirklich ist.

**Was ist zu tun?**

Leben ist Veränderung. Veränderungen können nur geschehen, wenn man bereit ist, mitzufließen und sich ständig zu ändern. Nur so können Entwicklung und Wachstum geschehen. Genau wie der körperlichen Steifheit Wärme hilft, so hilft auch dem starrsinnigen und unflexiblen Geist psychische Wärme. Liebe heißt, anzunehmen und vertrauensvoll sich dem Leben zu öffnen. Lassen Sie Ihre Vorstellungen von dem, was richtig und falsch ist, los. Wahre Liebe kann nicht in Dogmen und Vorstellungen existieren, sondern nur in dem, was wirklich im Hier und Jetzt da ist. Seien Sie flexibel, dann wird es Ihr Körper auch sein.

## Arthrose

Die Arthrose ist eine fortgeschrittene Form der Gelenkerkrankung. Außer Steifheit und Schmerzen bei der Bewegung wird sie teilweise von Gelenkdeformationen begleitet. Wer lange an seiner geistigen Unflexibilität und Starrsinnigkeit festhält, wird schmerzhaft darauf hingewiesen, wieder den richtigen Weg einzuschlagen. Die Eigenwilligkeit ist sogar in der Lage, eine Gelenkdeformation herbeizuführen. So versucht das Leben, den Weg in die Freiheit und ins Glücklichsein einzuschlagen, was ja der innerste Wunsch eines jeden Wesens ist. Die Angst, mit dem Unbekannten nicht fertig werden zu können, lässt manchen Menschen alle Bremsen bis zum Bewegungsstillstand ziehen.

### Was ist zu tun?

Wie bei der Arthritis lautet auch hier die Botschaft, vertrauensvoll sich dem Leben hinzugeben und Veränderung geschehen zu lassen. Versuchen Sie zu erkennen, warum und gegen welche Veränderung Sie sich wehren. Welche Angst steht dahinter? Öffnen Sie sich für die Möglichkeit, dass es auch einen anderen Weg gibt, der Ihnen Gutes bringt. Öffnen Sie sich für die Möglichkeit, dass auch andere Vorstellungen und Meinungen richtig und hilfreich sein könnten. Mit dieser Einstellung erlauben Sie dem Leben, Veränderungen zu vollziehen – zu Ihrem Vorteil, wie Sie schon bald feststellen werden.

## Asthma

Das Wort „Asthma“ kommt aus dem Griechischen und bedeutet so viel wie Engbrüstigkeit. Asthma ist eine allergische Reaktion, eine übertriebene Reaktion des Körpers auf einen äußerlichen Reiz. Durch Verengung der Atemwege, Schwellung und Sekretion der Schleimhaut kommt es zur Atemnot mit dem Gefühl eines lebensbedrohenden Erstickungsanfalls. Asthmaanfälle treten meist in typischen Situationen auf und symbolisieren das Ablehnen dieser Geschehnisse oder Eigenschaften. Es ist ein Krampf, den der Betroffene erlebt, mit dem er das behalten will, was er hat, und nichts Neues in sich hineinlassen will. Enge und Angst sind nicht voneinander zu trennen. Der Asthmakranke zeigt so, dass er Angst davor hat, sich zu zeigen, indem er krampfhaft seinen Atem zurückhält, aber auch Angst, das Neue, Unbekannte in sich aufzunehmen.

### Was ist zu tun?

Angst ist die Überzeugung, mit einer Situation nicht klarzukommen. Man vermeidet den Kontakt, indem man sich einengt. Die Weite des Meeres und der Berge hilft dem Kranken. So hilft es ihm auch, wenn er sich selbst weit macht und sich für das öffnet, wogegen er sich gewehrt hat. Kein Mensch wird mit einer Situation konfrontiert, die ihn überfordert. Jeder bekommt immer nur die Last, die er auch tragen kann. In diesem Bewusstsein wird das Selbstvertrauen gestärkt und die Bereitschaft zur Konfrontation wächst. Der erste Schritt ist immer der schwierigste, ist er einmal getan, ist alles andere leichter. Was man im Außen ablehnt, sind Teile des eigenen Seins, gegen die man sich wehrt. Schauen Sie sich die Situationen genau an, die einen Asthmaanfall auslösen. Sie zeigen Ihnen, was Sie bei sich selbst ablehnen. Mit der liebevollen Annahme dieser Eigenschaften wird auch die übertriebene Abwehrreaktion des Körpers überflüssig.

## Bandscheibenprobleme

Die Wirbelsäule des Menschen ist die tragende Konstruktion, die den ganzen Druck des Körpergewichtes auffängt. Sie setzt sich aus zwei Komponenten zusammen: den harten Wirbelkörpern, die das Männliche verkörpern, und den weichen, elastischen Bandscheiben, die für das Weibliche stehen. Bei einem Bandscheibenvorfall ist die geistig-seelische Belastung so groß, dass die weiblichen Anteile den harten männlichen Komponenten weichen müssen. Große Schmerzen sind damit verbunden, wenn das weiche Weibliche dem harten männlichen Druck nicht standhalten kann. Die Einseitigkeit führt zur Einschränkung der Flexibilität bis hin zur Bewegungsunfähigkeit. Das Männliche braucht das Weibliche und umgekehrt.

### Was ist zu tun?

Auch der psychische Druck, der den Bandscheibenvorfall verursacht, ist eine Folge der Unausgeglichenheit. Der männliche Anteil allein kann Probleme nicht lösen, wodurch der Druck immer größer wird. Erst wenn das Weibliche, die Intuition und das Gefühl dazukommen, kann jede Aufgabe gelöst werden. Der Kopf alleine vermag nichts. Der Betroffene sollte seinen Gefühlen mehr Beachtung schenken, wozu ihn die Schmerzhaftigkeit seiner Krankheit ja schon zwingt. Die weibliche Seite will gestärkt werden. Es ist die Aufforderung, nach innen zu gehen und auf sein Herz zu hören.

## Bindegewebsschwäche

Die Bindegewebsschwäche äußert sich in der Haut, dem Kontaktorgan des Menschen. Festigkeit und Halt sind verhindert. Ein kleiner Anstoß im Außen genügt, um einen blauen Fleck hervorzurufen. Gegen Anstöße ist der Körper besonders empfindlich. So steht die Bindegewebsschwäche für eine erhöhte Verletzbarkeit. Ich bin in mir nicht gefestigt, so dass der kleinste Anstoß von außen mich verletzt. Kritik führt sofort zu einer Verletzung. Störungen im Bindegewebe deuten deshalb auf mangelnde innere Festigkeit und mangelndes Selbstvertrauen hin.

### Was ist zu tun?

Finden Sie mehr Halt in sich selbst, anstatt dem Außen so viel Bedeutung zu geben. Dann werden Sie äußeren Anstößen gegenüber weniger empfindlich. Sie sind aufgefordert, sich selbst mehr zu vertrauen. Kritik und Druck nehmen wir nur dann persönlich, wenn wir uns selbst kritisieren. Nur dann können sie uns verletzen. Selbstkritik und mangelndes Selbstvertrauen schwächen unsere innere Festigkeit. Selbstannahme und Selbstliebe machen uns stark und widerstandsfähig.

## Bindehautentzündung

Die Bindehautentzündung verhindert, dass man die Dinge richtig sehen kann. Hinter jedem Nichtkönnen steht immer ein vielleicht unbewusstes Nichtwollen. Was wollen Sie also nicht sehen? Welchem Konflikt versuchen Sie auszuweichen, indem Sie die Augen verschließen? Jeder äußere Konflikt ist gleichzeitig immer eine innere Auseinandersetzung. Womit sind Sie nicht einverstanden, welche Realität wollen Sie nicht wahrhaben? Was wollen Sie bei sich selbst nicht annehmen?

### Was ist zu tun?

Erkennen Sie, wovor Sie die Augen verschließen, und fragen Sie sich, warum Sie das nicht sehen wollen. Wovor haben Sie Angst? Vertrauen Sie darauf, dass Sie mit jeder Situation fertig werden und jedes Geschehen Ihnen etwas schenken will. Öffnen Sie Ihre Augen und schauen Sie ganz ehrlich hin. Nehmen Sie sich selbst so an, wie Sie sind.

## Blähungen

Blähungen signalisieren auf der körperlichen wie auch auf der geistigen Ebene, dass bestimmte aufgenommene Dinge nicht richtig verdaut werden. Es entsteht ein innerer Druck, der teilweise sehr schmerzhaft sein kann. Das Loslassen verschafft Erleichterung. Häufig entstehen Blähungen durch die Aufnahme unverträglicher Nahrung, was individuell sehr unterschiedlich sein kann, und die gleichzeitige Aufnahme verschiedener Dinge auf der geistigen Ebene. Wenn wir uns zu viel zumuten und es nicht verarbeiten können, erzeugen wir einen inneren Druck und innere Unruhe.

### Was ist zu tun?

Lassen Sie den inneren Druck los, den Sie sich geschaffen haben, indem Sie sich selbst zu viel abverlangen. Dann schauen Sie, womit Sie sich überfordert haben. Verarbeiten Sie die Dinge einzeln und Schritt für Schritt und versuchen Sie nicht mehr, alles auf einmal zu erledigen. Das gilt für das Innen wie auch das Außen. Erkennen Sie, dass es nichts zu verändern gibt. Alles ist gut und vollkommen, so wie es ist. Auch Sie! Mit dieser Einstellung fällt der Druck weg und die Dinge verändern sich und geschehen mit Leichtigkeit.

## Blutdruck (hoch)

Normalerweise steigt der Blutdruck, wenn dem Körper mehr Leistung abverlangt wird. Ist die Arbeit vollendet, geht der Körper wieder in die Ruhephase und der Blutdruck senkt sich wieder. Ein anhaltender hoher Blutdruck zeigt eine ständige Leistungsbereitschaft an. Der Mensch setzt sich ständig unter Leistungsdruck und gönnt sich keine Ruhepause. Entweder er hat das Gefühl, nicht gut genug zu sein, ständig mehr schaffen zu müssen und bestimmten Erwartungen gerecht werden zu müssen, oder er will gar keine Ruhephase. Er verschafft sich einen inneren Druck, weil er eine Vorstellung davon hat, wie er sein soll und wie ihn die Menschen wollen. Er erlaubt sich nicht, so zu sein, wie er ist. In Wahrheit traut er sich nicht, so zu sein, wie er ist, weil er Angst vor Ablehnung hat. Die Ruhephase vermeiden viele, weil dann die Dinge an die Oberfläche kommen, die sie nicht fühlen wollen. Unverarbeitete Situationen, Probleme, Ängste fordern ihre Aufmerksamkeit. Diese Gefühle nicht zu wollen und die Angst, mit ihnen vielleicht nicht fertig zu werden, treiben viele Menschen in die Leistungsphase. Sie stehen unter Dauerdruck.

### Was ist zu tun?

Wenn Sie bereit sind, etwas zu ändern, dann konfrontieren Sie sich mit der Ruhe. Planen Sie jeden Tag eine gewisse Zeit für sich ein, in der Sie nichts tun, was Sie geistig ablenkt: keine Zeitung lesen, nicht sauber machen oder fernsehen, aber auch nicht schlafen. Gehen Sie spazieren oder machen Sie es sich gemütlich und spüren Sie in sich hinein. Dann wird sich Ihnen alles zeigen, was Sie ständig in diesen Leistungsdruck bringt. Sie sind aufgefordert, sich selbst anzunehmen, wie Sie sind, mit all Ihren Gefühlen und scheinbaren Schwächen. Lassen Sie Ihre

Vorstellungen los, wie Sie sein sollten, und haben Sie den Mut, sich selbst zu leben und zu lieben.

## Blutdruck (niedrig)

Der anhaltende niedrige Blutdruck zeigt, dass das Verhältnis zwischen Aktivität und Passivität nicht stimmt. Man befindet sich in einem andauernden Zustand des Unterdrucks. Der Körper zeigt, dass man keinen Druck will. So fühlt sich der Betroffene ständig müde, schwach und kann sich nicht konzentrieren. Der Mensch mit niedrigem Blutdruck weicht allen Situationen aus, die Druck verursachen können. Er entzieht sich Konflikten, Auseinandersetzungen und Problemen, soweit es ihm möglich ist, notfalls bis zur Ohnmacht. Die Ursache dafür kann in seiner Vorstellung von Harmonie liegen, die keinerlei Druck, Streit oder Schwierigkeit duldet, oder aber in seiner Angst, mit einem Problem nicht fertig werden zu können. Mangelndes Selbstvertrauen lässt ihn in der Passivität verharren.

### Was ist zu tun?

So wie dem Körper jegliche Aktivität bei zu niedrigem Blutdruck gut tut, so ist es auch im geistigen Bereich, wo ja letztendlich die Ursache für die körperlichen Erscheinungen liegt. Erkennen Sie, dass Sie in Wahrheit Ihren Konflikten aus dem Weg gehen, und entscheiden Sie sich, ob Sie dieses ändern wollen, um damit auch Ihre körperlichen Beschwerden zu heilen. Mit dieser Entscheidung wird Ihnen bewusst, dass es Ihr mangelndes Vertrauen in Ihre eigenen Fähigkeiten ist, das Sie in die Passivität führte. Keine Aufgabe oder Schwierigkeit, mit der Sie konfrontiert werden, ist größer als Ihre Fähigkeit, sie zu lösen. Tasten Sie sich Schritt für Schritt vorwärts und stellen Sie sich zuerst den kleineren Problemen, damit Ihr Selbstvertrauen wachsen kann. Sie erkennen, dass keine Aufgabe zu groß für Sie ist.

## Depression

Abhängig von Intensität und zeitlicher Dauer kann die Depression von den verschiedensten Krankheitsbildern begleitet werden. Verdauungsstörungen, Herz- und Kreislaufschwierigkeiten und Kopfschmerzen sind die häufigsten körperlichen Symptome. Der Gemütszustand ist von Antriebsschwäche, leichter Niedergeschlagenheit bis hin zur völligen Teilnahmslosigkeit und Selbstmordgedanken geprägt. Charakteristisch ist die mangelnde Lebensfreude, die in gewissem Maße wohl jeder schon mal kennen gelernt hat. Bei der Depression hält dieser Zustand an, der Betroffene ist sehr pessimistisch und hat wenig Hoffnung, dass der Zustand vorübergeht. Er wirkt ängstlich und verzweifelt. Innerlich wehrt er sich gegen diesen Zustand.
Der Depressive ist bedrückt. Entweder er unterdrückt etwas, was gelebt werden will, oder er setzt sich selbst unter Druck. Das kann sich dann natürlich in den Lebensumständen zeigen, wenn scheinbar alles einen Druck auf ihn ausübt. Letztendlich erlaubt sich der Depressive nicht, so zu leben, wie er es eigentlich will. Das raubt natürlich die Lebensfreude. Seine Vorstellungen und Bewertungen, was gut und was nicht gut ist, hindern ihn teilweise daran, seinen Gefühlen und Wünschen nachzugehen. Häufig ist es auch die Angst, das gewünschte Ziel nicht erreichen zu können und zu versagen, so dass er es gar nicht probiert, um sich den Frust zu ersparen. Die meisten erkennen aber nicht, dass es ihr mangelndes Selbstvertrauen ist. Sie geben die Verantwortung lieber an die äußeren Lebensumstände oder an nicht zu verändernde Eigenschaften ab, damit sie sich als Opfer fühlen können. Für viele ist dies leichter, als zuzugeben, dass sie alles selbst verursachen.

**Was ist zu tun?**

Lebensfreude hat man nur, wenn man das tut, was einem Freude macht und einen erfüllt. Fragen Sie sich, was Sie gerne tun würden, was Sie sich wirklich für Ihr Leben wünschen. Wenn Sie dann hinschauen, was Sie daran hindert, werden Sie erkennen, dass es Ihre Ängste sind und das mangelnde Vertrauen, dieses wirklich erreichen zu können. Vergessen Sie nicht, dass Ihnen niemals ein Wunsch gegeben wird, den Sie nicht auch erreichen können. Eine Sehnsucht in sich tragen mit dem Gefühl, das Gewünschte niemals erreichen zu können, muss Depressionen hervorrufen. Das ist aber nicht der Wille der Schöpfung, die wirklich freie Wesen geschaffen hat, damit sie glücklich sein können. Mit diesem Vertrauen brauchen Sie sich nicht mehr gegen die Depression zu wehren, was sie nur verschlimmert. Lassen Sie sich in die Depression hineinfallen. Sie hilft Ihnen, die Hindernisse zu beseitigen, damit Sie wieder als freies Wesen und mit Freude Ihr Leben gestalten.

## Diabetes

Diabetes wird auch Zuckerharnruhr genannt. Noch treffender ist der Ausdruck „Zuckerdurchfall“, da der Körper bei dieser Erkrankung nicht mehr in der Lage ist, den Zucker zu verarbeiten. Aus Zucker wird Energie für den Körper gewonnen. Bei Diabetes wird er ins Blut aufgenommen und kann dann wegen des fehlenden Hormons Insulin nicht in die Zellen aufgenommen werden. Zucker ist das Symbol für die Liebe. Mit Süßigkeiten wird der Liebesmangel kompensiert. In diesem Fall wird die Liebe aufgenommen, steht aber dem Wesen nicht als Lebensenergie zur Verfügung. Es kann sie nicht richtig verwerten. Der Zuckerkranke verträgt Zuwendung und Liebe nicht, obwohl er sich danach sehnt. Unbewusst lehnt er die Liebe ab, weil er glaubt, sie nicht verdient zu haben. Er liebt sich selbst nicht und ist nicht in der Lage, Liebe anzunehmen.

**Was ist zu tun?**

Fragen Sie sich einmal, ob Sie die uneingeschränkte Liebe des Lebens verdient haben, ob es Ihnen zusteht, dass alle Ihre Wünsche in Erfüllung gehen. Sind Sie liebenswert, so wie Sie sind, oder müssten sich da noch einige Dinge verändern? Finden Sie die Liebe zu sich selbst. Erkennen Sie, dass Sie nichts verändern müssen, dass Sie vollkommen sind. Kinder werden im Allgemeinen geliebt, weil sie nicht kritisieren, obwohl ihnen nicht alles gelingt. Sie bewerten es selbst nicht, stehen wieder auf, weinen vielleicht eine Zeit lang oder lachen und machen einfach weiter. Wir lieben sie, weil sie sich selbst lieben. Geistig sind wir alle Kinder, nur mit dem Unterschied, dass wir uns bewerten und kritisieren. Es ist genauso unsinnig, wie wenn wir ein Kind verurteilen würden, weil es auf die heiße Herdplatte gefasst hat.

Erkennen Sie, dass es nichts zu kritisieren gibt, weder bei einem anderen noch bei Ihnen. So werden Sie die Liebe zu sich finden und damit zu allem, was ist.

## Dickdarmentzündung

Unter Schmerzen hat der Betroffene blutig schleimige Durchfälle. Er gibt Teile seines Körpers an die Umgebung ab. Der Kolitiskranke steht nicht zu sich selbst, er gibt seine Haltung, seine Einstellung unter Schmerzen auf. Er tut dieses nicht gerne, sondern vielmehr aus einer Angst heraus. Im Allgemeinen sind es die Angst vor Ablehnung oder die Angst, einen Fehler zu machen, die ihn dazu bewegt, Teile von sich aufzugeben, anstatt daran festzuhalten.

### Was ist zu tun?

In welchen Bereichen Ihres Lebens zweifeln Sie an sich selbst? Wo fehlt Ihnen die Kraft, zu sich zu stehen? Wo passen Sie sich an andere an? Wenn Sie erkennen, dass die Ursache im mangelnden Selbstvertrauen liegt, dann können Sie auch Ihre Ängste erkennen, die Ihrem Verhalten zugrunde liegen. Schauen Sie, vor welchen möglichen Folgen Sie Angst haben, wenn Sie zu sich stehen würden. Viele denken, dass Sie abgelehnt werden, wenn Sie sich selbst leben, dabei ist es genau umgekehrt. Alle Menschen, die sich nicht trauen, fühlen sich von solchen Menschen, die den Mut haben, zu sich zu stehen, angezogen.

## Durchfall

Beim Durchfall verliert der Körper viel Flüssigkeit, verliert an körperlicher und geistiger Flexibilität. Außerdem wird die aufgenommene Nahrung nicht vollständig verdaut. Ein Teil wird unverarbeitet wieder ausgeschieden, wobei nützliche Nahrungsinhalte ungenutzt bleiben. Durchfall zeigt, dass wir uns mit bestimmten Dingen nicht auseinander setzen wollen. Angst, damit nicht klarzukommen, oder die Vorstellung, dass es nicht gut für uns ist, stehen in der Regel dahinter. Das, was man erlebt hat, wird nicht richtig verdaut, man spült es lieber weg, was aber mit einem Verlust an Flexibilität verbunden ist. Der chronische Durchfall zeigt, dass man sich mit dem Leben nicht auseinander setzen will. Dafür gehen einem aber auch viele nützliche Dinge verloren.

**Was ist zu tun?**

Wie für den Körper nur leicht verdauliche Kost gut ist, sollten Sie Ihren Geist zu Anfang auch nur mit leicht verdaulichen Situationen konfrontieren, um sich langsam wieder für den Umgang mit dem normalen Alltag vorzubereiten. Stellen Sie sich also den kleineren Problemen zuerst, um wieder an Selbstvertrauen zu gewinnen. Mit jeder weiteren Auseinandersetzung wird Ihr Selbstvertrauen wachsen und gleichzeitig wird Ihre Angst, einer Sache nicht gewachsen zu sein, immer weniger. Es kann richtig Spaß machen, an seinen Aufgaben zu wachsen.

## Erkältung

Eine Erkältung betrifft in erster Linie die Atmungsorgane. Über die Atmung stehen wir in Kontakt mit unserer Umwelt. Bei einer Erkältung ist dieser Kontakt gestört. Entweder können wir den anderen nicht mehr riechen, weil wir die Nase voll haben, oder wir können mit einem geschwollenen Hals nicht mehr reden und uns mitteilen. Dass es ein Kontaktproblem ist, zeigt auch die Tatsache, dass wir uns meistens bei jemand anderem anstecken. Der andere macht uns krank. Das Verhältnis zwischen innerer und äußerer Kommunikation ist nicht im Gleichgewicht.

**Was ist zu tun?**

Das, wozu uns die Krankheit zwingt, sollten wir beachten und annehmen. Wenn wir nicht mehr reden können oder uns das Fieber und die körperliche Schwäche Ruhe verordnen, dann sollten wir das akzeptieren und uns aus dem Alltag zurückziehen. Es ist die Aufforderung, Kräfte zu sammeln und nach innen zu schauen. Die äußerliche Kommunikation ist gestört, damit die innere wieder gepflegt wird.

## Frigidität

Eine erfüllte Sexualität kann man nicht machen, man kann sie nur geschehen lassen. Ehrlich die Gefühle zu leben und seinen Bedürfnissen Ausdruck zu verleihen ist Hingabe an das eigene Selbst. Moralvorstellungen, wie man sein darf, was erlaubt und was schmutzig ist, stehen dem im Wege. Mit jeder Selbsteinschränkung kann man auch nur eine eingeschränkte Befriedigung erleben. Hinter allen sexuellen Problemen steht das Unvermögen, wirklich loslassen zu können. Das gilt für alle Vorstellungen und Bewertungen, aber auch für alle Probleme oder sonstigen Ereignisse, die die Aufmerksamkeit ablenken. Es ist die Angst, sich ganz auf etwas einzulassen, sich mit allem ganz ehrlich und total zu zeigen.

### Was ist zu tun?

Prüfen Sie, was Sie davon abhält, sich ganz offen mit Ihren Bedürfnissen und sexuellen Problemen zu zeigen. Sprechen Sie mit jemandem darüber, damit Sie erkennen, dass Sie dafür keine Ablehnung erfahren, sondern Verständnis und Hilfe. Stellen Sie sich Ihrer Angst, sie will überwunden werden, damit Sie freier und glücklicher werden.

## Gallenstörungen

Die Gallenflüssigkeit dient dem Körper dazu, Giftstoffe auszuscheiden und bei der Aufschließung der Nahrungsbestandteile mitzuwirken. Gallenstörungen stehen für den gestörten Umgang mit Aggressionen. Wenn angestaute Aggressionen rausplatzen, spricht der Volksmund treffend von einem Überlaufen der Galle. Aggression ist für unser Leben sehr wichtig und bezeichnet ein sehr kraftvolles Vorgehen. Die Galle ist aggressiv in ihrer Wirkung, aber sehr wichtig, genau wie die Salzsäure in unserem Magen. Ohne diese Wirkung der Galle könnten wir die Nahrung nicht richtig verwerten. Nur ein kraftvoller Umgang mit Schwierigkeiten, Konflikten und Problemen verspricht eine effektive Verarbeitung. Lassen wir diese Kraft aber nicht zu, weil wir Angst davor haben, dann staut sie sich an, zerstört uns innerlich, um dann unkontrollierbar hervorzubrechen und wirkliche Zerstörung anzurichten. Gallensteine sind konzen-trierte, zu Stein gewordene Aggressionen. Die Angst vor Ableh-nung ist die häufigste Ursache für die Unterdrückung der eigenen Aggression.

### Was ist zu tun?

Nutzen Sie Ihre Kraft! Wenn sie sich bemerkbar macht, dann will sie auch genutzt werden. Sie ist Ihnen eine große Hilfe, vertrauen Sie darauf. Wenn Ihnen mal nach einem lauten Wort zumute ist, dann lassen Sie es geschehen. Sie werden merken, wie befreiend es ist. Solange Sie dabei Ihre Gefühle zum Ausdruck bringen, werden Sie auch keinen damit verletzen. Sie können sowieso keinen verletzen, sie können höchstens Auslöser dafür sein, dass ein anderer sich selbst verletzt. Viele Menschen werden Ihnen aber dankbar sein, da sie sich durch Ihr Verhalten motiviert fühlen, ihrer Kraft ebenfalls mehr Raum zu geben.

# Gicht

Bei dieser Erkrankung lagert sich Harnsäure aus dem Blut in kristalliner Form in den Gelenken ab. Anstatt ausgeschieden zu werden, führt sie unter Beteiligung von Gelenkschmerzen zu Gelenkentzündung. Es kommt zu den bekannten Gichtknoten und Beweglichkeitseinschränkungen bis hin zur Gelenkversteifung. Der Körper wird unflexibel. Im übertragenen Sinne bedeutet dies, dass der Erkrankte an Dingen festhält, die er loslassen sollte. Das, was er festhält, macht ihn sauer wie die Harnsäure den Körper und zeigt seine geistige Unflexibilität. Er kann bzw. will die Vergangenheit nicht loslassen und hat oft Schwierigkeiten, den Umständen oder anderen Menschen zu verzeihen. Dahinter stehen immer das Problem der Selbstanklage und das Unvermögen, sich selbst verzeihen zu können.

**Was ist zu tun?**

Machen Sie sich bewusst, dass hinter jeder Kritik immer die Selbstkritik steht. Schauen Sie, wem oder was Sie nicht verzeihen können, was Sie immer wieder beschäftigt. Finden Sie die Hintergründe, was genau Sie sich so verhalten lässt, damit Sie erkennen, was Sie sich selbst nicht verzeihen wollen. Es gibt keine Schuld, Sie haben nie etwas Falsches getan, sondern immer Ihr Bestmögliches.

## Gürtelrose

Durch eine Entzündung der Rückenmarksnerven kommt es, meist halbseitig, im unteren Brustbereich zur Hauterkrankung. Diese äußert sich in schmerzenden Bläschen. Die Haut ist das Kontaktorgan des Menschen, sie symbolisiert die äußere Grenze, mit der wir mit unserer Außenwelt in Berührung kommen. Die Nerven stehen für die Verbindung des Äußeren mit dem Inneren, unseres Körpers mit unserer Seele. Der Kranke braucht und sucht Kontakt, aber Angst oder mangelndes Selbstvertrauen halten ihn zurück.

**Was ist zu tun?**

Beobachten Sie, wo Ihre Grenzen im Kontakt zu Ihren Mitmenschen liegen. Was würden Sie gerne tun, wie sähe dieser Kontakt idealerweise aus? Welche Verbindungen möchten Sie haben? Wie weit weicht Ihre Realität von diesem gewünschten Zustand ab? Vermutlich besteht hier eine große Kluft, nach deren Ursachen Sie jetzt forschen sollten. Seien Sie sich dabei bewusst, dass die Ursache letztendlich immer bei Ihnen liegt. Das gibt Ihnen auch die Möglichkeit, die Dinge zu verändern.

## Haarausfall

Haarausfall kann körperlich wie geistig mehrere Ursachen haben. Wenn man die Haare als Symbol für Vitalität betrachtet, sollte sich der vom Haarausfall Betroffene immer fragen, wie es um die eigene Lebendigkeit steht. Gleichzeitig sind die Haare auch das Symbol für unsere geistigen Antennen, d. h. für unsere Verbindung mit unserem höheren Selbst. Verstandbetonte Menschen haben hier meist einen wenig ausgeprägten Kontakt. Sie verlassen sich lieber auf ihren Kopf und brauchen daher ihre Antennen weniger. Deshalb leiden Männer häufiger unter Haarausfall als Frauen. Bei Haarausfall sollte man auch an eine überfällige geistig-seelische Mauserung denken. Die Haare gehören zur Haut und diese erneuert sich immer wieder. Die Häutung der Schlange, das Winter- und Sommerfell vieler Tiere zeigen den Zusammenhang zwischen den Haaren, der Haut und der Entwicklung. Haarausfall deutet hier auf eine überfällige Entwicklung hin. Die alte Haut bzw. die alten Haare wurden noch nicht losgelassen.

### Was ist zu tun?

Wenn Sie ein Kopfmensch sind und unter Haarausfall leiden, dann heißt die Aufforderung, die Intuition zu schulen, anstatt alle Probleme und Aufgaben im Kopf lösen zu wollen. Schauen Sie auch, wo Sie an Altem festhalten, anstatt es loszulassen, damit für Neues Platz gemacht wird. Man hat festgestellt, dass Weizenkeime, Sonnenblumenkerne, Samen und Nüsse bei Haarausfall hilfreich sind. Symbolisch stehen sie alle für Veränderung und Wachstum, tragen sie doch den Keim des Lebens in sich.

## Hautausschlag

Beim Hautausschlag will etwas die äußere Grenze durchbrechen. Es kommt von innen heraus und will sich ausdrücken. Meistens ist es mit Juckreiz verbunden und verlangt so ständig nach Aufmerksamkeit. Es lässt sich nicht verdrängen. Im Gegenteil, je stärker man sich kratzt, um es loszuwerden, umso stärker juckt es. Wenn das Innere nicht freiwillig ausgedrückt wird, dann zeigt der Körper diese Haltung und macht uns gleichzeitig diese Unstimmigkeit schmerzlich bewusst. Er fordert uns auf, alle Gefühle und Wünsche zum Ausdruck zu bringen. Tun wir das nicht, sucht er sich einen anderen Ausgang. In Phasen der menschlichen Entwicklung werden wir immer wieder mit Neuem konfrontiert. Jugendliche kommen in der Pubertät zum ersten Mal mit ihrer eigenen Sexualität in Berührung und wissen meistens nicht damit umzugehen. Aus Angst lassen sie diese neuen Gefühle nicht zu, die sich dann einen Weg über die Pubertätsakne suchen. Auf diese Weise wird der Jugendliche gezwungen, sich mit dem Neuen auseinander zu setzen.

### Was ist zu tun?

Fragen Sie sich, was aus Ihnen heraus will, welche Bedürfnisse Sie haben, die Sie sich nicht erlauben, oder wovor Sie Angst haben. Was ist es, was Sie ständig juckt und reizt? Die blockierende Energie ist immer eine Angst vor dem Unbekannten. Wenn überhaupt, können wir nur das kontrollieren, was uns bekannt ist, aber nicht etwas, das neu für uns ist. Die Angst vor dem Unbekannten und die Unsicherheit, ob man damit fertig wird, gilt es loszulassen. Vertrauen Sie dem Leben. Alles, was geschieht, dient Ihrer Entwicklung zu mehr Freiheit und Glück.

## Heiserkeit

Die Stimme ist das Hauptmittel der Kommunikation. Sie vermittelt nicht nur bewusste Inhalte, indem sie das übermittelt, was man zu sagen wünscht, sondern gibt uns viele andere Informationen über den Stimmträger. Die Stimmung kann man leicht aus der Stimme heraushören. Bei der Heiserkeit sind die Stimmbänder gereizt. Dieses geschieht dann, wenn die Stimme nicht der eigentlichen Stimmung entspricht. Entweder weil man sich zurückhält und nicht losbrüllen will, obwohl einem danach ist, oder weil man redet und redet, anstatt zu schweigen. Gereizte Stimmbänder entsprechen einer gereizten Stimmung. Viele Menschen glauben, dass Brüllen oder Schreien etwas Primitives seien und einem reifen Menschen nicht entsprechen. Wer nicht das Bedürfnis dazu hat, der soll auch nicht künstlich seine Stimme erheben. Wer aber innerlich brodelt und dieses zurückhält, ist einfach nicht authentisch. Er gibt seinem wahren Sein keinen Ausdruck. Auch hier ist es die Angst vor Ablehnung, die in der Regel dahinter steht.

### Was ist zu tun?

Nutzen Sie Ihre Stimme, um Ihre Stimmung ehrlich zum Ausdruck zu bringen, dann wird es Ihnen weder die Sprache verschlagen noch Ihre Stimmbänder reizen. Das bedeutet auch zu schweigen, wenn einem nach Schweigen zumute ist.

## Herpes simplex (Fieberbläschen)

Obwohl nahezu alle den Herpesvirus beherbergen, tritt die Erkrankung nur gelegentlich auf. Manche haben gar nichts damit zu tun, während bei anderen immer wieder die typischen kleinen, flüssigkeitsgefüllten Bläschen auftauchen. Allein das ist schon der Beweis, dass der Virus nicht wirkliche Ursache ist. Die Bläschen treten bevorzugt an den Lippen auf, welche die Eingangspforte des Menschen sind. Sie symbolisieren den Ekel und die Ablehnung gegen die Aufnahme ganz bestimmter Dinge. So treten sie immer dann auf, wenn man mit einem Thema konfrontiert wird, dem man am liebsten ausweicht. Gleichzeitig wird eine innere Aggression deutlich, die unterdrückt wird und sich über die Bläschen zeigt. Probleme in der Sexualität stehen oft dahinter. Herpes im Genitalbereich macht dieses besonders deutlich, wobei auch hier wieder der Aspekt des Sichöffnens und Hereinlassens berücksichtigt werden sollte.

### Was ist zu tun?

Beobachten Sie, in welchem Zusammenhang die Bläschen bei Ihnen auftreten. Je genauer Sie das tun, umso deutlicher wird Ihnen, wovor Sie sich ekeln, was Sie ablehnen. Wenn Sie glauben, dass es äußerliche Einflüsse sind, dann seien Sie sicher, dass sie Ihnen nur widerspiegeln, was Sie an sich selbst ablehnen. Sie sind aufgefordert, sich mit all Ihren Gedanken, Wünschen und Gefühlen auszusöhnen. Erlauben Sie sich alle sexuellen Bedürfnisse – es gibt nichts Unreines, es sei denn, Sie machen es dazu.

## Herzprobleme

Seit jeher ist das Herz das Symbol für die Liebe, die Kraft, die uns unser ganzes Leben antreibt. So wie das Herz für den Körper der Motor ist, so ist die Liebe der Motor unseres wahren Seins. Ohne Liebe können wir nicht leben. Das Herz trägt die Lebenskraft in alle Bereiche. Das Herz lässt sich willentlich nicht steuern, es ist mit unserem Kopf nicht zu beeinflussen. Genauso wenig können wir die Liebe kontrollieren. Wie eng das Herz mit unseren Gefühlen verbunden ist, zeigen viele Ausdrücke und Redewendungen unserer Sprache: Das Herz hüpft vor Freude oder es schnürt sich aus Angst zusammen. Es liegt uns etwas auf dem Herzen oder das Herz lacht. Wir sprechen von kaltherzigen, herzlosen und warmherzigen Menschen.

Vor allem reagiert unser Herz in seinem Rhythmus sehr stark auf emotionale Bewegungen. Alle Störungen des Herzens beruhen auf dem Nichtbeachten unserer wahren Gefühle. Beim Herzinfarkt sterben Bereiche des Herzens wegen mangelnder Blutversorgung ab und gefährden das Leben. Es ist ein fortgeschrittenes Stadium und eine ausdrückliche Warnung, sein Herz zu beachten. Wer nicht auf sein Herz hört, den macht das Herz auf sich aufmerksam. Nur die Angst ist es, die viele davon abhält, ihrem Herzen zu folgen. Sie haben Vorstellungen und Überzeugungen, die es ihnen nicht erlauben, ihren wahren Wünschen Raum zu geben, damit sie Realität werden können. Die Liebe, unser wahres Wesen, will uns genau dorthin führen, wo uns unsere tiefste Sehnsucht hinzieht. Unser Kopf weiß aber nicht, wie man dahin kommt. Deshalb lässt sich unser Herz, die Liebe, nicht von dem Kopf beeinflussen, und das ist auch sehr gut so. Das mangelnde Vertrauen in die Liebe lässt viele zögern, den Weg des Herzens zu gehen.

## Was ist zu tun?

Bei allen Herzproblemen sollten Sie zuerst einmal eine Bestandsaufnahme Ihres Lebens machen. Was tun Sie alles, was tun Sie nicht, was möchten Sie gerne verändern, was wünschen Sie sich wirklich usw.? Wenn Sie dieses ganz offen und ehrlich tun und dabei alle „Wenn“ und „Aber“ beiseite lassen, dann wird Ihnen wahrscheinlich bewusst werden, dass Ihr derzeitiges Leben nicht mit dem übereinstimmt, was Sie wirklich wollen. Machen Sie sich bewusst, was Sie sich wirklich wünschen, erlauben Sie sich zu träumen. Schenken Sie Ihren wahren Bedürfnissen und Ihren wirklichen Gefühlen Beachtung, hören Sie wieder auf Ihr Herz. Erkennen Sie, dass es Ihr mangelndes Vertrauen ist, das Sie bis heute davon abgehalten hat. Jedes Herzproblem ist die Aufforderung, sein wahres Wesen, sich selbst zu lieben – seinem Herzen zu folgen.

## Impotenz

Die Ursachen für die Impotenz sind in den seltensten Fällen organisch bedingt. Gerade in der Sexualität wird der Einfluss der Psyche auf den Körper sehr deutlich. Die unbewusste Ablehnung der Partnerin kann eine Ursache sein, hinter der sich manchmal auch eine generelle Ablehnung des Weiblichen verbirgt. Genauso kann die Angst vor der eigenen Kraft, also der männlichen Komponente, die Ursache für die Impotenz sein. Schuldgefühle, etwas Schmutziges oder etwas Unmoralisches zu tun, stehen dem Mann in der Sexualität genauso im Wege wie der Frau. Am häufigsten liegt das Problem aber in dem Leistungsdruck, dem sich viele Männer unterwerfen. Überall kann er hören, lesen und sehen, wie ein toller Liebhaber sein soll. Hier spiegeln sich seine eigenen Minderwertigkeitskomplexe und Vorstellungen von einem perfekten Mann wider. Er meint, seiner Partnerin, und damit eigentlich sich selbst, etwas beweisen zu müssen. Dieser Druck bzw. die Angst zu versagen, die dahinter steht, ziehen genau das an, was er auf keinen Fall will und ablehnt: Er versagt.

### Was ist zu tun?

Vor allem ist es wichtig, die Überzeugung zu erkennen, die zu der Impotenz führt. Erst wenn Sie sich erlauben, auch einmal zu versagen, und erkennen, dass es etwas ganz Normales ist, können Sie Ihre Angst davor loslassen. Vielleicht wird es Ihnen dann nie wieder passieren, aber selbst wenn, ist es für Sie dann ja kein Problem mehr. Sprechen Sie mit Ihrer Partnerin über Ihre Wünsche, Gefühle und Probleme. Eine erfüllte Sexualität werden Sie nur erleben, wenn Sie sich vertrauensvoll fallen und gehen lassen können. Lassen Sie alle Ihre Vorstellungen los, wie es sein sollte, und lassen Sie sich ganz von Ihren Gefühlen leiten. Das macht die körperliche Liebe so faszinierend und gibt ihr immer wieder neue Ausdrucksformen.

## Infektionen (allgemein)

Jede Infektion ist eine Auseinandersetzung in unserem Körper, ein kleiner Krieg, der durch kleine Erreger entflammt wird. Das vorhandene Ungleichgewicht entzündet sich und es kommt zu einer heftigen Reaktion. Die Abwehrschwäche, die den meisten Infektionen vorausgeht, steht für das psychische Ungleichgewicht. Erst dann kann es zu einer Entzündung kommen. Wer Auseinandersetzungen ausweicht, bekommt dieses auf der körperlichen Ebene bewusst gemacht. Jede Infektion zeigt, dass ein psychischer Konflikt nicht gelöst wurde. Häufig hilft die Erkrankung, das Problem auf allen Ebenen zu lösen. Sie zwingt uns zur Ruhe, in der sich der Konflikt deutlich zeigt und man der Auseinandersetzung nicht aus dem Weg gehen kann. Welcher Konflikt dahinter steht, verrät das Organ bzw. Körperteil, in dem die Entzündung lokalisiert ist. Bei einer akuten Entzündung steht auch ein aktuelles Problem dahinter, während ein chronisches Geschehen ein anhaltendes ungelöstes Problem anzeigt.

### Was ist zu tun?

Wenn Sie sich dem Konflikt nicht freiwillig stellen, wird der Körper Sie weiterhin schmerzhaft darauf aufmerksam machen. Nehmen Sie sich einfach etwas Zeit und Bereitschaft, das Problem wirklich anzuschauen. Fragen Sie sich selbst, in welchen Bereichen Ihres Lebens es nicht stimmig ist, und machen Sie sich dabei auch bewusst, warum Sie dem Konflikt bisher ausgewichen sind. Letztlich ist es immer eine innere Auseinandersetzung, wie es die Entzündung ja schon zeigt, die sich natürlich in den äußeren Lebensumständen widerspiegeln kann.

# Juckreiz

Juckreiz haben wir meistens an der Hautoberfläche, dem Kontaktorgan des Körpers. Etwas, das herausgelassen werden will, macht auf sich aufmerksam. Der Juckreiz fordert uns auf, das Verdrängte endlich an die Oberfläche zu lassen. Wir kratzen uns am Kopf, wenn wir eine Lösung auftauchen lassen wollen, und so fordert uns der Juckreiz auf, Ungewolltes endlich zuzulassen. Das Kratzen steht symbolisch für Graben oder Scharren, mit dem man etwas an die Oberfläche holt. Ein Thema juckt mich. Es lässt mich nicht kalt, was durch den brennenden Schmerz des Juckreizes deutlich wird.

**Was ist zu tun?**

Der Reiz fordert auf, sich so lange mit dem Problem zu beschäftigen und so lange nach einer Lösung zu suchen, bis man sie gefunden hat. Der Juckreiz lässt nicht nach und wird sogar noch schlimmer, wenn ich ihm nur auf der körperlichen Ebene entgegentrete. Er fordert mich damit auf, woanders nach der Lösung zu suchen: im Bewusstsein.

## Karies

Karies nimmt den Zähnen ihre Festigkeit, sie verlieren an Härte. Diese brauchen die Zähne aber, um die Nahrung zerkleinern zu können und sie für die weitere Verdauung vorzubereiten. Mangelnde Festigkeit der Zähne zeigt uns, dass es uns an Festigkeit des Willens fehlt. Man ist nicht bereit, sich mit den Problemen auseinander zu setzen, Härte zu zeigen und Widerstand zu leisten. Wenn wir unsere Möglichkeiten nicht nutzen und Schwierigkeiten aus dem Weg gehen, dann spiegelt uns das der Körper wider, indem er sein Potenzial, die Dinge zu verarbeiten und sich durchzubeißen, einbüßt: Karies. Nun kann nur noch leichte Kost aufgenommen werden. Probleme und Schwierigkeiten können nicht mehr verarbeitet werden.

### Was ist zu tun?

Wenn Sie erkannt haben, dass Ihre Zahnprobleme auf Ihren Umgang mit Konflikten zurückzuführen sind, dann wissen Sie, was zu tun ist. Beißen Sie sich durch. Es gibt keine Aufgabe und kein Problem, das nicht zu lösen ist. Finden Sie die Überzeugungen und Ängste in Ihrem Bewusstsein, die Sie bis heute daran gehindert haben, sich durchzubeißen. Fangen Sie mit kleineren Aufgaben an, denen Sie bisher aus dem Weg gegangen sind, und stärken Sie so Ihr Selbstvertrauen. Ihr Körper wird Sie mit Gesundheit und Durchsetzungsvermögen belohnen.

## Knochenbrüche

Der Knochen ist nach den Zähnen die härteste Substanz im Körper. Er gibt dem Körper Form und Halt und ermöglicht seine vielfältigen Bewegungen. Bis zu einem gewissen Grad ist er elastisch und passt sich den veränderten Anforderungen an. Ein Knochenbruch symbolisiert den Bruch einer alten Situation. Auch wenn er durch eine scheinbare äußere Einwirkung zustande kommt, bezieht er sich immer auch auf innere Zusammenbrüche. Wenn wir uns innerlich zu sehr versteift und unsere Flexibilität eingebüßt haben, dann brechen wir schneller zusammen. Im Alter werden viele Menschen zunehmend unflexibler. Das zeigt sich im Körper, indem die Knochen an Elastizität verlieren und damit wesentlich brüchiger werden. Der innere Halt geht verloren. Der Knochenbruch zwingt uns erst mal zur Ruhigstellung. Das Weitermachen in alter Form ist vorerst nicht möglich. Die Ruhe gibt die Möglichkeit, sich der brüchigen Verhältnisse bewusst zu werden.

### Was ist zu tun?

Folgen Sie der Aufforderung Ihres Körpers, nicht mit dem Alten wie gewohnt weiterzumachen. Erkennen Sie, wo Sie unflexibel reagieren und in welchem Bereich Ihres Lebens ein Bruch notwendig wurde. Machen Sie sich die Hintergründe Ihrer zögernden und unflexiblen Vorgehensweise bewusst und folgen Sie dann mutig und voller Vertrauen Ihrer inneren Stimme.

## Kopfschmerz (Migräne)

Die akuten Kopfschmerzen zeigen uns, dass wir im Moment zu viel im Kopf sind und nicht auf unsere Gefühle hören. Wir versuchen, Schwierigkeiten und Probleme im Kopf zu lösen, anstatt unser Herz zu fragen. Die Vorstellung, wie etwas sein soll, ist stärker als das Vertrauen in die eigenen Gefühle. So grübeln und denken wir, bis die Leitung heißläuft. Der Kopfdruck zeigt, wie sehr man sich unter Druck setzt, um seinen Vorstellungen und Ansprüchen gerecht zu werden. Perfektionsdrang hört nicht auf die Gefühle, sondern verfolgt seine Vorstellungen. Alle diese Ansprüche, Gedanken und Vorstellungen entstehen im Kopf, sie sind Produkte unseres Verstandes. Unseren Druck schaffen wir also im Kopf; so ist es kein Wunder, dass der Körper dieses zum Ausdruck bringt. Die Kopflastigkeit wird bald zur schmerzhaften Last. Chronische Kopfschmerzen, die immer wieder auftauchen, sind Ausdruck eines ständigen Druckes, unter dem sich der Betroffene befindet. Er macht sich diesen Druck aber selber, indem er sich gegen seine Gefühle wehrt und versucht, das Problem auf der Kopfebene zu lösen und wegzureden.

Verdrängte Sexualität ist häufig als Ursache für Migräne zu finden. Um sich mit diesem oder anderen Problembereichen, seinen Gefühlen und wahren Bedürfnissen nicht auseinander setzen zu müssen, versucht man, sie intellektuell zu bearbeiten. Man schafft sich Meinungen und Bewertungen, um seine Handlungsweise zu rechtfertigen. Dass dieses nicht funktioniert, zeigt der Kopfschmerz. Der Verstand ist ein sehr wichtiges Werkzeug, aber er sollte niemals zum Direktor werden. Das Herz, der Sitz der Liebe, ist unser wahres Zentrum. Nur unter der Führung des Herzens werden wir glücklich und in Frieden leben.

## Was ist zu tun?

Bringen Sie Kopf und Herz wieder ins Gleichgewicht. Lassen Sie die Vorstellungen los, wie Sie sein sollen oder was Sie zu tun haben. Wenn Sie sich nicht mehr unter Druck setzen, dann werden Sie auch keinen Kopfdruck mehr haben. Hören Sie auf, danach zu leben, wie es andere vielleicht von Ihnen erwarten. Ihr Herz und Ihre Gefühle sagen Ihnen, was Sie wirklich wollen, und verhelfen Ihnen dazu, wirklich glücklich zu werden.

## Krampfadern

Krampfadern fehlt die nötige Spannung, so dass sie ihre Aufgabe, das Blut in Fluss zu halten, nicht optimal gewährleisten. Der Lebensfluss ist beeinträchtigt, es kommt zu Stauungen und Verkrampfungen. Krampfadern deuten auf eine innere verkrampfte und versteifte Haltung. Flexibilität und innere Spannkraft fehlen.

**Was ist zu tun?**

Damit die Lebensenergie ungestört fließen kann, sollten Sie sich Veränderungen schnell anpassen können. Dazu ist eine gewisse Flexibilität nötig. Gleichzeitig müssen Sie die Lebensenergie aber auch ausrichten, wenn Sie Ihre Ziele erreichen wollen. Dazu benötigen Sie die erforderliche Spannkraft, die aber immer einen gewissen Spielraum offen hält. In welchem Bereich Ihres Lebens sind Sie unflexibel bzw. wo fehlen Ihnen die Klarheit und Ausdauer, die Sie Ziele erreichen lässt?

## Krebs

Beim Krebs wachsen und vermehren sich die Zellen eines Organs unkontrolliert. Sie wuchern und verteilen sich über den Körper (Metastasierung). Die Krebszellen entziehen dem Körper die Nährstoffe und schränken Funktionen anderer Organe durch ihre Ausdehnung ein. Die Krebszellen nehmen keine Rücksicht auf den übrigen Organismus, obwohl sie sich mit diesem Verhalten selbst vernichten: Wenn der Körper stirbt, hat die Krebszelle keine Lebensgrundlage mehr. Überträgt man dieses Verhalten auf den Menschen, dann wird klar, warum Krebserkrankungen in den zivilisierten Ländern zunehmen. Es ist das egoistische Verhalten des Menschen, der nur seinen eigenen Vorteil sucht und dabei vergisst, dass er mit allem untrennbar verbunden ist. Wenn wir die Natur aussaugen, nur um uns zu bereichern, dann werden wir am Ende mit ihr zugrunde gehen. Krebs spiegelt dem Betroffenen auf der körperlichen Ebene nur sein eigennütziges Bewusstsein wider. Die Krebszelle erkennt nicht, dass sie ein Teil des Ganzen ist und dass alles, was dem Ganzen widerfährt, auch sie betrifft.

### Was ist zu tun?

Erkennen Sie, dass Sie ein Teil des Ganzen sind. Alles, was Ihnen im Außen begegnet, ist ein Teil von Ihnen. Sie sind untrennbar mit allem verbunden. Der Ort und die Verhältnisse des Krebsgeschehens geben Auskunft über das Thema, in dem Sie sich vom Ganzen getrennt haben, um Ihre Wege zu verfolgen. Bei der Krebszelle nimmt der Kern, die Steuerzentrale, immer mehr Bedeutung an. Genauso wird die Einstellung des Menschen von Kopflastigkeit charakterisiert. Das Herz, die Liebe, wird nur als zweitrangig betrachtet. Liebe ist das Symbol für Einheit. Hier liegt der Schlüssel für die Heilung. Krebs kann man nur heilen, wenn man sich wieder auf das Herz besinnt. Nicht zufällig ist das Herz das einzige Organ, das vom Krebs nicht befallen wird.

## Kreislaufstörungen

Der Kreislauf reguliert die Verteilung des Blutes, das symbolisch für die Lebensenergie steht. Kreislaufstörungen sind also immer ein Zeichen, dass unsere Lebensenergie nicht im Fluss ist. Ein niedriger Blutdruck zeigt, dass keine oder wenig Energie benötigt wird. Es besteht keine Motivation für Aktivitäten. Der anhaltende niedrige Blutdruck deutet auf generelle Lebensunlust und Widerwillen gegen irgendwelche Aktivitäten hin. Im Gegensatz dazu steht der Bluthochdruck für eine übertriebene Aktivität. Hier wird dem Körper und der Seele keine Ruhe gegönnt. Entweder steht man unter ständigem Leistungsdruck, weil man meint, etwas beweisen zu müssen, oder man läuft vor den eigenen Problemen davon. Solange man aktiv und beschäftigt ist, werden verdrängte Probleme nicht laut.

Periphere Durchblutungsstörungen bei den Händen weisen darauf hin, dass man nicht handeln will oder Angst davor hat und sich nicht traut. An den Füßen zeigen sie, dass man entweder nicht weitergehen will oder sich aber an dem Ort, wo man sich befindet, nicht wohl fühlt.

Beim Kreislaufkollaps versackt das Blut in der Peripherie, so dass die lebenswichtigen Organe nicht ausreichend mit Blut versorgt werden. Ein starker Impuls oder Schock bringt das Gleichgewicht durcheinander, das System zum Zusammenbrechen. Menschen, die schnell in Ohnmacht fallen und einen Kollaps bekommen, zeigen, dass sie ein sehr labiles inneres Gleichgewicht haben. Sie glauben, mit den Problemen nicht fertig werden zu können, und ziehen sich in die Ohnmacht zurück. Sie fühlen sich schwach und hilflos.

## Kurzsichtigkeit

Bei dieser Erkrankung kann man Dinge, die in der Feme liegen, nicht deutlich und klar erkennen. Kurzsichtigkeit deutet also auf eine mangelnde Weitsicht hin. Dies kann in Furcht vor der Zukunft oder aber auch in der Unwilligkeit, nach vorne zu schauen, begründet sein. Besonders häufig ist sie deshalb auch bei Jugendlichen anzutreffen, die nur das interessiert, was sie direkt umgibt, und denen die Weitsicht noch fehlt. Normalerweise ist unser Auge auf die Weite eingestellt. Erst durch Muskelkraft, also Anspannung, kann man sich auf die eigene Nähe konzentrieren. Im entspannten Zustand verfügen wir also über ein weites Gesichtsfeld, während die Anspannung uns mehr auf unser nahes Umfeld ausrichtet. Gleichzeitig zwingt uns die Kurzsichtigkeit, auf sich selbst zu schauen, um das Naheliegende zu erkennen.

### Was ist zu tun?

Folgen Sie der Aufforderung der Krankheit und erkennen Sie, was Sie davon abhält, sich zu entspannen, um nach vorne zu schauen. Was wollen Sie nicht sehen? Was hält Sie davon ab, über Ihre kleine Welt hinaus den Blick auf das Ganze zu werfen? Wenn Sie zu sehr auf sich bezogen sind, entgeht Ihnen vieles von dieser wunderschönen Welt.

## Lähmung (allgemein)

Hinter jeder körperlichen Lähmung steht immer eine geistig-seelische Unbeweglichkeit. Der Teil des Körpers, der gelähmt ist, gibt dabei den Hinweis auf die Art der Unbeweglichkeit. Sind die Beine gelähmt, zeigt das, dass ich nicht weitergehen will. Bei einer Lähmung der linken Körperhälfte will ich entweder nicht auf mein Gefühl hören oder meine Gefühle nicht ausdrücken. Ist die rechte Seite gelähmt, lehne ich den Verstand und das Außen ab. Über das Gesicht konfrontieren wir uns mit dem Leben und zeigen uns. Eine Gesichtslähmung deutet darauf hin, dass ich mich nicht zeigen will.

**Was ist zu tun?**

Bei einer Lähmung hat man sich unbewusst entschieden, die Kontrolle über und die Beweglichkeit eines bestimmten Teils abzugeben. Dahinter steht immer eine Angst vor den möglichen Folgen dieser Bewegung. Erkennen Sie also, wovor Sie sich fürchten. Fragen Sie sich z. B. bei einer Gesichtslähmung, was Sie von sich nicht zeigen wollen. Seien Sie sich bewusst, dass Sie der Schöpfer sind und sich jede Lebenssituation selbst erschaffen haben. Jede Krankheit ist nicht nur ein Ausdruck einer geistigen Haltung, sondern gleichzeitig auch ein Weg zur Heilung. Manchmal mag der Körper irreversibel geschädigt sein, während auf der geistigen Ebene noch Heilung geschieht.

## Leistenbruch

Der Leistenbruch entsteht, wenn der Druck im Bauch zu groß wird. Dieses passiert häufig bei Überanstrengung und zu schwerem Heben. Man hat sich einen Bruch gehoben, sich übernommen. Im übertragenen Sinne heißt das, dass man einem psychischen Druck nicht gewachsen ist. Im Leistenbruch kann sich auch eine Überheblichkeit ausdrücken.

### Was ist zu tun?

Hier gilt es, den seelischen Druck zu erkennen, dem man ausgesetzt und offensichtlich nicht gewachsen ist. Letztlich machen wir uns den Druck immer selber. Er ist ein Produkt unseres Denkens, unserer Bewertungen und Überzeugungen. Wenn wir uns nicht gut genug sind, uns nicht annehmen, wie wir sind, dann machen wir uns Druck, weil wir anders sein wollen. Immer wieder werden wir vom Leben dazu ermuntert, uns anzunehmen und zu lieben. Alle Probleme liegen nur in dem Unvermögen, sich selbst zu lieben.

## Magenschleimhautentzündung (Gastritis)

Der Magen dient der Verdauung und bedient sich dabei der Magensäure. Durch unverträgliche Nahrung wird der Magen auf Dauer gereizt. Der Magen reagiert aber auch, wenn wir Probleme, Ängste, Hass, Aggressionen und Sorgen runterschlucken, die uns auf Dauer „sauer" machen. Ebenso verträgt er keine zu heißen und zu kalten Speisen, wie uns auch im Leben extreme Situationen auf Dauer nicht gut tun. Eine Dauerreizung im Leben, wie beim Stress der Fall ist, können wir auch nur eine gewisse Zeit verkraften. Die Gastritis zeigt uns also, dass wir Unverdauliches in uns hineinfressen oder uns im Leben mit Situationen konfrontieren, die uns dauernd reizen.

**Was ist zu tun?**

Schlucken Sie nicht alles hinunter, sondern setzen Sie sich mit Ihren Konflikten auseinander, dann werden sie besser verträglich. Gleiches gilt für Ihre Gefühle, besonders für die anscheinend negativen Gefühle wie Hass, Wut und Aggression, die ausgedrückt werden wollen. Fragen Sie sich, warum Sie sich nicht trauen, Ihre Gefühle des Ärgers auszudrücken. Oft sind es die Angst vor Ablehnung und die eigene negative Bewertung dieser Gefühle. Hass, Wut und Zorn gehören genauso zum Leben wie Freude und Liebe, sie sind Bestandteil dieser polaren Welt. Alles, was ich ablehne, ziehe ich an. Erst wenn ich alles als einen Teil von mir erkannt und angenommen habe, kann ich es loslassen.

## Magersucht

Magersüchtige lehnen alles Irdische ab. Sie haben ein sehr hohes Ideal von Reinheit, so dass sie nicht nur das Essen, sondern auch die Sexualität ablehnen. Menstruationsbeschwerden oder das völlige Ausbleiben der Regel sind begleitende Symptome der Magersüchtigen. Sie haben Angst vor Nähe und ziehen das Alleinsein vor. Das Wenige, was Sie essen, ist selten Süßes, worin sich die Ablehnung des Genusses widerspiegelt. Diese Einstellung kommt aus ihren Überzeugungen, die nicht selten im Widerspruch zu ihren körperlichen Bedürfnissen stehen. Viele sehnen sich in Wahrheit nach Befriedigung all ihrer Bedürfnisse, können dieses aber nicht zulassen, weil es ihrem hohen Ideal nicht entspricht. So überfällt sie gelegentlich der Heißhunger, dem sie sich nicht widersetzen können. Zur Beruhigung und Wiederherstellung der Reinheit erbrechen sie das Essen wieder. Hinter jeder überzogenen Abwehrhaltung steht die Sehnsucht. Die eigenen Vorstellungen und Werte erlauben dieses nicht. Der Kopf will das Herz kontrollieren.

### Was ist zu tun?

Voraussetzung für jede Heilung ist die Bereitschaft, wirklich etwas verändern zu wollen. Die Magersüchtige sollte erkennen, dass das, was im Außen abgelehnt wird, nur zeigt, dass sie etwas in sich ablehnt. Das Glück und den Frieden, die jeder sucht, finden wir aber nur, wenn wir uns ganz annehmen und uns lieben. Akzeptieren Sie Ihre Bedürfnisse, sie sind Ihnen vom Leben gegeben und sind Teil einer vollkommenen Schöpfung. Fühlen Sie in sich hinein, nehmen Sie Ihre Wünsche wahr, sie sind die Wegweiser zum Glück. Erkennen Sie, dass Ihre Bedürfnisse Ihrem hohen Ideal nach Reinheit nicht im Weg stehen. Im

Gegenteil – es sind reine Bedürfnisse; unreine Bedürfnisse entstehen nur durch unsere Bewertung. Nichts in der ganzen Schöpfung ist unrein, es sei denn, Sie machen es dazu.

## Mandelentzündung

Die Mandeln dienen der Abwehr und filtern aus der Nahrung und der Luft das, was nicht aufgenommen werden soll. Sie können dabei stark anschwellen und damit das Schlucken erschweren und sehr schmerzhaft machen. Die Mandelentzündung zeigt, dass man sich gegen das Aufnehmen wehrt. Man will etwas nicht schlucken, nicht wahrhaben. Man weicht einem Konflikt aus. Der Vorgang des Schluckens steht für die Bereitschaft, etwas in sich aufzunehmen und zu integrieren.

### Was ist zu tun?

Welcher Auseinandersetzung wollen Sie sich nicht stellen? Wogegen wehren Sie sich im Moment? Wenn Sie das herausgefunden haben, sollten Sie nach den Hintergründen Ihres Verhaltens forschen. Was hindert Sie daran, sich der Situation zu stellen? Meistens ist es die Angst, damit nicht klarzukommen oder etwas falsch zu machen. Wenn Sie sich dem Konflikt stellen, wird Ihnen von selbst bewusst, was Sie bisher davon abgehalten hat, die Probleme anzugehen. Durchleben Sie es, damit Sie erkennen, dass Ihre Ängste unbegründet waren. Ihnen kann in Wirklichkeit nie etwas geschehen.

## Menstruationsbeschwerden

Störungen und Beschwerden bei der Menstruation treten bei vielen Frauen regelmäßig auf. Sie weisen darauf hin, dass ein bestimmter Aspekt des Frauseins unbewusst abgelehnt wird. Der Körper zeigt dieses deutlich, damit im Bewusstsein eine Veränderung geschehen kann. Dabei kann die Weiblichkeit grundsätzlich abgelehnt werden oder Widerstände gegen die Rolle als Mutter können der auslösende Faktor sein. Die Mutterrolle steht symbolisch für die Demut, für die Bereitschaft, den Eigenwillen aufzugeben und sich dem Neuen hinzugeben.

### Was ist zu tun?

Gerade wenn Sie regelmäßig unter Menstruationsbeschwerden leiden, sollten Sie einmal ehrlich Ihre Beziehung zum Frausein untersuchen. Vergessen Sie dabei nie, dass das Leben Sie nicht bestrafen will, sondern Ihnen nur helfen will, Ihr wahres Sein zu erkennen, damit Sie glücklich werden können. Fragen Sie sich auch, ob Sie ein erfülltes Sexualleben haben oder ob Sie in diesem Bereich die eigenen Bedürfnisse und Wünsche nicht zulassen können. Stehen Sie zu Ihrer Weiblichkeit, dann werden auch Ihre Menstruationsbeschwerden überflüssig.

## Multiple Sklerose

Das Krankheitsbild der multiplen Sklerose äußert sich in eingeschränkter Bewegungsfreiheit, Starrheit des Körpers und Unsicherheit in den Muskeln. Sie tritt schubweise auf, wobei die Schübe sehr unregelmäßig und mit unterschiedlicher Intensität auftreten. Die Erkrankten zeigen, wie der Körper es zum Ausdruck bringt, eine verhärtete und starre Geisteshaltung. Unbeweglich und unverrückbar verharren sie auf ihren Standpunkten. In bestimmten Themen sind sie absolut uneinsichtig und unflexibel. Dieses Verhalten kann so ausgeprägt sein, dass dieser Mensch schon auf den ersten Blick Kälte und Härte vermittelt. Allerdings gibt es auch einen Menschentyp, der einen ganz anderen Eindruck macht. Er ist freundlich, herzlich und scheint mit dem erstgenannten Typ nichts gemeinsam zu haben. Seine Starrheit und Verhärtung machen sich nur in einem Teil seines Lebens bemerkbar.

### Was ist zu tun?

Multiple Sklerose macht schmerzhaft darauf aufmerksam, dass die starre Haltung aufgegeben werden soll. Hinter jeder verhärteten Einstellung steht die Ablehnung eines anderen Bereiches. Der Betroffene lehnt Teile seines Seins kategorisch ab. Dies gilt es zu erkennen und die Vorstellungen und Ängste, die zu dieser ablehnenden Haltung führen, loszulassen.

## Muskelkrämpfe

Unsere Muskeln dienen der Bewegung des Körpers. Eine Verkrampfung verhindert die normale Bewegung, ist sehr schmerzhaft und verbraucht sehr viel Energie. Der Körper weist uns auf eine innere Verkrampfung hin, die häufig in Zusammenhang mit dem Erreichen unserer Ziele steht. Wie einseitige Belastung den Muskelkrampf hervorruft, so steht auch die Einseitigkeit unseres Denkens dem Ziel oft im Wege. Ein krampfhaftes Vorgehen, um irgendwelche Ziele zu erreichen, ist ineffektiv, kostet viel Energie und kann sehr schmerzhaft sein. Der Muskelkrampf macht uns darauf aufmerksam und zwingt uns zur Entspannung.

**Was ist zu tun?**

Gibt es Bereiche in Ihrem Leben, in denen Sie mit Zwang und Widerwillen versuchen, ein Ziel zu erreichen, oder verfolgen Sie ein Ziel, ohne sicher zu sein, dass Sie es wirklich wollen? Wenn Sie häufig Muskelkrämpfe haben, sollten Sie sich diese Fragen stellen. Hinterfragen Sie Ihre Absichten und ergründen Sie die Motivation, die dahinter steht. Schauen Sie, ob Ihre Beweggründe aus Ihrem Herzen kommen oder ein Produkt Ihres wertenden Verstandes sind. Entscheiden Sie sich für den Weg des Herzens.

## Muskelschwund

Wenn die Muskeln nicht gebraucht werden, dann baut der Körper diese ab. Beim Muskelschwund zeigt der Körper, dass das Bewusstsein sich nicht bewegen will. Die innere Handlungsunfähigkeit bzw. der Widerwille, sich mit bestimmten Dingen auseinander zu setzen, werden vom Körper widergespiegelt. Ältere Menschen, die sich im Bewusstsein nicht mehr weiterentwickeln wollen, die nichts mehr dazulernen wollen und unflexibel sind, bringen dieses über ihren Muskelschwund sehr deutlich zum Ausdruck.

**Was ist zu tun?**

Erkennen Sie, dass Ihr Körper Sie auffordert, aktiv zu werden, sich mit dem Leben auseinander zu setzen. Wenn Sie dazu bereit sind, werden Sie auch die Hindernisse ausräumen können, die Sie zu diesem passiven Verhalten geführt haben. Mangelndes Selbstvertrauen, Angst zu versagen oder Zweifel, was es zu tun gibt, stehen meistens dahinter. Beginnen Sie Schritt für Schritt, damit Ihr Selbstvertrauen sich stärkt und Sie nicht gleich wieder aufgeben, weil Sie sich überfordert haben. Auch beim Muskeltraining geht es nicht von heute auf morgen. Wer übertreibt, bekommt einen Muskelkater.

## Nackenbeschwerden

Die Bewegungsfreiheit des Kopfes ist hier in der Regel eingeschränkt. Das Seitwärts- und Nachhintenschauen sind gar nicht oder nur unter Schmerzen möglich. Man kann nur in eine Richtung schauen, nach vorne. Dies ist ein Zeichen für eine unflexible und beschränkte Sichtweise, die hartnäckig verteidigt wird. Die Schmerzen zeigen, dass ein solches Verhalten uns nicht gut tut.

### Was ist zu tun?

In welchem Bereich Ihres Lebens zeigen Sie zur Zeit ein hartnäckiges Verhalten? Wo richten Sie Ihre Aufmerksamkeit nur nach vorne und lassen dabei rechts und links außer Acht? Forschen Sie nach den Ursachen dieses Verhaltens. Wollen Sie Recht haben? Haben Sie Angst, zu versagen oder etwas zu verlieren? Sind Sie zu ungeduldig? Entspannen Sie sich und werden Sie flexibler in Ihrem Verhalten. Schauen Sie sich um, vielleicht gibt es noch ganz andere Möglichkeiten und Wege, Ihr Ziel zu erreichen.

# Nervosität

Nervosität ist ein Zustand innerer Unruhe. Man fühlt sich aufgewühlt und aufgedreht und weiß nicht, wohin mit der Energie. So wie der Kaffee den Kreislauf anregt und ein Gefühl des Aufgedrehtseins hinterlässt, so ist der innere Stoffwechsel bei der Nervosität aufgedreht. Immer ist ein innerer Druck da, weil die Realität nicht so ist, wie man sie haben möchte. Entweder sucht man nach einer Lösung für ein Problem oder man versucht, seinen hohen Ansprüchen gerecht zu werden. Nervosität ist die Angst zu versagen, verbunden mit Perfektionismus. Daraus entsteht ein ständiger Druck, denn egal, wie man etwas gemacht hat, entweder kann man es noch besser machen oder die nächste Aufgabe wartet schon auf Erledigung.

**Was ist zu tun?**

Zuerst einmal sollten Sie die Idealvorstellungen und Ihren Perfektionismus loslassen. Wenn Sie in jedem Moment Ihr Bestes geben, dann sind Sie mit sich in Frieden und verspüren innere Ruhe, sofern Sie Ihre Erwartungen, hohen Ansprüche und Vorstellungen loslassen können. Wenn die Anforderungen von außen kommen, dann seien Sie sich bewusst, dass dies immer nur ein Spiegel Ihrer eigenen Anforderungen ist. Fragen Sie sich mal, warum Sie so perfekt sein wollen. Warum Sie sich nicht zugestehen, auch mal einen Fehler zu machen. Angst vor Kritik und Ablehnung sind auch nur ein Zeichen für die eigene Ablehnung. Letztendlich sind Sie aufgefordert, sich als ein vollkommenes und wundervolles Wesen zu erkennen und sich selbst zu lieben.

## Ohnmacht

Wer in Ohnmacht fällt, zeigt, dass er sich machtlos fühlt. Er ist ohne Macht. Er verliert das Bewusstsein, das – wie man daran deutlich erkennt – eng mit Macht verbunden ist. Macht ist das Potenzial, etwas zu machen. Wer sein eigenes Potenzial nicht anerkennt, will sich aus der Verantwortung ziehen. Er fühlt sich lieber als Opfer, als der Schöpfer seines Lebens zu sein. Dahinter steht mangelndes Selbstvertrauen, die Angst, alles falsch zu machen, zu versagen, oder die Überzeugung, nichts machen zu dürfen. Diesem Konflikt versucht man sich durch Ohnmacht zu entziehen.

**Was ist zu tun?**

Sie sind der Schöpfer Ihres Lebens. Ob Sie dies bewusst oder unbewusst tun, ändert an dieser Tatsache wenig. Sie können die Verantwortung für Ihr Leben nicht abgeben. Nehmen Sie deshalb diese wieder bewusst an. Manchmal trägt man schwer an der eigenen Verantwortung. Entscheidungen sind zu treffen, obwohl man die Folgen nicht kontrollieren kann. Man kann weder einem anderen noch den Lebensumständen mehr die Schuld geben, und auch so manche andere scheinbare Schwierigkeit ist zu bewältigen. Auf der anderen Seite bedeutet dieses die wirkliche Freiheit. Wir sind freie Wesen und können uns selbst aussuchen, was wir erfahren und erleben wollen.

## Ohrenschmerzen

Wenn wir etwas nicht mehr hören wollen, dann kann es sein, dass uns die Ohren schmerzen. Ist es das rechte Ohr, dann ist das ein Hinweis, dass wir uns mit einer Situation nicht konfrontieren wollen. Wir wollen nichts mehr davon hören. Das schmerzende linke Ohr zeigt uns, dass wir nicht auf unsere innere Stimme hören. Wir sind uns selbst gegenüber ungehorsam und geben den Stimmen im Außen zu viel Bedeutung. Mit der inneren Stimme ist die Stimme unseres Herzens gemeint.

### Was ist zu tun?

Fragen Sie sich, was Sie nicht mehr hören wollen bzw. warum Sie genug davon haben. Suchen Sie nicht mit dem Verstand nach Lösungen, er kann die Zukunft nicht vorhersehen. Fragen Sie Ihr Herz. Lauschen Sie nach innen und hören Sie auf Ihre innere Stimme. Sie ist der kompetenteste Ratgeber und will immer nur Ihr Glück.

## Parodontose

Das Zahnfleisch hat die Aufgabe, die Zähne zu stützen und ihnen den nötigen Halt zu geben, den sie für die Verarbeitung von Nahrung brauchen. Sie sind die erste Station bei der Verarbeitung und zeigen damit die Bereitschaft, sich mit dem Äußeren zu konfrontieren. Parodontose, eine Erkrankung des Zahnfleisches, bei der die schützende und Halt gebende Funktion eingebüßt wird, zeigt, dass es uns an innerem Halt fehlt. Uns fehlt der feste Halt, um uns mit den Aufgaben des Lebens erfolgreich auseinander zu setzen. Die empfindlichen Zahnhälse liegen durch den Rückgang des Zahnfleisches frei und reagieren auf den Kontakt mit der Außenwelt überempfindlich und schmerzhaft.

### Was ist zu tun?

Die Erkrankung zeigt eine Haltung des Bewusstseins, die sich mit Problemen und Konflikten nicht konfrontieren will. Fragen Sie sich nach den Ursachen. Warum weichen Sie zurück und wollen nicht mehr richtig zubeißen? Überwinden Sie Ihre Widerstände und Ängste und beißen Sie wieder richtig zu. Scheuen Sie sich nicht vor Konflikten, sondern nutzen Sie diese, um daran zu wachsen.

## Prostatabeschwerden

Die Prostata ist eine männliche Geschlechtsdrüse. Ihre Erkrankung deutet damit schon auf einen Konflikt im partnerschaftlichen oder sexuellen Bereich hin, wobei das eine vom anderen an sich nicht getrennt werden kann. Unabhängig von der Art der Erkrankung geht sie meistens mit Beschwerden beim Wasserlassen einher. Dieses zeigt im geistig-seelischen Bereich die Schwierigkeit des Loslassens. Gleichzeitig entsteht ein innerer Druck. Der mitunter stündliche Harndrang spiegelt die permanente Aufforderung zum Loslassen wider.

### Was ist zu tun?

Schauen Sie, wo Sie im partnerschaftlichen und sexuellen Bereich nicht im Einklang leben. Stimmen Ihre Wünsche und Bedürfnisse mit Ihrer Realität überein? Diese Kluft gilt es aufzulösen, indem Sie Ihre Vorstellungen von Partnerschaft und Sexualität loslassen. Lassen Sie sich auf das ein, was gerade in Ihnen und damit auch im Äußeren da ist. Wenn Sie Ihre Vorstellung, die Sie einengt, loslassen, dann kann sich der innere Druck auflösen und die Krankheit wird überflüssig.

## Polyarthritis

Obwohl die Polyarthritis die Beweglichkeit des Körpers einschränkt, ist bei den meisten Betroffenen eine körperliche Überaktivität zu bemerken. Der gemeinsame Charakter äußert sich in einer fleißigen, bescheidenen, fast aufopfernden Haltung. Die körperliche zwanghafte Überaktivität ist ein Spiegel für die übergewissenhafte und übermoralische geistige Einstellung. Die Ursache für diese Haltung liegt meistens im mangelnden Selbstvertrauen und in der Angst vor Ablehnung. Es ist eine geistige Enge und Unbeweglichkeit, die zur starren Haltung werden kann. Die körperliche Unbeweglichkeit und Steifheit, die mit der Polyarthritis einhergehen, zeigen also die wirkliche geistige Einstellung. Das zwanghafte Verhalten führt automatisch zu Aggressionen, die, wenn sie nicht ausgedrückt werden, auch den Körper blockieren.

### Was ist zu tun?

Auf allen Ebenen zeigt sich, dass der Betroffene die Einschränkungen loslassen soll. Es sind die selbsteinschränkenden Vorstellungen, wie man zu sein hat und was man tun muss. Diese haben ihren Ursprung in der Angst vor Konfrontation, vor Ablehnung und vor möglichen Fehlern. Wenn Sie weiterhin versuchen, es den anderen recht zu machen, werden Sie sich weiterhin einschränken. Sagen Sie Ja zu sich selbst, auch wenn es manchmal ein Nein zum anderen bedeutet.

## Rheuma

Rheuma ist ein Sammelbegriff für zahlreiche Krankheitsbilder, die mit schmerzhaften Veränderungen der Gelenke, des Gewebes und der Muskulatur einhergehen. Es sind akute oder chronische Entzündungen, die zu mehr oder weniger starken Einschränkungen der Beweglichkeit führen. Rheumatiker haben Schwierigkeiten im Umgang mit ihren so genannten negativen Gefühlen, also den Gefühlen, die sie selbst als schlecht, unreif oder menschenunwürdig bewerten. Die weite Verbreitung dieser Erkrankung zeigt, dass es ein generelles Problem unserer Gesellschaft ist, die zu Wut, Neid, Frustration, Ärger, Hass und Aggression eher ein ablehnendes Verhältnis hat.

Diese Haltung äußert sich in der Neigung, gerne zu kritisieren. Anstatt diese Gefühle anzunehmen und zum Ausdruck zu bringen, werden sie abgelehnt und verdrängt, also nicht rausgelassen. Diese nicht freigelassenen Energien führen im Körper zuerst zu Verspannungen, später lagern sie sich regelrecht ab. Sie entsprechen den nicht ausgeschiedenen Stoffwechselprodukten, die sich beim Rheumakranken als Ablagerungen in Gelenken und Geweben zeigen. Dieses führt zur Bewegungseinschränkung bis hin zur Steifheit, die nur die geistig festgefahrene, unbewegliche Einstellung widerspiegeln. Der Rheumakranke bewertet viel und hält an der Vorstellung von gut und böse fest. Da er seinen idealen Moralvorstellungen selbst nicht gerecht werden kann, belastet er sich zusätzlich noch mit Schuldgefühlen, die er durch eine übertriebene Hilfsbereitschaft und Aufopferung zu kompensieren sucht.

### Was ist zu tun?

Ausdrücken und Loslassen statt Runterschlucken und Ablagern – das ist der Weg zur Heilung. Lernen Sie, Ihre Gefühle ehrlich wahrzunehmen und so zu sein, wie Sie sich fühlen. Nur wenn Sie bereit sind, Ihr ganzes Sein anzunehmen, zu dem auch die so genannten Schattenseiten gehören, die weder gut noch böse sind, werden Sie Ihre Gefühle bereitwillig zum Ausdruck bringen. Hören Sie auf zu kritisieren. Sie kritisieren nur sich selbst. Sie sind vollkommen, so wie Sie sind. Haben Sie den Mut und leben Sie auch vollkommen, indem Sie alle Seiten Ihres Seins zeigen.

## Rückenprobleme

Die Wirbelsäule gibt dem Körper wie eine Säule Halt und Stütze. Sie ist Ausdruck unserer inneren Haltung. Gebeugte und aufrichtige Haltung beziehen wir automatisch auf die geistig-seelische Haltung. Der Rücken trägt die Last und folglich weisen Rückenprobleme häufig auf eine Überlastung hin. Das kann in allen Bereichen des Lebens sein, die alle auf eine innere Überlastung deuten. Manche laden sich eine zu große Last auf, sie überfordern sich. Anstatt es sich leicht zu machen, machen sie es sich schwer. Ihre Ansprüche orientieren sich an Idealen und Perfektionismus. Man kann nicht mehr ertragen, was man zu tragen versucht.

### Was ist zu tun?

Legen Sie die Last ab, indem Sie Ihre Vorstellung, wie etwas sein soll, loslassen. Fragen Sie sich, woran Sie so schwer tragen und warum Sie es sich nicht leicht machen. Was hindert Sie daran, das Leben zu genießen und in Leichtigkeit zu leben? Überprüfen Sie einmal alle Anforderungen und Aufgaben, die Sie sich selbst stellen, und lassen Sie alles los, wozu Ihr Herz nicht mit Freude Ja sagt. Manchmal liegt es auch nur an der Einstellung zu den Dingen oder an der Motivation. Auch hohe Ziele können dann mit Leichtigkeit erreicht werden.

## Schielen

Allein das Erkennen von Gegenständen ist für unser Leben nicht ausreichend. Das Verhältnis dieser Gegenstände zueinander macht eine Orientierung erst möglich. Das räumliche Sehen ist uns nur durch zwei Augen möglich, die die Verhältnisse von zwei verschiedenen Standpunkten wahrnehmen und ein gemeinsames Bild daraus machen. Der Schielende hat diese Fähigkeit verloren. Seine Augen arbeiten nicht mehr zusammen, wodurch das räumliche Sehen erheblich einbüßt. Gleichzeitig sieht er die Dinge doppelt, so dass er sich nachher auf das Ergebnis eines Standpunktes reduziert, d. h., nur das Bild eines Auges sieht. Ebenso verhält es sich mit der geistigen Sicht des Schielenden. Er will nur einen Standpunkt akzeptieren und lehnt andere Sichtweisen ab. Dadurch ist seine Sicht der Dinge stark eingeschränkt.

### Was ist zu tun?

Hier liegt die Aufforderung, die starre Sichtweise aufzugeben und das Leben aus verschiedenen Blickwinkeln zu betrachten. Erst in der Verbindung aller Standpunkte zeigt sich das Leben, wie es wirklich ist.

## Schilddrüsenüberfunktion

Die Schilddrüse aktiviert mit ihren Hormonen den ganzen Stoffwechsel. Die Atmung, der Verdauungsapparat, das Herz und der Kreislauf – alles wird aktiviert. So sorgt die Schilddrüse für mehr Vitalität und Wachheit. Sie bildet sozusagen den Treibstoff für den Körper, dessen Bedarf bei der Schilddrüsenüberfunktion erhöht ist. Dieses zeigt sich auch im Heißhunger der Betroffenen, die offensichtlich nicht genug Energie bekommen können. Die Überfunktion ist somit ein Symbol für Gier und Unersättlichkeit. Man versucht, ein Bedürfnis mit einem bestimmten Verlangen zu stillen, was offensichtlich nicht gelingt. Wer im Außen sucht, was nur im Inneren zu finden ist, wird lange suchen.

### Was ist zu tun?

Erkennen Sie, dass Sie alles, wonach Sie suchen, in sich tragen. Das Außen ist immer nur ein Spiegel des Inneren. Richten Sie Ihre Aufmerksamkeit nach innen und lassen Sie die Suche im Außen los. Jede Gier, jede Sucht sind immer Suche nach sich selbst. Nur in sich wird jedes Bedürfnis wirklich gestillt werden können. Wahren Frieden und wirkliches Glücklichsein finden Sie nur in sich selbst.

## Schlaflosigkeit

Die Nacht steht in dieser polaren Welt als Gegenpol zum Tag. Sie symbolisiert den Schatten, den Tod, das Unbewusste und für viele Menschen auch das Böse, die Unterwelt. Im Schlaf kommen die Schatten hoch; alles was ins Unterbewusste verdrängt wird, wird in der Nacht lebendig. Schlafstörungen zeigen eine unbewusste Angst vor diesen Schattenbereichen. Es wird nur der bewusste Pol des Seins angenommen, während die Nacht, das Unbewusste, abgelehnt wird. Aber wir können uns davon nicht trennen, es gehört zu uns. Darum können wir ohne Schlaf auch nicht lange leben. Wirklicher Schlafmangel als Dauerzustand ist selten. Der Körper holt sich den nötigen Schlaf: notfalls auch am Tage. Hinter dem Verlangen nach Schlaf – und das gilt besonders für Langschläfer – steht meist eine Flucht vor dem Leben. Angst vor dem Tod ist eine häufige Ursache bei Schlafstörungen. Wer seinen Verstand nicht abschalten kann, Probleme nicht loslassen kann, immer die Kontrolle behalten will, hat oft Schlafstörungen. Äußere Ursachen wie der Genuss von anregenden Getränken, Lärm oder anderes sind immer ein Spiegel für eine innere Ursache.

### Was ist zu tun?

Schlafmittel sind keine geeignete Lösung. Sie beseitigen nicht die Ursache und man hat festgestellt, dass die Qualität des Schlafes mit Schlafmitteln unzureichend ist. Wenn Sie unter Schlafstörungen leiden, sollten Sie nach der Ursache forschen. Akzeptieren Sie Ihre Schattenseiten und festigen Sie Ihr Vertrauen in das Leben. Nehmen Sie sich vor dem Zubettgehen Zeit und schließen Sie den Tag ab. Unerledigte Arbeiten, Probleme und Entscheidungen sollten Sie loslassen und auf den Tag verschieben. Schreiben Sie auf, was Sie am nächsten Tag oder in Zukunft erledigen wollen, damit Sie nicht mehr daran denken müssen und es loslassen können.

## Schlaganfall

Der Schlaganfall, der das Gehirn oder das Herz betreffen kann, wird körperlich durch eine Verengung der Blutgefäße ausgelöst. Es kommt zu einer Unterversorgung, die zum Absterben der entsprechenden Bereiche führen kann. Die Folgen des Hirnschlages sind sehr unterschiedlich, zwingen aber immer zu einer Veränderung der Lebensweise. Eine Einseitigkeit im Denken, die in den halbseitigen Lähmungserscheinungen des Körpers deutlich wird, steht dahinter und will korrigiert werden. Der Herzschlag weist dabei mehr auf ungelebte emotionale Bereiche hin. Vor allem die Unterdrückung und nicht erfolgte Verarbeitung von schwierigen Lebensphasen, oft sind es die Trennung von oder der Verlust eines geliebten Menschen, stehen hinter einem Herzschlag.

### Was ist zu tun?

Die Einseitigkeit gilt es aufzulösen. Finden Sie die Bereiche Ihres Lebens, mit denen Sie nicht ganz zufrieden sind, wo Sie gerne etwas verändern würden. Schauen Sie dabei auch auf die Vergangenheit. Sollte hier noch etwas sein, was Sie am liebsten nachträglich verändern möchten, ist das ein wichtiger Hinweis auf einen ungelösten Konflikt. Egal wie er sich darstellt, es ist meistens etwas, was Sie sich selbst nicht verziehen haben. Vorwürfe und Schuldzuweisungen an andere spiegeln nur die Selbstvorwürfe wider. Schließen Sie mit der Vergangenheit ab. Es gibt nichts, was Sie oder irgendjemand anderes falsch gemacht haben.

## Schmerz

Schmerzen sind immer eine Aufforderung, eine Änderung vorzunehmen. Jede Bewegung und jeder Ausdruck haben ihren Ursprung im Bewusstsein. So hat auch jeder körperliche oder emotionale Schmerz seinen Ursprung im Bewusstsein. Hier gilt es, etwas zu verändern. Schmerz steht für Unangenehmes, für etwas, das man nicht haben will, für das Nein zum Leben. Dieses Nein will in ein Ja verwandelt werden. Körperteil, Dauer, Intensität und Art des Schmerzes geben Auskunft über die Zusammenhänge und das Problem, das hinter dem Schmerz steht.

**Was ist zu tun?**

Etwas gegen die Schmerzen zu tun bedeutet wieder ein Nein und bewirkt genau das Gegenteil. Vielleicht lassen sich Schmerzen, körperlich oder emotional, eine Weile verdrängen, aber damit verändern Sie nicht die Ursache. Vor allem nehmen Sie sich dabei die Chance zu heilen. Denn jeder Schmerz ist schon ein Teil der Heilung. Wenn Sie Ja zum Schmerz sagen, sagen Sie Ja zu dem, was Sie abgelehnt und verneint haben. In dem Moment, wo Sie Ja sagen, hat der Schmerz seine Aufgabe erfüllt und kann gehen.

## Schnupfen

Schnupfen ist ein Hinweis für eine Überlastung. In der Redewendung „die Nase voll haben“ wird das treffend zum Ausdruck gebracht. Ist das Maß voll, läuft das Fass, die Nase, über. Mit einem Schnupfen kann man sich zurückziehen. Was man sich vorher nicht erlaubt hat, bewusst oder unbewusst, dazu zwingt der Körper einen nun. Die Nase als Symbol für feinstoffliche Wahrnehmung und Kontakt mit dem Außen zeigt bei einem Schnupfen, dass im zwischenmenschlichen Bereich ein Konflikt besteht. „Ich kann dich nicht mehr riechen“, sagt der Volksmund und macht das körperlich mit einer vollen Nase deutlich.

### Was ist zu tun?

Die laufende Nase zeigt, dass Reinigung bereits geschieht. Jedes Krankheitsbild ist schon Ausdruck von Heilung. Folgen Sie also der Aufforderung Ihrer Krankheit und lassen Sie den Druck ab. Was ist es, das Sie nicht mehr riechen können, und wovon haben Sie die Nase voll? Machen Sie sich selbst nicht so viel Druck, sondern hören Sie auf Ihre wahren Bedürfnisse, auch wenn das nicht immer Ihren Vorstellungen entspricht.

## Schuppenflechte (Psoriasis)

Die oberste Schicht der Haut ist verhornt und dient dem Menschen zum Schutz. Die Haut grenzt uns von der Umgebung ab und bildet gleichzeitig die Kontaktfläche zur Außenwelt. Bei der Schuppenflechte kommt es zu einer übermäßigen Verhornung, damit macht sich ein erhöhtes Schutzbedürfnis des Betroffenen deutlich. Er meint, sich vor der Umgebung und den anderen Menschen schützen zu müssen. Angst vor Verletzung, Enttäuschung und Ablehnung lassen ihn auf Distanz gehen. In Wahrheit sucht aber auch dieser Mensch Nähe, Wärme, Anerkennung und Zuneigung. Die aufplatzende Haut öffnet seinen Schutzpanzer und macht ihn verletzlich.

**Was ist zu tun?**

Wieder zeigen die Symptome, was es zu tun gibt. Sich zu isolieren und mit einem Panzer zu schützen ist keine Lösung und funktioniert nicht. Der Panzer bricht auf und fordert den Erkrankten auf, sich verletzlich zu machen und zu öffnen. Sicherheit, die man sucht, gibt es nicht. Seien Sie sich bewusst, dass die Ursache für Ihr Verhalten Ihr mangelndes Selbstvertrauen ist und Ihre Angst vor Ablehnung. Sie sind nicht minderwertig, auch wenn Sie es denken sollten. Öffnen Sie sich langsam und Schritt für Schritt, indem Sie sich mit Ihren Gedanken und Gefühlen zeigen und mitteilen. Je ehrlicher Sie sind, umso mehr Anerkennung, Wärme und Liebe wird Ihnen gegeben.

# Schwangerschaftsprobleme

Schwangerschaftsprobleme deuten auf einen meist unbewussten Widerstand gegen die neue Situation hin. Das muss nicht die Ablehnung des Kindes sein, sondern kann sich auf die veränderten Bedingungen beziehen. Die Figur verändert sich, Arbeits- und Lebensrhythmus werden anders und vieles mehr. Die äußerlichen Veränderungen spiegeln dabei nur die innere Entwicklung wider. Mit fast jeder Schwangerschaft und Geburt sind daher Konflikte und Probleme verbunden, die sich natürlich dann auch körperlich bemerkbar machen. Es wird nicht nur ein neues Kind geboren, sondern auch die Mutter geht aus dieser Phase verändert hervor.

**Was ist zu tun?**

Verurteilen Sie sich nicht für ablehnende Gedanken oder körperliche Widerstände. Sie sind absolut menschlich und zeigen nur, dass die Situation Sie herausfordert. Sagen Sie nicht nur Ja zur Schwangerschaft und dem Kind, sondern auch zu Ihren Schwierigkeiten und Ängsten. Seien Sie bereit, sich zu verändern und sich ganz auf das Neue einzulassen, dann benötigen Sie keine unangenehmen oder schmerzenden Hinweise mehr.

## Schwerhörigkeit

Der Schwerhörige kann nur noch laute Stimmen und Geräusche vernehmen. Die leisen Stimmen kann er nicht mehr wahrnehmen. Jedes Nichtkönnen heißt aber immer auch ein Nichtwollen. So sagt der Schwerhörige, dass er nicht mehr hören will. Was er nicht hören will, ist die innere Stimme, die leise Stimme seines Herzens. Gleichzeitig will er aber auch nicht mehr auf die anderen hören, nach denen er sich bisher gerichtet hat.

### Was ist zu tun?

Lassen Sie Ihre Vorstellungen los, wie etwas zu sein hat und wie es richtig ist. Es geht nicht darum, so zu sein und zu denken, wie es die Moral oder andere Menschen gerne hätten. Glücklich werden können Sie nur, wenn Sie Ihrem eigenen Sein entsprechend leben. Tun Sie, was Sie für richtig halten und was Ihnen entspricht. Hören Sie wieder auf die leise Stimme Ihres Herzens.

## Schwindel

Wem schwindelig wird, der verliert den Halt und die Orientierung. Er hat keinen klaren Blick mehr und ist nicht im Gleichgewicht. All diese körperlichen Erscheinungen entsprechen dem eigentlichen Problem, das dahinter steht, ganz genau. Der Betroffene ist von der Situation überfordert. Ihm fehlt der Durchblick, so dass er nicht weiß, wo er mit seinem Problem steht und in welche Richtung er sich bewegen soll. Er hat nichts, an dem er sich orientieren bzw. festhalten kann. Er droht zu stürzen und den Boden unter den Füßen zu verlieren.

**Was ist zu tun?**

Handelt es sich um einen einmaligen Fall, betrifft es genau die derzeitige Situation. Treten die Schwindelanfälle aber häufiger auf, dann steht ein generelles Problem dahinter. Wer nicht auf eigenen Füßen stehen kann, sagt nur, dass er nicht auf eigenen Füßen stehen will. Überfordern Sie sich nicht mit einer Situation, indem Sie diese überstürzt angehen, aber seien Sie gewillt, sie selbst zu meistern. Finden Sie den Halt in sich, in dem Vertrauen, dass Sie, wie jeder andere Mensch auch, mit jeder Situation fertig werden können. Es gibt kein Problem, das Sie nicht lösen könnten. Sie brauchen keine Stütze und keinen, der Ihnen zeigt, wo es langgeht.

## Sehnenscheidenentzündung

Die Sehnenscheidenentzündung entsteht durch Reibung bei überhöhter Aktivität. Es kommt zu einer Überreizung, die sich schmerzhaft und bewegungseinschränkend bemerkbar macht. Hier liegt entweder eine psychische Überlastung, eine Dauerreizung, vor, weil ein Widerwille gegen die derzeitige Tätigkeit da ist, oder der Körper will darauf hinweisen, dass er überreizt ist und jetzt endlich eine Pause braucht. Dieses gilt besonders für viele sportlich bedingte Sehnenscheidenentzündungen.

**Was ist zu tun?**

Fragen Sie sich, ob Sie die Tätigkeit, bei der Sie sich die Sehnenscheidenentzündung geholt haben, wirklich gerne tun. Wenn nicht, suchen Sie nach der Ursache. Wollen Sie Ihre Einstellung nicht ändern, dann sollten Sie diese Tätigkeit nicht mehr oder so wenig wie möglich ausführen. Ansonsten wird Ihnen Ihr Körper bald eine stärkere Aufforderung schicken. Sie sind hier, um ein glückliches Leben zu führen, und da will Sie Ihr Herz hinführen. Also hören Sie auf die Stimme Ihres Herzens, die sich manchmal den Körper als Sprachorgan ausleiht.

Waren der Sport oder das Hobby der Auslöser, also eine Tätigkeit, die Freude macht, dann sollten Sie sich fragen, ob Sie anderen Bereichen Ihres Lebens ausweichen, indem Sie sich in den Sport flüchten. Die Sehnenscheidenentzündung zwingt Sie zum Pausieren, so dass sich dieser verdrängte Bereich bemerkbar machen kann. Laufen Sie nicht wieder davon, indem Sie sich in eine andere Sache hineinstürzen, sondern lösen Sie den Konflikt, damit Sie nachher wieder mit Freude Ihrem Sport und Ihrem Hobby nachgehen können.

## Sodbrennen

Beim Sodbrennen verursacht überschüssige Magensäure, die in der Speiseröhre hochsteigt, ein brennendes Gefühl in Brust und Halsraum. Magensäure steht für die notwendige aggressive Kraft, die für die Verdauung erforderlich ist. Dieser Überschuss zeigt uns zum einen, dass wir uns gerade mit einem wichtigen Problem auseinander setzen, und zum anderen, dass wir dazu eine gewisse Aggression benötigen und einsetzen sollen. Überschüssige Magensäure ist das Symbol für angestaute Aggression. Es macht uns auf Dauer sauer.

### Was ist zu tun?

Hier gilt es, nicht weiterhin passiv zu sein, sondern die eigene Kraft zu nutzen, um sich durchzusetzen und das Problem zu lösen. Gerade in Konflikten mit anderen Menschen ziehen sich viele zurück aus Angst vor Konfrontation und Ablehnung. Doch beim Sodbrennen ist die Aufforderung eindeutig: sich durchzusetzen, damit man nicht innerlich aufgefressen wird.

## Star (grauer)

Aufgrund einer Stoffwechselstörung kommt es beim grauen Star zu einer Trübung der Hornhaut. Diese kann plötzlich auftreten und auch wieder schnell verschwinden. Je nach Grad der Erkrankung ist das Sehen mehr oder weniger eingeschränkt. Mit anderen Worten: Beim grauen Star ist der Blick getrübt. Man kann bzw. will die Dinge nicht mehr klar sehen. Es ist eine Art Flucht vor den Problemen, die der Körper deutlich macht. Mangelndes Vertrauen in die eigene Fähigkeit und die Angst, mit dem Problem nicht fertig zu werden, lassen so manchen lieber die Augen schließen.

**Was ist zu tun?**

Betrachten Sie einmal alle Bereiche Ihres Lebens und finden Sie heraus, wo Sie nicht ganz zufrieden sind. Das kann auch eine generelle Unzufriedenheit sein, die Sie schon längere Zeit begleitet. Nun öffnen Sie Ihre Augen und erkennen Sie, was Sie im Detail stört. Schauen Sie das Problem an und beginnen Sie, nach Lösungen zu suchen. Es gibt immer eine Lösung, aber nur, wenn man sie finden will, findet man Sie auch.

## Star (grüner)

Beim grünen Star handelt es sich um einen erhöhten Augeninnendruck, der zur Einschränkung des Gesichtsfeldes führt. Das Blickfeld kann bis zum so genannten Röhrensehen eingeengt werden. Der erhöhte Augeninnendruck zeigt den inneren Druck, unter dem der Betroffene steht. Sein Gefühlsstau wird durch die Blockade der Tränenkanäle symbolisiert. Er kann nicht mehr weinen, die nicht geweinten Tränen rauslassen. Zum eigenen Schutz, um sich nicht weiterhin mit dem Problem konfrontieren zu müssen, schränkt er sein Blickfeld ein, damit er es nicht mehr sieht. Er läuft mit Scheuklappen durch die Welt als Symbol seiner Ängstlichkeit. Meistens ist es die Folge eines ungelösten Konflikts, einer Trennung oder des Verlustes eines nahe stehenden Menschens.

### Was ist zu tun?

Mit Wegschauen lässt sich kein Problem lösen, höchstens für eine gewisse Zeit verdrängen. Dann aber macht das Problem auf sich aufmerksam, damit es endlich zur überfälligen Weiterentwicklung transformiert werden kann. Hinter jeder Schwierigkeit stehen immer das Potential und die Aufgabe, das Bewusstsein zu erweitern. Seien Sie mutig und tasten Sie sich zielstrebig an diese Aufgabe heran. Setzen Sie sich bereitwillig mit allem Unangenehmen auseinander, damit es sich im Erleben auflösen kann und Sie Ihren Blickwinkel wieder erweitern.

## Stottern

Der Stotterer hat Angst vor seinen angestauten Gefühlen und seinen eigenen Bedürfnissen. Er versucht, diese zu unterdrücken und alles, was aus ihm herauskommt, zu kontrollieren. Deshalb ist seine Sprache nicht fließend, sondern abgehackt, zerstückelt und schwer verständlich. Er versucht unbewusst zu kontrollieren. Dass er mit vertrauten Personen bzw. alleine weniger Schwierigkeiten hat, zeigt, dass es seine Angst ist, sich zu zeigen, die sich hinter dem Stottern verbirgt.

### Was ist zu tun?

Die Angst, nicht gut genug zu sein, gilt es langsam abzubauen. Das lässt sich aber theoretisch nicht machen. Man kann dem Stotterer bestenfalls Mut machen und ihn immer wieder ermuntern, sich zu zeigen und seine Gefühle und Gedanken mitzuteilen. Erst wenn er keine Angst vor Ablehnung mehr hat, weil er weiß, dass er gut so ist, wie er ist, kann er das Stottern loslassen. Dann lässt er einfach fließen, was in ihm ist, und sein Ausdruck, seine Sprache, wird auch wieder fließend.

## Thrombose

Bei der Thrombose ist der Blutfluss gestört. Ein Blutgerinnsel verengt das Blutgefäß, so dass es zu einer Blutstauung kommt. Hier ist also die Lebensenergie nicht im Fluss. Annehmen und Loslassen sind nicht mehr im Gleichgewicht. Die Lokalisation der Thrombose gibt nähere Auskunft über den Bereich des Lebens, in dem die Lebensenergie ins Stocken geraten ist. Oft sind die Beine betroffen, die ebenfalls für das Weitergehen und Voranschreiten stehen und damit die Behinderung des Lebensflusses noch einmal unterstreichen. Der Betroffene verschließt sich selbst den Zugang zu bestimmten Bereichen des Lebens. Eine Ursache für die Thrombose ist die mangelnde Elastizität der Blutgefäße, die für die Unflexibilität der Person steht.

### Was ist zu tun?

Hinterfragen Sie einmal die verschiedenen Bereiche Ihres Lebens, wie weit Sie sich verändern und beweglich sind oder ob Sie stagnieren und nicht im Fluss sind. Jede Unzufriedenheit ist ein Zeichen für den blockierten Lebensfluss. Häufig sind es überholte Vorstellungen und Meinungen, die festgehalten werden und damit eine Entwicklung behindern. Werden Sie flexibler in Ihrem Denken und lassen Sie neue Möglichkeiten zu, damit Ihre Energie wieder fließen kann.

## Übelkeit und Erbrechen

Wenn wir etwas aufgenommen haben, was wir nicht leicht verdauen können, dann kommt es zu Übelkeit und Erbrechen. So geht es uns auch, wenn wir zu viel aufgenommen oder mehrere Dinge gleichzeitig und durcheinander in uns reingefressen haben. Ein Problem liegt uns genauso im Magen, wenn wir es nicht verdauen können. Übelkeit zeigt die unbewusste Ablehnung, die noch massiver beim Erbrechen zum Ausdruck kommt. „Wir finden es zum Kotzen“, sagen wir oder: „Mir wird schon ganz schlecht, wenn ich daran denke.“ Diese unbewusste Ablehnung zeigt sich zum Beispiel auch in der Schwangerschaftsübelkeit.

### Was ist zu tun?

Erkennen Sie, wogegen Sie sich so massiv wehren und was Sie sich nicht einverleiben wollen. Letztendlich lehnen Sie einen Teil von sich selbst ab, den Sie sich bewusst zu Eigen machen sollen. Statt sich weiterhin dagegen zu wehren und die Situation abzulehnen, sollten Sie beginnen, nach einer Lösung zu suchen. Mit dem Aufgeben der Abwehrhaltung verschwindet auch die Übelkeit.

## Unfruchtbarkeit

Unfruchtbarkeit zeigt, dass auf einer bestimmten Ebene die Bereitschaft für ein Kind noch nicht da ist, auch wenn die Betroffenen sich sehnlichst ein Kind wünschen und eine mangelnde Bereitschaft selbst nicht erkennen können. Bei der Frau kann sich dieses auf die Angst vor der Schwangerschaft und die möglichen körperlichen Konsequenzen beziehen. Ebenso kann die Angst vor den Alltagsveränderungen, der zunehmenden Verantwortung und den Einschränkungen, die ein Kind mit sich bringt, bei Mann und Frau ein Grund für die Unfruchtbarkeit sein. Eine weitere Ursache für Unfruchtbarkeit kann der zweckgebundene Kinderwunsch sein, z. B. der Versuch, den Partner mit einem gemeinsamen Kind zu binden, oder die Flucht aus unbefriedigenden Lebens- und Arbeitsverhältnissen.

### Was ist zu tun?

Ein Kind bedarf der ganzen Aufmerksamkeit der Eltern und der Bereitschaft, eigene Wünsche in den Hintergrund zu stellen. Fragen Sie sich einmal ganz ehrlich, ob Sie dazu bereit sind und was Ihre wahren Gründe für den Kinderwunsch sind. Wenn Sie die Hintergründe erkannt haben, können Sie diese bewusst loslassen und damit die Ursache der vermeintlichen Unfruchtbarkeit aus dem Weg räumen.

## Verstopfung

Bei der Verstopfung können wir Dinge nicht loslassen, obwohl wir sie eigentlich schon verdaut und verarbeitet haben. Hier zeigt sich die Schwierigkeit des Loslassens, die sich auf die materielle und immaterielle Seite beziehen kann. Letztendlich steht aber immer ein Nichtloslassenkönnen auf seelischer Ebene dahinter. Verlustangst, die Angst, etwas Wichtiges und Bedeutendes zu verlieren oder zu früh loszulassen, ist meistens damit verbunden. Es kommt teilweise zu einer schmerzhaften Anstauung, wodurch der Körper auf die Dringlichkeit und Überfälligkeit des Loslassens hinweisen will. Vor allem vergangene Erlebnisse und Gefühle werden unnötigerweise festgehalten.

**Was ist zu tun?**

Die Überzeugung, dass die Vergangenheit einen Einfluss auf unser gegenwärtiges Leben hat, veranlasst viele, an ihr festzuhalten. Deshalb ist die körperliche Verstopfung ein so häufig anzutreffendes Problem. Die Vergangenheit wie auch die Zukunft werden aber in jedem Augenblick erschaffen. Beachten Sie nicht mehr die Vergangenheit, sondern schauen Sie, was in jedem gegenwärtigen Augenblick da ist, und leben Sie entsprechend. Sie sind der Schöpfer, nicht die Vergangenheit!

## Weitsichtigkeit

Weitsichtigkeit ist ein Krankheitsbild, das in erster Linie ältere Menschen betrifft. Naheliegendes wird dabei nur undeutlich wahrgenommen. Ähnliches zeigt sich in den Gedächtnisproblemen, die viele ältere Menschen haben. An weit Zurückliegendes können sie sich gut erinnern, während das Kurzzeitgedächtnis manchmal ein großes Sieb zu sein scheint. Beide Symptome zeigen, dass der alte Mensch nicht mehr ganz da ist. Er ist mit seiner Aufmerksamkeit mehr in der Vergangenheit und Zukunft, in Erinnerung und Weitsicht, anstatt in der Gegenwart.

**Was ist zu tun?**

Fragen Sie sich, wie weit Sie noch Freude am Leben haben oder ob Sie auf einer gewissen Ebene mit dem Leben schon abgeschlossen haben. Warum möchten Sie in der Gegenwart nicht mehr präsent sein? In jedem Alter hat das Leben Aufgaben für uns, die uns erfüllen und Freude machen. Sie dienen ebenso der Weiterentwicklung wie alles, was Sie in Ihrem Leben getan haben. Um das zu erkennen, müssen Sie Ihre Vorstellung von sinnvollem Leben überprüfen und wahrscheinlich loslassen, damit Ihnen eine neue Möglichkeit bewusst werden kann. Es gibt sie und sie wartet auf Sie. Jeder Augenblick Ihres Lebens enthält die Möglichkeit, sinnvoll und erfüllt gelebt zu werden.

# Register 4: Mentaltraining – Der Weg zum Ziel

Mentaltraining bedeutet Stärkung und Einsatz der geistigen Kräfte, um ein Ziel zu erreichen. Diese Methode ist eine optimale Kombination von verschiedenen Techniken, wie positives Denken, Autogenes Training etc. und basiert auf den geistigen Gesetzen. Gearbeitet wird u. a. mit Entspannung und Visualisierung.

## Was ist Entspannung?

Durch eine gezielt herbeigeführte Entspannung, wie sie z.B. auch beim Autogenen Training angewendet wird, können Geist, Seele und Körper völlig entspannt werden. Es entsteht ein schlafähnlicher Zustand, allerdings bei aktivem Bewusstsein. Alles, was Sie in dieser leichten Trance tun – denken, fühlen, hören, sprechen oder sehen –, prägt sich viel tiefer in Ihr Unterbewusstsein ein als im „normalen" Bewusstseinszustand. Entspannung kann jeder lernen. Folgen Sie unseren Ratschlägen und haben Sie Geduld mit sich.

## Was ist Positives Denken?

Es bedeutet, die positiven Aspekte in jeder Situation zu erkennen. Wir sind geprägt von Verhaltensmustern, die bereits in der Kindheit in uns angelegt wurden. Oftmals ist uns unsere negative Grundhaltung nicht einmal bewusst. Wie stehen Sie zum Leben generell? Mit welcher Grundeinstellung gehen Sie jeden Tag an? Sie sind, was Sie denken. Wenn Sie es nicht glauben, dann probieren Sie es aus. Ist nicht immer das eingetreten, was Sie befürchtet bzw. erwartet haben? Sie können Ihre Erfolge noch verstärken, wenn Sie bewusst POSITIV DENKEN. Positive Ereignisse werden dadurch automatisch angezogen.

## Was ist Visualisierung?

Darunter verstehen wir die bildhafte Vorstellung des angestrebten Zustands. Durch die Visualisierung werden Gedanken verstärkt und prägen sich schneller in das Unterbewusstsein ein, das alles tut, um diese Vorstellung zu materialisieren. Wenn Sie Ihr Leben betrachten, werden Sie sich bestimmt daran erinnern, dass manche Situationen exakt so eingetreten sind, wie Sie sie schon im Geist gesehen haben. Das Visualisieren kann jeder erlernen. Stellen Sie sich wie in einem Film bestimmte erwünschte Situationen in Ihrem Leben vor. Sehen Sie sich und den geliebten Partner und machen Sie sozusagen ein inneres Foto von Ihrer Wunschvorstellung.

Grundlage für das mentale (also geistige) Training ist die Erkenntnis, dass jeder sein Leben selbst bestimmt, weil er seine Vorstellungen realisieren kann. Dabei spielen unsere Gedanken eine entscheidende Rolle. Wir selbst entscheiden, WAS wir denken.

Alles, was wir wahrnehmen, ist Energie: ob das greifbare Gegenstände sind oder immaterielle Werte, wie Gefühle und Gedanken – alles besteht aus Energie. Energie ist Kraft und bewirkt eine Veränderung. Wenn Sie also Ihre Energie auf ein bestimmtes Ziel richten, dann werden Sie dieses Ziel erreichen können. So wie der Bergsteiger, der seine körperliche Kraft einsetzt, um den Gipfel zu erklimmen, können Sie durch Ihre geistige Kraft Ihre Wünsche verwirklichen. Wer seine Energie nicht nutzt, kann natürlich nichts erreichen: „Nichts kommt von Nichts". Die Erkenntnis über diese Zusammenhänge ist die Basis für das mentale Training.

Sie fragen sich vielleicht manchmal, warum der eine oder andere Mensch so erfolgreich ist, beruflich auf der obersten Stufe der Karriereleiter steht, ein harmonisches Familienleben führt – warum ihm einfach alles gelingt, was er anpackt. Hinter jedem Erfolg steht Arbeit und dabei ist die Arbeit an sich selbst der ausschlaggebende Faktor. Bevor Sie sich jetzt an diese Arbeit machen, sollten Sie vorher noch einige Grundvoraussetzungen schaffen:

1. Finden Sie eine positive Grundeinstellung zu sich, zu Ihrer Situation und zu Ihrer Umwelt. Ziehen Sie einen Strich unter die Vergangenheit, lassen Sie alle negativen Erfahrungen los. Hadern Sie nicht mit sich selbst. Was geschehen ist, können Sie jetzt sowieso nicht mehr ändern. Also lohnt es sich auch nicht mehr, Energie daran zu verschwenden.
2. Nutzen Sie stattdessen lieber den Moment und die Erkenntnis, dass Sie HEUTE leben, Ihre Lage verändern und Ihre Ziele erreichen können.
3. Um auch hier wiederum keine Energie zu vergeuden, sollten Sie herausfinden, WAS Sie wollen. Nur wenn Sie Ihr Ziel kennen, können Sie es auch ge-zielt ansteuern. Machen Sie deshalb eine Bestandsaufnahme, indem Sie sich Ihre Wünsche bewusst machen, setzten Sie Prioritäten und entscheiden Sie, welches Ziel Sie schnell und welches Sie erst später anstreben. Sie sollten immer nur EIN Ziel konkret anstreben und erst, wenn Sie diese Wunschvorstellung realisiert haben, dann können Sie mit dem nächsten Punkt arbeiten. Notieren Sie Ihre Ziele auf einem Blatt Papier und nummerieren Sie diese entsprechend der Priorität.

4. Bringen Sie Ihre Hauptwünsche in eine klare geistige Form, formulieren Sie klare Sätze. Dann machen Sie sich geistig von Ihrer Wunschvorstellung ein Bild. Betrachten Sie Ihren Wunsch dabei als bereits realisiert. Dieses Bild prägen Sie sich fest ein, so dass Sie es immer parat haben.
5. Werden Sie BEWUSST – achten Sie auf Ihre Gedanken, Ihre Taten und Ihre Vorstellungen und Träume. Denn dies sind die wichtigsten Instrumente für die Gestaltung Ihres Lebens.
6. Erkennen Sie, dass Sie die Ursachen setzen für alles, was Ihnen geschieht. Falsche Gedanken und eine negative Lebenseinstellung haben zwangsläufig negative Folgen. Wenn Sie glauben, dass Sie Misserfolg haben, ohne dass Sie die Saat dazu selbst gesät haben, dann sollten Sie besonderes Augenmerk auf Ihre Gedanken richten. Sind Sie wirklich von sich überzeugt, glauben Sie an sich und werden Sie auch nicht von Zweifeln gequält?

Wenn Sie diese Punkte für sich geklärt haben, dann können Sie an die konkrete Arbeit gehen. Dabei ist wichtig, dass Sie dies nicht verbissen und gewaltsam machen, sondern ruhig und gelassen diesen neuen Abschnitt in Ihrem Leben angehen. Sie sollten Freude an dem Gedanken haben, Ihr Leben jetzt in Ihre Hände zu nehmen. Warum sollten nicht auch Sie den richtigen Partner finden oder Glück in der Liebe haben und das Leben mit Ihrem Partner genießen können?

## Wie arbeite ich mit dem MENTALTRAINING?

Wenn Sie schon mit Autogenem Training oder anderen suggestiven Techniken gearbeitet haben, dann fällt Ihnen der Einstieg in das Mentaltraining leicht. Aber auch für Ungeübte bedeutet es keine Schwierigkeit, wenn Sie sich nicht selbst unter Druck setzen.

Wir zeigen Ihnen hier Punkt für Punkt, wie Sie vorgehen sollten:

1. Nehmen Sie sich grundsätzlich Zeit für Ihre Übungen:
   Anfangs benötigen Sie mindestens 30 Minuten, um Ihre Konzentrations- und Entspannungsfähigkeit zu verbessern. Später werden Sie weniger Zeit brauchen, da Sie schnell in einen entspannten Zustand gelangen. Sie können aber immer Ihre Übungen so lange ausdehnen, wie Sie es wünschen. Eine zeitliche Einschränkung gibt es nicht.
2. Üben Sie täglich – steter Tropfen höhlt den Stein!
   Ihre Vorstellungen werden durch ständige Wiederholung immer stärker (und können sich dann natürlich auch schneller materialisieren), außerdem gewöhnen Sie sich an einen bestimmten Arbeitsrhythmus und machen so das Mentaltraining zu einem festen Bestandteil Ihres täglichen Lebens. Setzen Sie deshalb eine bestimmte Zeit dafür fest, die Sie möglichst immer einhalten.
3. Suchen Sie einen Ort in Ihrer Umgebung aus, an dem Sie ungestört sind.
4. Versuchen Sie, das Mentaltraining im Pharaonensitz durchzuführen; es ist jedoch auch jede andere Körperhaltung möglich, in der Sie sich wohl und entspannt fühlen.
5. Entspannen Sie sich körperlich und geistig:
   Schließen Sie die Augen, atmen Sie tief ein und aus. Mit jedem Atemzug spüren Sie, wie alles, was Sie belastet, Ihren Körper und Geist verlässt. Ihre Gedanken fliegen davon, immer weiter und weiter und werden unwichtig bis Sie gedanken-leer sind.
   Mit jedem Atemzug löst sich auch die Spannung in Ihrem Körper. Sie spüren, wie Ihr Kopf leicht und locker wird, wie

sich dieses angenehme Gefühl fortsetzt in Ihrem Nacken und die Arme entlang bis in die Fingerspitzen geht. Ihr Brustkorb senkt sich ruhig und gleichmäßig, Ihr Körper löst sich, Ihre Wirbelsäule wird frei, die Beine sind leicht und Ihr ganzer Körper ist durchlässig bis zu den Zehenspitzen. Ihre Gesichtsmuskeln sind entspannt – Sie fühlen sich leicht und schwerelos.

Sie sind ganz leicht und entspannt, Sie sind nur noch Atem – nichts belastet Sie mehr, nichts engt Sie ein. Sie sind frei und leicht. Sie genießen dieses angenehme Gefühl. Der Alltag ist weit weg und unwichtig. Es gibt im Augenblick nur noch Sie. Sie können sich nun ganz auf sich und Ihre Wünsche konzentrieren.

6. Sie befassen sich immer nur mit einem Wunsch, den Sie bereits formuliert und in ein geistiges Bild umgesetzt haben. Konzentrieren Sie sich auf die Worte in Verbindung mit Ihrem Bild. Es gibt jetzt nur noch Ihren Wunsch und sonst gar nichts mehr. Lassen Sie die Worte auf sich wirken, leben Sie in Ihrem Bild!
7. Achten Sie auf Ihren Atem:
   Nehmen Sie mit jedem Atemzug kosmische Energie in sich auf und speichern Sie diese in Ihrem Körper.
8. Lassen Sie sich in einen tiefen Entspannungszustand fallen - hierbei wird das Bewusstsein reduziert und Sie erhalten Zugang zu Ihrer schöpferischen Kraftquelle.
9. Sie sind jetzt auf dem Weg zu Ihrem tiefen Ich. Dieser Weg ist gekennzeichnet durch bestimmte Vorstellungsbilder der Tiefenentspannung (Wiese, Quelle, Baum) und macht innerseelische Zustände sichtbar.
10. In diesem Zustand tiefer Entspannung rufen Sie nun in Wort und Bild Ihre Wunschvorstellung vor Ihr geistiges Auge. Sie belegen dieses Bild mit der kosmischen Energie, die Sie mit

jedem Atemzug aufnehmen. Sie sehen im Geist, dass Ihr Wunsch Wirklichkeit ist und Sie empfinden tiefe Freude darüber. Geben Sie sich ganz dieser Vorstellung hin, lassen Sie die Kraft einfließen in Ihr Vorstellungsbild.

11. Identifizieren Sie sich ganz mit dem Inhalt Ihres Bildes. Werden Sie selbst zum aktiven Mitspieler in der von Ihnen angestrebten Situation. Sehen Sie beispielsweise sich selbst, wie Sie Ihren Partner liebevoll umarmen, wie Sie gemeinsam mit ihm frühstücken oder Ähnliches. Bejahen Sie aus Ihrer tiefsten Seele diese Vorstellung. Genießen Sie in allen Gefühlsebenen Ihre Wunschsituation, lassen Sie Ihre Gefühle frei und vertrauen Sie darauf, dass alles so geschehen wird, wie Sie es jetzt sehen.
12. Sie lassen Ihr Wunschbild so lange auf sich wirken, wie es Ihnen Freude macht. Dann verabschieden Sie sich geistig wieder in Ihr Tagesbewusstsein zurück. Verharren Sie dann noch einige Minuten und lassen Sie das beruhigende Gefühl der Entspannung und des gerade Erlebten auf sich wirken.
13. Hören Sie auf Ihre innere Stimme und handeln Sie entsprechend. Ihr Unterbewusstsein weiß, was Sie wollen und wird Sie leiten, damit sich Ihr Wunsch realisieren kann. Tun Sie aber auch praktisch alles, um Ihr Ziel zu erreichen.
14. Glauben und vertrauen Sie.
    Lassen Sie nicht den geringsten Zweifel an der Verwirklichung Ihres Wunsches zu!
15. Haben Sie Geduld mit sich selbst.
    Wir wünschen Ihnen viel Erfolg, die Erfüllung Ihrer Wünsche und ein Leben in Liebe mit einem zu Ihnen passenden Partner.

# Teil III:

# Praxisübungen für Liebe und Partnerschaft

## Grundlagen

Wir geben Ihnen hier einige Anleitungen, die Ihnen helfen, Ihre Ziele zu verwirklichen:

1. POSITIV DENKEN
Die Grundlagen Ihres Lebens bestimmen Sie durch Ihre Gedanken. Machen Sie sich BEWUSST, in welcher Weise Sie bisher gedacht haben. Schreiben Sie spontan zehn Situationen der letzten Tage auf, mit denen Sie sich intensiv befasst haben. Nun unterstreichen Sie alle positiven Momente wie Freude, Erfolg, Zuneigung rot, alle negativen Situationen, wie Streit, Ärger, Absagen schwarz.

Die schwarzen Punkte schauen Sie jetzt genauer an:

Nehmen wir als Beispiel die Absage Ihres Freundes, Sie zu einem wichtigen gesellschaftlichen Ereignis zu begleiten. Sie waren verärgert, wütend oder enttäuscht. Nun machen Sie aus diesem „schwarzen" Punkt einen „roten":

Sie gehen alleine zu der Veranstaltung, können sich völlig frei bewegen, weil Sie sich nicht um Ihren Freund, der niemanden kennt, kümmern müssen. Sie genießen diesen Empfang, können sich mit vielen Menschen unterhalten. Sie sind gut gelaunt und können Ihrem Freund schließlich von diesem Abend viel Interessantes erzählen.

Oder wenn Ihr Partner Sie verlässt, so ist dies schmerzhaft. In jedem Ende liegt aber auch ein neuer Anfang und alles hat seine

Zeit – auch eine Liebe. Geht sie zu Ende, dann ist das noch lange kein Grund zur Verzweiflung, denn Neues wartet auf Sie:

Neue Menschen, neue Möglichkeiten und andere Wege. Sie können Ihre Talente entfalten, können Dinge unternehmen, die Ihr bisheriger Partner nicht mitmachte.

Gehen Sie positiv in jede Situation Ihres Lebens und Sie werden im Lauf der Zeit zum Meister werden, der nicht nur einen positiven Blickwinkel hat, sondern gleichzeitig mehrere positive Aspekte erkennt.

Verbannen Sie folgende Worte aus Ihrem Sprachschatz:

Ich kann nicht, ich traue mich nicht, ich habe Angst und ersetzen Sie sie durch: ICH KANN, ICH WILL, ICH WERDE, ICH FREUE MICH AUF ...

2. VISUALISIEREN

Sie haben Ihre Ziele festgelegt, Ihre Formulierung für eine Affirmation gemacht. Nun sollten Sie sich auch noch ein Bild Ihres Ziels schaffen. Viele Menschen haben damit Schwierigkeiten, deshalb wollen wir Ihnen hier eine ganz einfache Hilfe zeigen. Kinder haben die Fähigkeit, sich alles in bildhafter Form vorzustellen. Auch in Ihnen ist diese Fähigkeit vorhanden; sie ist Ihnen höchstens ein wenig abhanden gekommen.

Beginnen Sie mit einer ganz leichten Übung:

Wenn Sie essen, betrachten Sie Ihre Mahlzeit ganz bewusst. Schließen Sie dann die Augen und stellen Sie sich vor, was gerade vor Ihnen auf dem Tisch steht. Sie sehen, dass geht wunderbar.

Und sollten Sie wider Erwarten immer noch Probleme mit der Visualisierung haben, dann zeichnen Sie einen Teller mit einem Hühnchen. Schließen Sie die Augen und rufen Sie sich Ihre Zeichnung ins Gedächtnis.

Ebenso können Sie sich Situationen vorstellen:

Sehen Sie sich bei einer Party und wie ein interessanter Mann oder eine attraktive Frau auf Sie zugeht und Sie anspricht. Sehen Sie, wie Sie sich lebhaft mit diesem Menschen unterhalten. Sie genießen das Gefühl, frei und locker zu sein und den Menschen anzuziehen, der Ihnen gefällt. Sie sehen vor Ihrem geistigen Auge, wie er/sie Sie zum Kaffee einlädt.

Auf diese Art und Weise können Sie sich jedes Ihrer Ziele mit Bildern vorstellen und sie verwirklichen.

### 3. BEGEISTERUNG

Gewöhnen Sie sich an, alles mit Begeisterung tun. Egal, ob das ein Fortbildungskurs, ein Urlaub oder auch nur der Hausputz ist – alles, was Sie mit Begeisterung machen, geht Ihnen leicht von der Hand und Sie machen es viel schneller und besser. Sie haben so deutlich mehr Erfolg als wenn Sie Ihre Aufgaben lustlos angehen. Das gilt natürlich auch für das Mentaltraining. Begeistern Sie sich für Ihre Ziele, gehen Sie sie mit Freude und Elan an. Spüren Sie schon jetzt, wie schön es ist, von einem geliebten Partner in den Arm genommen zu werden. Gehen Sie mit Begeisterung an die Arbeit mit sich selbst und Sie werden nicht nur sich selbst begeistern, sondern alle Menschen, die mit Ihnen zu tun haben. Dadurch verstärkt sich die positive Energie und bringt Sie noch schneller zu Ihrem Ziel.

### 4. WEG VOM ALLTAG

Wenn Sie sich für das Mentaltraining einstimmen, dann empfehlen wir Ihnen, sich an ein bestimmtes Vorgehen zu halten. Machen Sie ein Zeremoniell daraus – Ihr Unterbewusstsein reagiert dann schneller. Halten Sie sich immer an ihr persönliches Ritual. Sie können z.B. bestimmte Räucherstäbchen benutzen, können ein bestimmtes Kleidungsstück tragen, oder ein Gebet sprechen. Wichtig ist dabei nur, dass Sie immer das gleiche Ritual vollziehen.

## 5. HALT DURCH HALTUNG

Die beste Haltung für das Mentaltraining ist der Pharaonensitz:

Sie sitzen aufrecht in einem bequemen Stuhl mit hoher Rückenlehne, beide Unterarme liegen locker auf den leicht gespreizten Oberschenkeln, die Füße stehen auf dem Boden. Die Oberschenkel müssen ganz auf dem Sitz aufliegen, sodass sich die Unterschenkel in einem Winkel von 90 ° dazu befinden. Sie sollten sich wohlfühlen in dieser Stellung und vor allem sollten Sie sich ganz entspannen können.

Sie können natürlich auch im Liegen üben, sollten aber darauf achten, dass Sie diese Haltung nicht dann einnehmen, wenn Sie müde sind. Die Gefahr, dass Sie bei der Übung einschlafen ist zu groß.

## 6. DURCH SPANNUNG ZUR ENTSPANNUNG

Erst wenn Sie körperlich und geistig ganz entspannt sind, können Sie mit dem Mentaltraining beginnen. Entspannung wird ganz besonders dort deutlich, wo vorher Spannung herrschte. Dies können sie sich zunutze machen:

Spannen Sie jeden Muskel so fest an wie Sie können, um ihn dann bewusst zu lösen. Spüren Sie das angenehme Gefühl der Leichtigkeit, das ist oftmals mit Wärme oder einem Kribbeln verbunden? Wenn Sie so Ihren ganzen Körper entspannt haben, dann schütteln Sie die Arme und Beine aus, machen ein paar Rumpfbeugen und genießen Sie dieses Gefühl der körperlichen Entspannung.

## 7. ATMEN SIE LEBENSENERGIE

Die Beobachtung des Atems führt zu Ruhe und zur Entspannung. Tun Sie nichts weiter als nur auf Ihren Atem zu achten:

Konzentrieren Sie sich darauf, wie die Luft durch Ihren Mund, über die Luftröhre in die Lungen gelangt. Spüren Sie, wie die Bauchdecke sich nach oben wölbt und beim Ausatmen sich senkt, wie Ihr Atem ihren Körper verlässt. Sie merken, wie Ihre Gefühle sich beruhigen, wie alle Gedanken von Ihnen abfallen, wie Sie mit jedem Atemzug immer ruhiger werden.

Die Hong-Soh-Atmung ist eine besondere Technik, die gleichzeitig als Mantra dient: durch die ständige Wiederholung dieser Laute entsteht eine tiefe Entspannung, die innere Erleuchtung und geistige Entwicklung mit sich bringt. Mit jedem Einatmen konzentrieren Sie sich auf die Silbe Hong und beim Ausatmen auf die Silbe Soh. Dabei können Sie jede Silbe so lange dehnen, wie Sie möchten (entsprechend der Länge Ihres Atemzugs). Wenn Ihre Gedanken drohen abzuschweifen, dann führen Sie sie mit den Hong-Soh-Lauten zurück. Sie sind sozusagen Ihre „Haltepunkte".

Atem erhält uns am Leben und wie wir atmen bestimmt wiederum weitgehend unsere Lebensqualität. Sie wissen, dass Sie leicht und flach atmen können, dass Sie tief und gleichmäßig atmen und Ihren Atem gezielt in jedes Organ lenken können (wie z.B. beim Autogenen Training). Wir wollen Sie hier noch mit der Prana-Atmung vertraut machen:

Sie können sich und Ihren Körper mit der kosmischen Lebensenergie, genannt Prana, aufladen, wenn Sie in einer aufrechten Sitzhaltung Ihren Atem immer tiefer werden lassen. Stellen Sie sich dabei vor, wie sich Prana, die Vitalkraft, in Ihrem Körper ansammelt und ausbreitet. Sie sehen, wie Ihr Körper sich mit dieser wunderbaren Lebensenergie füllt. Sie spüren, wie die Energie Sie durchströmt. Unterstützen Sie diese Aufladung durch

Sätze, wie „Ich spüre, wie kosmische Lebensenergie mich belebt". Machen Sie diese Übung nicht nur dann, wenn Sie sich müde und abgespannt fühlen, sondern nehmen Sie sie in Ihr tägliches Programm auf.

8. GEDANKEN KONZENTRIEREN
Viele Menschen leiden heute an mangelnder Konzentration, d.h. sie haben Schwierigkeiten, ihre Gedanken auf einen Punkt zu bringen. Schuld daran sind Gefühle, Emotionen und Vorstellungen, die mit diesem Gedanken in Verbindung gebracht werden. Konzentration kann erlernt werden. Wir verfügen über unendlich viele Fähigkeiten, von denen wir nur einen geringen Teil überhaupt nutzen. Machen wir uns also unser Gehirn zunutze, indem wir es richtig „einsetzen".

Es gibt verschiedene Übungen zur Steigerung der Konzentrationsfähigkeit, z.B.:

### Punkt-Sehen

Zeichnen Sie einen schwarzen Punkt auf ein weißes Blatt Papier, das Sie in Augenhöhe an der Wand befestigen. Jetzt setzen Sie sich etwa 2 Meter davon entfernt hin, richten Ihren Blick auf diesen Punkt und entspannen sich. Ihre ganze Aufmerksamkeit richten Sie auf den schwarzen Punkt. Tun Sie wirklich nichts weiter, als diesen Punkt zu betrachten. Dabei lassen Sie alle Gedanken los. Es gibt in diesem Moment nur Sie und den schwarzen Punkt. Sobald Ihre Gedanken abzuschweifen drohen, denken Sie bewusst an den schwarzen Punkt. Sehen Sie Ihren Blick in Form eines Lichtstrahls, der von Ihrem Auge auf den Punkt fällt. Jeder Gedanke, jede Assoziation, jedes Gefühl fließt in diesen Strahl, löst sich auf und wird zu Konzentration. Machen Sie diese Übung etwa 10 Minuten. Wenn Sie beginnen, sich anzuspannen, dann sollten Sie die Übung beenden. Sie werden jedoch feststellen, dass Sie sich nach einiger Zeit problemlos zehn Minuten auf den Punkt konzentrieren können.

**Zählen**

Zählen Sie ganz langsam von 1 bis 100. Dabei konzentrieren Sie sich immer nur auf die jeweilige Zahl. Gehen Sie dabei ganz langsam vor. Machen Sie sich nichts daraus, wenn Ihre Gedanken schon bei der Zahl 5 abgleiten. Alles ist eine Frage der Übung. Sie können sich schon gratulieren, wenn Sie bei der Zahl 15 angelangt sind. Denn dann verfügen Sie bereits über eine recht gute Konzentration. Machen Sie diese Übung so lange, bis es Ihnen gelingt, die Zahl 100 zu erreichen.

**Erinnern**

Stellen Sie sich vor, Sie müssten nach einem Überfall den flüchtigen Täter beschreiben. Tun Sie alles bewusst – das bedeutet auch, bewusst wahrnehmen, sehen, hören. Prägen Sie sich das Gesicht Ihres Gesprächspartners, des Busfahrers, der Verkäuferin ein. Dann stellen Sie sich das Gesicht in allen Einzelheiten vor – die Augenfarbe, die Frisur, den Mund, den Gesichtsausdruck. Beschreiben sie spontan den Menschen, mit dem Sie zuletzt gesprochen haben. Was fällt Ihnen dazu ein? Ab jetzt konzentrieren Sie sich auf alles, was Sie tun und dann machen Sie diese Übungen noch einmal. Bemerken Sie den Unterschied?

**Energiestrahlen**

Wie wir feststellten, ist alles Energie. Geben Sie Ihren Gedanken einmal die Form von kleinen Pfeilen und machen Sie eine Zeichnung Ihrer Gedankenpfeile. Können Sie dabei eine Linie, eine Richtung finden oder schwirren Ihre „Pfeile" in alle

Richtungen? In diesem Fall sehen Sie klar und deutlich, wie Ihre Energie verpufft: Sie wird aufgeteilt und wahllos, ziellos verstreut und damit vergeudet. Das muss nicht sein, wenn Sie Ihre Gedanken auf Ihr Ziel konzentrieren. Richten Sie Ihre Gedanken auf ihr Ziel, bündeln Sie dabei die Gedankenenergie und sehen Sie sie als einen Strahl, der direkt Ihr Ziel trifft. Achten Sie nicht nur jeden Tag, sondern jede Minute darauf, dass Sie Ihre Energie gezielt für die Realisierung Ihrer Wünsche einsetzen. Mit dieser gebündelten Energie laden Sie Ihre Wunschvorstellung, Ihr „Bild" auf. Dies geschieht im Zusammenspiel von Konzentration auf das Bild, Aufladung mit Energie über die Atmung und die Visualisierung.

9. SELBSTGESPRÄCHE

Wenn Sie sich nicht nur Ihr Bild vorstellen, sondern sich auch die erwünschte Situation immer wieder vor Augen halten, dann verankern sich Ihre Wünsche fester im Unterbewusstsein. Dazu können Sie, wann immer Sie Zeit und Lust haben, entscheidende Gespräche bereits im Geist führen. Sagen Sie, was Sie schon immer sagen wollten und lassen Sie den anderen antworten. Dabei sollten Sie ruhig auch Antworten zulassen, die Ihnen nicht gefallen, denn durch Ihre Gegenargumente können Sie immer besser mit der Situation umgehen und leichter einen idealen Lösungsweg finden. Hören Sie immer auf Ihre innere Stimme, lassen Sie alle Gefühle, Gedanken, Argumente und Worte zu. Wenn Sie eine positive Einstellung haben, dann werden Sie in Ihren Selbstgesprächen die Lösung nicht nur finden, sondern viel leichter auch in die Tat umsetzen können. Werden Sie zum Dramaturgen, zum Regisseur und zum Autor gleichzeitig, lassen Sie Ihre kreativen Energien frei. So wird die Problemlösung zum Vergnügen!

# AFFIRMATIONEN - LIEBE UND PARTNERSCHAFT

## Meditation: Schluss mit LIEBESKUMMER

*Einleitung der Entspannung:*
Ich mache es mir jetzt ganz bequem.
Ich schließe meine Augen und lasse einfach los.
Ich fühle mich wohl.
Ich bin ganz gelöst.
Ich mache mir bewusst, wer ich wirklich bin.
Ich bin nicht nur Körper.
Ich bin vollkommenes, unsterbliches Bewusstsein.
Ich bin ein Teil des einen, allumfassenden Bewusstseins.
Ich war immer, ich werde immer sein, denn ICH BIN! Mein Körper ist mein Werkzeug, das mir dient und gehorcht.
Ich erfülle meinen Körper ganz mit Bewusstsein.
Ich erfülle jede Zelle meines Körpers mit Bewusstsein.
Ich kontrolliere jede Bewegung und gestatte meinem Körper, jetzt vollkommen bewegungslos zu sein.
Ich beherrsche meinen Körper.
Aber ich beherrsche nicht nur meinen Körper, ich beherrsche auch meine Gedanken.
Ich konzentriere jetzt alle meine Gedanken auf einen Punkt: Ich konzentriere mich auf meinen Atem, ich beobachte meinen Atem.
Ich verändere nichts an meinem Atem. Ich beobachte ihn nur.
Während ich meinen Atem beobachte, lasse ich ihn behutsam tiefer werden.
Ich atme ganz ruhig und tief – ruhig und tief.
Ich erlebe bewusst: ES atmet mich. Das Leben selbst atmet mich.

Ich fühle mich geborgen durch das Leben in mir, durch das Leben, das mich atmet.
Ich bin bewusst und spüre, wie der Atem meinen ganzen Körper durchdringt und erfüllt.
Ich bin eins mit meinem Atem und fühle mich wohl. Ich bin ruhig und gelöst.
Ich bin dankbar, dass ich lebe.
Ich bin ganz erfüllt von Frieden und Harmonie.
Ich ruhe in der Einheit der Schöpfung, bin eins mit der allumfassenden Ordnung.
Eine wunderbare Stille durchdringt mein ganzes Wesen. Ich ruhe geborgen in mir und fühle mich ganz wohl.
Mit jedem Atemzug sinke ich tiefer und tiefer in mich hinein.
Ich sinke immer tiefer in mich hinein, wie eine leichte Feder sinke ich immer tiefer in mich hinein.
Ich sinke in die Mitte meines wahren Wesens,
ich ruhe in mir,
ich bin eins mit mir und der Welt.
Ich ruhe in der Mitte meines wahren Wesens.
In meiner Mitte erkenne ich ein Licht.
Ich gehe hinein in dieses Licht – ich gehe hinein in die lichte Welt in mir.
In meiner lichten Innenwelt sehe ich jetzt einen wunderschönen Regenbogen.
Er wird immer klarer und deutlicher. Die Farben des Regenbogens erstrahlen vor meinem inneren Auge.
Immer klarer und schöner werden diese Farben.
Ich richte mein Bewusstsein jetzt auf die Farbe ROT.
Ich gehe ganz hinein in dieses Rot – alles ist Rot –
Ich bin ganz erfüllt von der Farbe Rot.
Jetzt sinke ich noch tiefer – Ich sinke in die Farbe ORANGE. Alles ist Orange – Ich bin ganz erfüllt von der Farbe Orange.

Jetzt sinke ich noch tiefer –
Ich sinke in die Farbe GELB. Alles ist Gelb –
Ich bin ganz erfüllt von der Farbe Gelb.
Und jetzt sinke ich noch tiefer und tiefer. Ich sinke in die Farbe GRÜN.
Alles ist Grün – ich bin ganz erfüllt von der Farbe Grün.
Ich sinke abermals tiefer und sinke in die Farbe BLAU.
Alles ist Blau – ich bin ganz erfüllt von der Farbe Blau.
Ich sinke noch eine Stufe tiefer, in die Farbe VIOLETT.
Alles ist Violett - ich bin ganz erfüllt von der Farbe Violett.
Alles ist ruhig, ruhig und still.
Ein wunderbares Wohlgefühl durchströmt meinen Körper.
Ganz bewusst fühle ich diese wunderbare Ruhe und den tiefen Frieden in mir. Vor mir sehe ich ein strahlendes Licht.
Ich erkenne das Licht meines wahren Selbsts.
Voller Freude gehe ich auf dieses Licht zu.
Ich gehe in das Licht meines wahren Selbsts hinein.
Ich werde eins mit mir selbst – Ich bin eins mit mir selbst. Ich bin wieder der (die), der (die) ich wirklich bin!
Ich genieße dieses Gefühl des Einsseins und lasse es auf mich wirken.

*Vergangenheit betrachten:*
Ich bin voll von innerem Frieden.
Ich erkenne den Punkt in meinem Leben, an dem ich jetzt stehe.
Von hier kann ich jetzt zurückblicken.
Ich sehe mein vergangenes Leben an mir vorbeiziehen.
Ich befinde mich auf einem Weg, meinem Lebensweg, und schaue zurück.
Ich bin nur Betrachter, Zuschauer und sehe, wie Situationen aus der Vergangenheit in mir aufsteigen.
Ich sehe meine erste Liebe, sehe seine/ihre strahlenden Augen

und ich spüre wieder das Glücksgefühl, das ich damals empfand. Mein Herz klopft freudig bei diesem Bild. Ich sehe alle Menschen, denen ich in Liebe verbunden war.
Welche Menschen sind das?
Was fühle ich bei dieser „Rückschau"?
Ich lasse alle Empfindungen sich in mir entwickeln, lasse diese Gefühle in mir wirken. Erst dann gehe ich weiter.
Ich sehe, wie ich mit diesen Menschen einen Teil des Weges zurückgelegt habe. Manchmal waren es steinige Wege, manchmal kamen wir vom Weg ab, oftmals standen wir an Straßenkreuzungen. Manchmal haben sich hier unsere Wege getrennt. Er (sie) ist seinen (ihren) Weg gegangen, der nicht der meine war. Ich bin meinen Weg weitergegangen. Manche Strecken habe ich allein zurückgelegt.
Ich erinnere mich an bestimmte Situationen. Welche?
Ich erinnere mich an die Einsamkeit, ich erinnere mich an schmerzhafte Auseinandersetzungen mit meinen ehemaligen Partnern.
Ich lasse meine Gefühle zu. Es sind Gefühle der Liebe, der Freude – aber es sind auch Schmerzen und Leid, alte Verletzungen spüre ich jetzt wieder deutlich.

*Schritt: Altes loslassen*
Ich blicke noch einmal zurück auf meine Gedanken. Spüre noch einmal die Freuden und die Leiden.
Noch tut mein Herz weh und ich spüre wieder die alten Wunden.
Ich spüre Tränen in meinen Augen und ich lasse meinen Tränen freien Lauf..
Sie befreien mich.
Mit meinen Tränen fließen alle Belastungen aus mir heraus.
Ich fühle mich wohl und je mehr ich die Vergangenheit auf mich wirken lasse,

desto leichter fühle ich mich.
Die Vergangenheit entschwindet immer mehr und
ich spüre, wie sich Verkrampfungen lösen.
Ich bleibe in dieser Situation,
ich lasse geschehen, ich lasse alle Gefühle zu.
Alles Alte, Schmerzhafte fällt von mir ab.
Ich sehe, wie die Belastung von mir abfällt.
Ich werde leicht und leichter, mein Atem ist ruhig und gleichmäßig. Ich spüre, wie meine Seele immer freier wird.
Meine Seele wird frei und leicht – sie schwebt wie ein Vogel in der Luft – frei und leicht.
Ich lasse alles los, alle Kümmernisse, alle Enttäuschungen, jede Lieblosigkeit.
Die Wunden verheilen, die Schmerzen vergehen. Meine Seele ist heil, ist geheilt und wieder gesund. Meine Vergangenheit lasse ich in Liebe los. Alles, was geschehen ist, war gut für mich – ich habe daraus gelernt, ich kann es beruhigt loslassen, denn ich brauche es nicht mehr.
Ich bin frei und stark.
Ich bin Bewusstsein, bin mein wahres Selbst

*Das Ziel angehen:*
Ich genieße dieses wunderbare Gefühl des Einsseins mit meinem wahren Selbst.
Ich bleibe in dieser Empfindung.
Dann blicke ich wieder auf meinen Lebensweg. Ich stehe an einer Kreuzung.
Ich blicke jetzt wieder nach vorn, schaue in die Zukunft und ich sehe, wie mein Weg weiter verläuft:
Ich sehe einen Pfad der Liebe.
Ich sehe mich mit einem wundervollen Partner.
Wie ist dieser Partner?

Was bewegt er in mir?
Ich lasse alle Gefühle in mir zu. Wir ziehen uns gegenseitig an.
Ich fühle Harmonie in mir.
Ich fühle Harmonie mit ihm (ihr). Wir gehen den Weg zusammen.
Ich blicke voller Freude auf diesen Weg vor uns. Ich sehe uns lachen, wir nehmen uns in die Arme. Wir sind in Liebe vereint.
Wie fühle ich mich dabei?
Was sehe ich noch? Ich lasse alle Bilder an mir vorbeiziehen, betrachte sie in Ruhe und lasse sie auf mich wirken.
Jetzt rufe ich das Bild in mir wach, das ich mir von meiner Zukunft gemacht habe. Ich sehe es in allen Einzelheiten und ich erinnere mich an die Sätze, die ich erarbeitet habe. Ich spreche sie langsam Wort für Wort. Ich sehe mein Bild klar und deutlich.
Ich lasse alles tief in mich sinken.
Ich lasse mir Zeit, lasse die Eindrücke auf mich wirken.
Meine Energie fließt in mein Bild und
die Vorstellung meines Wunsches wird immer stärker und sinkt immer tiefer in mein Selbst. Ich spüre in mir Kraft und Liebe.
Ich weiß, dass ich stark bin, eins mit mir selbst,
mein wahres Selbst ist meine Kraftquelle.
Ich weiß deshalb, dass mich nichts mehr verletzen kann,
denn ich ruhe in mir, in meiner Mitte. Und dort bin ich für immer geborgen.
Dort ist meine Kraft, die in wundervoller Weise in mir und auf meine Umwelt wirkt.
Ich lasse mich leiten von meinem wahren Selbst, deshalb weiß ich auch genau, was mir gut tut.
Aus diesem Grunde werde ich nicht mehr enttäuscht werden, denn ich täusche mich nicht mehr.
Ich entscheide mich für das Glück und die Liebe.
Ein strahlendes Licht ist unser Wegbegleiter.

Die Farben des Regenbogens leuchten auf unserem gemeinsamen Lebensweg.
Ich bin Liebe, ich lebe Liebe,
Ich bin von tiefem Glück durchströmt.
Liebe ist mein Leben – Liebe in Harmonie und Freude. Ich lasse zu und lasse geschehen.
Ich akzeptiere alles, was vor meinem geistigen Auge entsteht. Alles ist gut.
Jetzt löse ich mich aus diesem Geschehen.
Ich gehe zu dem Ort, an dem ich jetzt stehe auf meinem Weg.
Ich verweile dort und lasse noch einmal das Bild aufsteigen, das mir den nächsten Schritt auf meinem Weg in die Zukunft zeigt.
Ich sehe dabei die vielfältigen Möglichkeiten, die ich habe.
Ganz neue Perspektiven eröffnen sich mir.
Energie durchflutet mich, ich möchte alles ausschöpfen, was in mir angelegt ist.
Ich öffne mich für dieses Gefühl in dem tiefen Bewusstsein, dass niemand mich verletzen kann, ohne dass ich es zulasse.
Ich entscheide mich für das Leben in Liebe.
Ich lasse dieses Gefühl auf mich wirken.
Ich weiß, was ich tun muss, um mein Ziel zu erreichen.
Ich werde aktiv alles unternehmen, um meinen Wunsch zu realisieren. Ich werfe einen letzten Blick auf das Bild meiner nahen Zukunft.

*Rückkehr in die Gegenwart:*
Dann gehe ich meinen Weg weiter. Der Weg führt auf einen Berg. Ich gehe jetzt leicht, denn ich weiß, was ich will und ich weiß, dass ich mein Leben nach meinen Vorstellungen gestalten kann. Und ich gehe leicht und locker, denn ich bin frei von allen Lasten der Vergangenheit. Mein Schritt ist federnd und dynamisch.
Ich sehe den Gipfel vor mir und ich sehe das Licht.

Ich gehe zum Licht, gehe direkt in das Licht hinein.
Endlich habe ich den Gipfel des Berges erreicht.
Ich bin in der Mitte des Lichts, ich bin angekommen.
Ich habe mein Ziel erreicht.
Ich breite meine Arme aus und
ich öffne mich dem strahlenden Licht.
Ich spüre, wie die Kraft, die Helligkeit und die Wärme des Lichtes mein ganzes Sein durchströmt. Mein inneres Licht vereint sich mit diesem Licht – mein inneres Licht vereint sich mit dem kosmischen Licht.
Alles ist hell und licht.
Ich bin ganz bewusst und eins mit dem Licht.
In dieser Einheit mit dem Licht öffnet sich mein Bewusstsein ganz weit. Mein Bewusstsein öffnet sich weit und weiter.
Ich spüre, wie das höhere Bewusstsein mich durchdringt.
Mein ganzes Sein wird vom Bewusstsein durchdrungen.
In dieser Einheit mit dem Licht und mit dem höchsten Bewusstsein bejahe ich meine Vorstellung von der Zukunft.
Ich fühle mich wert und bereit, Erfüllung zu erfahren – JETZT!
Ich sehe meine Vorstellung zur Realität werden und ich spüre tiefe Freude und Dankbarkeit darüber.
Ich weiß, dass ich in diesem Augenblick die Ursache gesetzt habe und die Wirkung bald eintritt. Ich bin aus tiefem Herzen dankbar.
Ich bin froh, dankbar und glücklich.
Ich nehme mein Schicksal in meine Hand.
Ich trete bewusst mein geistiges Erbe an und setze alle meine Fähigkeiten und Kräfte bewusst und gezielt ein, um mein Leben positiv zu gestalten.
Ich sehe mein Vorstellungsbild noch einmal vor mir, behalte es in der Tiefe meines Seins.
Dann löse ich mich aus dem Erlebten.
Ich kehre zurück an die Oberfläche des Seins – ich kehre zurück

ins Hier und Jetzt.
Wann immer ich bereit bin, öffne ich meine Augen. Ich bin ganz bewusst im Hier und Jetzt. Ich bin im Hier und Jetzt.
Ich weiß, dass mein Wunsch bereits erfüllt ist. Ich bin froh und voller Dankbarkeit. Ich bin aus tiefstem Herzen froh und dankbar.

Die Reise für ein liebevolles und sinnerfülltes Leben beginnt JETZT!

*Bedingungslose Liebe ist*
*eine unserer tiefsten Sehnsüchte,*
*nicht nur bei Kindern, sondern bei allen Menschen.*
(Erich Fromm)

## Gedanken und Worte für ein erfülltes Leben in Harmonie und Liebe: Der Sinn des Lebens

**Erkenntnisse sammeln**

Geld, Besitz, Macht, Anerkennung, unsere Familie und unsere Freunde, alles werden wir hier zurücklassen. Das einzige, was wir mitnehmen, sind unsere Erkenntnisse. Sie sind als Mensch nackt gekommen und werden nackt gehen. Unsere Erkenntnisse sind das einzige, was uns von einem langen Leben bleibt.

**Den Augenblick erfüllen**

Wir nutzen die Chance, die uns das Leben bietet, nur dann optimal, wenn wir wirklich jeden Augenblick erfüllen. Das heißt die Chance, ganz bewusst zu sein. Wahrnehmen, was jetzt ist. Die Aufgabe erkennen, die uns das Leben stellt, die Chance, die es uns gerade in diesem Augenblick bietet, aber auch das Geschenk, das es uns jetzt machen möchte – das Lächeln eines Kindes, das Vertrauen eines Freundes oder eine Erkenntnis. Auch in einer Schwierigkeit oder in einem Problem das Geschenk zu erkennen, ist eine solche Chance, denn das Schicksal will uns nur dienen und helfen. Dieser Augenblick ist aber einmalig und kommt nie mehr wieder, also nutze ich ihn ganz bewusst.

**Meine Aufgabe erkennen**

Ich bin mit einer bestimmten Absicht in dieses Leben gekommen. Dafür bin ich optimal vorbereitet und habe alle Voraussetzungen mitgebracht, die ich dazu brauche. Also nehme ich wahr, was das Leben von mir will, anstatt nur immer zu fragen, was ich vom Leben will. Ich erkenne meine Aufgabe, meinen Weg und mein Ziel, nehme sie an und erfülle sie.

**Selbstverwirklichung**

Ich erkenne mein wahres Selbst und lasse seine Vollkommenheit durch mich wirken. Ich erkenne, dass Selbstverwirklichung nicht darin besteht, zu tun, wozu ich gerade Lust habe, denn dann bin ich nur der Sklave meiner Lust, sondern ich übergebe meinem wahren Selbst die Herrschaft über mein ganzes Tun und Sein und verwirkliche so wahre Selbstbeherrschung. Ich entwickle mich, damit sich mein wahres Selbst entfalten kann, und mein Leben spiegelt mein Sein wieder.

<Ü3> Der Tod als Krönung des Lebens

Ich prüfe immer wieder einmal, ob ich auf die letzte Prüfung des Lebens wirklich vorbereitet bin, tue, was noch zu tun ist, und lasse los, woran ich noch gebunden bin – meine Familie, meinen Besitz usw. Loslassen heißt aber nur, die Bindung auflösen und mich daran erfreuen, solange es da ist. Dann werde ich frei sein. Ich gehe gelassen durchs Leben und bin bereit, in jeder Minute weiter zu gehen.

DEIN LEBENSWEG

*Niemand kennt den Weg,*
*den Du vor Dir hast.*
*Noch nie ist jemand diesen Weg gegangen,*
*und niemals wird ein anderer diesen Weg gehen,*
*denn es ist DEIN WEG:*
*Er ist so einmalig,*
*wie Du einmalig bist.*
*Ja, Du bist einmalig,*
*und Du hast einen wertvollen Beitrag*
*in Deinem Leben zu leisten*
*auf Deine ganz besondere, einmalige Art,*
*Deine „wahre Bestimmung".*
*So gehe Deinen Weg,*

*gehe ihn auf Deine einmalige Art,*
*aber versuche nicht,*
*möglichst schnell am Ziel zu sein,*
*denn es gibt kein Ziel.*
*Der Weg ist das Ziel.*
*Das Ziel ist nur das Ende des Weges*
*Und der Anfang eines neuen Weges.*
*Also genieße Deinen Weg,*
*Deinen einmaligen, wundervollen Lebensweg.*
*Lass Dich jeden Tag vom Leben beschenken,*
*und wenn Du bereit bist,*
*lass Dich vom „Inneren Meister" führen,*
*damit Du die einmalige „Melodie Deines Lebens"*
*immer reiner in Dir hörst*
*und singe,*
*denn alles findet nur Dir zur Freude statt.*
*Die Schöpfung ist für Dich da!*

(unbekannter Autor)

# Die sieben Schritte vom Positiven Denken zum positiven Leben!

**Positives Denken**
Erkennen, alles ist gut, denn alles will mir nur dienen und helfen. Achtsam und beharrlich durchs Leben gehen. Voller Vertrauen und Humor, gelassen tun, was zu tun ist. Dankbar die Wirklichkeit hinter dem Schein erkennen und in der Fülle des Seins leben.

**Positives Fühlen**
Offen und ausgeglichen die Menschen so annehmen, wie sie nun einmal sind. Vertrauensvoll und zuversichtlich zu seinen Gefühlen stehen und sich wert fühlen, in der Fülle zu leben. Das Leben nur beobachten, nicht bewerten und liebevoll das Richtige geschehen lassen.

**Positives Wollen**
Lernen und verstehen wollen. Entschuldigen und verzeihen und selbst das Richtige tun wollen. Wollen, was man soll! Hören, was das Leben will, den eigenen Willen loslassen und SEINEN Willen erfüllen wollen!

**Positives Reden**
Sich klar ausdrücken lernen und die Wortinflation stoppen. Keinen ungebetenen Rat geben und auch Schweigen lernen. Ehrlich sein in Wort und Tat und Wortgeschenke machen. Mut machen, Trost spenden und Worte nur zum Helfen, Danken und Segnen gebrauchen.

**Positives Handeln**

Überlegt, feinfühlig und nachsichtig handeln. Liebevoll, konstruktiv und hilfreich sein. Zuverlässig, rücksichtsvoll und beharrlich bleiben und unabhängig von Erwartungen der Anderen. Verantwortungs- und selbstbewusst bleiben, bei allem, was ich tue. Lernen zu geben und zu nehmen und aus der „Inneren Führung" im richtigen Augenblick das Richtige tun. Auch bewusst und mäßig das Richtige essen. Fröhlich und frei auch die Freiheit des Anderen respektieren.

**Positives Bewusstsein**

In der Erkenntnis der Wahrheit und Wirklichkeit harmonisch, selbstlos und geborgen sein. Regelmäßig in die Stille gehen und Zeit für Meditation und Gebet nehmen. Das ganze Sein auf das Höchste ausrichten, geistesgegenwärtig und sinnvoll leben.

**Positives Leben**

Die geistigen Gesetze beachten, sorglos und gelassen durchs Leben gehen, in der Erkenntnis, alles ist „gleich-gültig". Harmonische Beziehungen pflegen und sich auch an den kleinen Dingen erfreuen. Gern leben, aber auch jederzeit bereit sein, zu gehen. Solange ich aber lebe, vernünftig und vorbildlich und gesund leben. Das ganze Sein auf das Höchste ausrichten und Gott in allem und jedem erkennen und achten. Dankbar und bewusst, jeden Augenblick erfüllen.

# Die 7 Schlüssel zum Glück

**Die Bedürfnisse reduzieren**
Bescheidenheit kommt von Bescheid wissen. Das bedeutet, zu erkennen, wie wenig man braucht, um wunschlos glücklich zu sein. Denn Glück kann man weder jagen, noch besitzen. Glück ist ein Zustand der Seele, und man kann es nur in sich finden.

**Loslassen**
Jede Bindung verursacht unweigerlich Leid, und so können wir nur wirklich glücklich sein, wenn wir alle Bindungen loslassen. Auch alle Erwartungen an Andere, denn jeder Mensch hat das Recht so zu sein, wie er gerade ist. Zuletzt lasse ich alles los, was geringer ist als Gott, und erhalte Glück und Harmonie als sichere Zugabe.

**Rechtes Denken, Fühlen und Handeln**
Wir alle denken ständig, und indem wir das tun, setzen wir Ursachen. Rechten Gedanken folgen rechte Handlungen. Die Krönung des Ganzen aber ist der Glaube. Uns allen geschieht nach unserem Glauben, das ist ein geistiges Gesetz. Sorgen wir also dafür, dass wir das Richtige glauben.

**Erfülle den Augenblick**
Was wir tun, sollten wir ganz tun, denn wenn es wert ist, überhaupt getan zu werden, dann ist es auch wert, gut getan zu werden. Erkennen wir die Aufgabe, die uns das Leben in diesem Augenblick stellt, und erfüllen wir sie vollkommen. So reihen wir einen erfüllten Augenblick an den anderen zu einem erfüllten Leben.

**Liebe Deinen Nächsten**

Was Ihr dem geringsten meiner Brüder tut, habt Ihr mir getan, hat Jesus gesagt, und das ist gleichzeitig das beste, was wir für uns tun können. Mache andere glücklich, und Du wirst glücklich sein. Wir geben ohne Ansehen der Person dem, der unsere Gabe jetzt braucht, denn Gott ist der Empfänger, die Gabe und der Gebende in einem.

**Das Glück in sich selbst finden**

Nicht für unser jeweiliges ICH sollten wir das Glück suchen, sondern unser wahres Selbst verwirklichen. Glück kommt nicht als äußere Habe, sondern nur als inneres Sein. So wird aus der naiven Glücksuche und dem gelegentlichen Glückhaben ein ständiges Glücklichsein durch Harmonie mit der Schöpfung.

**Meditation und Gebet**

Dieser letzte Schlüssel ist der wichtigste, denn ohne ihn kann unser Glück nicht vollkommen sein. Zum wahren Gebet gehört das Aufgeben aller Eigenwilligkeit und die Bereitschaft, seinen Willen freudig zu erfüllen. Im Gebet spreche ich zu Gott, in der Meditation spricht Gott zu mir.

## Spielregeln für ein glückliches Miteinander

1. Nicht mit einer bestimmten Vorstellung in eine Partnerschaft gehen, sonst suche ich nur die Verwirklichung meiner Vorstellung und nicht die Wirklichkeit. Bin nicht offen, sondern suche, was nach meiner Meinung zu sein hat. Halte das für normal und alles andere für falsch.
2. Alle Erwartungen loslassen, wie der Andere zu sein hat. Den Anderen weder erziehen, noch ändern wollen. Erkennen, dass man keinen Anspruch auf den Anderen hat, auch nicht auf ein bestimmtes Verhalten. Werde selbst ein immer idealerer Partner.
3. Keine Bedingungen oder Forderungen für die Liebe stellen. Keine bestimmten Voraussetzungen verlangen (Ich liebe Dich nur, wenn ...).
4. Achtsam und achtungsvoll sein.
5. Sich nicht durchsetzen, Recht haben, gewinnen wollen. Wenn in einer Auseinandersetzung einer gewinnt, haben beide verloren.
6. Keine Rolle spielen. Echt, ehrlich, authentisch sein.
7. Sich anpassen, ohne sich aufzugeben.
8. Autonom werden. Den Anderen lieben und nicht brauchen.
9. Verständnis haben, auch ohne zu verstehen.
10. Nicht richten, sondern aufrichten und ausrichten.
11. In ständiger Kommunikation mit dem Anderen sein. Die unterschiedlichen Bedürfnisse klären und sich einigen.
12. Keine Schuldzuweisungen vornehmen (DU-Spiel), denn der Andere hat nie etwas mit meinem Problem zu tun, ist immer nur ein Spiegel für einen Mangel in mir. Das hilft mir, diesen zu erkennen und zu beseitigen.

13. Nicht „re-agieren", sondern „agieren".
14. Den Anderen nicht besitzen wollen.
15. Keine Versprechen verlangen. (Wirst Du mich auch immer lieben?)
16. Mich selbst lieben. Mir selbst mein bester Freund sein. Ich kann den Anderen nur in dem Maße lieben, wie ich mich selbst lieben kann!
17. Ziel ist ein Leben in der Liebe und damit im TAO. Wer zuerst da ist, hat gewonnen, hat sich selbst gewonnen und kann dem Anderen helfen, auch zu sich selbst zu finden.

## Schritte auf dem Weg zur wahren Liebe

Der erste Schritt auf dem Weg zur „Wahren Liebe" besteht darin, mich dem anderen bedingungslos zuzuwenden und aus dieser Zuwendung so viel Befriedigung und Glück zu erleben, dass ich nicht mehr danach frage, was ich bekomme. Bekomme ich etwas, ist es ein zusätzliches Geschenk.

Wenn ich einen Baum anschaue, dann gibt er mir auch nichts dafür, dass ich ihn betrachte und bewundere, und doch erlebe ich seine Schönheit als eigenes seelisches Wohlbefinden, als Kraft, Ruhe und als Lebensfreude. Ich will auch nichts von ihm, freue mich einfach daran, dass es ihn gibt, will ihn auch nicht anders haben, sondern liebe ihn so, wie er ist.

Will ich in der Liebe glücklich werden, muss ich zwei Dinge auflösen: Die Angst, nicht genug geliebt zu werden und das Verlangen, den anderen besitzen zu wollen. Denn wer Angst hat und besitzen will, wird letztendlich alles verlieren.

Soll meine Liebe Bestand haben, braucht sie drei Elemente:

- Bewunderung.
- Eine gemeinsame Aufgabe, die uns „begeistert".
- Verständnis, auch ohne zu verstehen.

Will ich aber der „Wahren Liebe" begegnen, muss ich zuerst meine Liebe zu Gott entdecken, dann Gott in jedem Menschen erkennen und Gott in jedem Menschen lieben. Denn die „Wahre Liebe" ist grenzenlos, und ich kann nicht den einen lieben und den anderen ausschließen von meiner Liebe. Daher ist die Liebe zu einem Partner oder zu einem Land usw. noch unvollkommen. Die „Wahre Liebe" ist also nicht meine Beziehung zu einem Gegenüber, sondern diese Liebe existiert ohne Gegenüber. Liebe ist einfach, durchdringt und erfüllt mich. Erst aus dieser tiefen inneren Durchdringung und dem Erkennen des Göttlichen in allem entsteht die „All-Liebe", die nichts mehr ausschließt und nichts mehr bevorzugt. Diese „Wahre Liebe" ist das Einschwingen in das Göttliche Einssein mit dem Einen in allem. Ein Mensch, der so liebt, liebt nicht irgend jemand, oder irgend etwas, er ist ein Liebender geworden.

Dem „idealen Partner" aber kann ich erst begegnen, wenn ich selbst ein idealer Partner geworden bin. Würde ich ihm früher begegnen, wäre die Begegnung sinnlos und schmerzvoll, weil ich ihm kein idealer Partner sein könnte. Meiner „Großen Liebe" kann ich erst begegnen, wenn ich die „Große Liebe" in mir gefunden habe. Dann brauche ich sie im Außen zwar nicht mehr, aber erst dadurch mache ich sie möglich, ziehe ich sie nach dem Resonanzgesetz an.

Der Sinn einer Partnerschaft ist der, dass mich der andere mit meinem Mangel konfrontiert, mir zeigt, wo ich noch nicht ganz „heil" bin, nicht „Ich selbst" bin. Die Auseinandersetzung mit dem anderen, bei dem ich bleibe, weil ich ihn liebe, soll mich also letztlich zu „mir selbst" führen, mir helfen, ganz ich selbst zu sein. So ist der Partner, den ich derzeit habe, der ideale Partner für mich und ich für ihn, denn er ist so viel oder so wenig ideal wie ich selbst. Gemeinsam aber sind wir auf dem Weg zu uns selbst – ob wir es wissen wollen oder nicht.

Eine „reibungslose Partnerschaft" wäre daher auch nur sinnvoll, wenn eine gemeinsame Aufgabe dies erfordert. Bis dahin konfrontieren wir uns gegenseitig immer wieder mit unserem „So-sein", bis jeder ganz „er selbst" geworden ist. Wenn ich dann ganz „ich selbst" geworden bin, dann erst bin ich der ideale Partner. Dann brauche ich nichts mehr und bekomme alles und lebe in der Fülle meines „wahren Seins“, gleichsam im Paradies.

Das große Glück finde ich nicht dadurch, dass ich viel Liebe von meinem Partner bekomme, sondern dadurch, dass ich meine eigene Fähigkeit optimiere, Liebe zu empfinden und zu verschenken. Denn was würde es mir nützen, wenn ich schön wäre, Erfolg hätte, Geld und Macht besäße, geliebt und bewundert würde? Solange ich selbst nicht liebe, bleibt meine Seele leer.

Das Ziel einer Partnerschaft ist daher nicht das liebevoll turtelnde Paar, das ohne den anderen nicht leben kann, sondern im Idealfall zwei Menschen, die miteinander und aneinander „heil" geworden sind und sich daher nicht mehr brauchen, weil jeder alle Aspekte des anderen in sich aufgenommen hat.
In dieser „Kunst zu lieben" liegt der ganze Sinn des Lebens!

## Der Weg zu sich selbst

**Vorbild**
Zuerst suche ich ein Vorbild, das ich verehre; dessen Eigenschaften ich zu erkennen, zu begreifen suche.

**Imitation**
Nachdem ich mein Vorbild erkannt habe, beginne ich es zu imitieren, zu kopieren und nachzuahmen.

**Identifikation**
Durch das Imitieren meines Vorbildes nähere ich mich ihm immer mehr, werde ihm immer ähnlicher. Indem ich mich mit ihm identifizieren kann, bis ich gleich geworden bin.

**Über das Vorbild hinauswachsen**
Während der Identifikation erkenne ich, dass nicht alle Teile meines Vorbildes mir Vorbild sein können. Daraus erkenne ich, welche Teile anders sein sollten, und erkenne auch, wie sie sein sollen. So optimiere ich allmählich mein Vorbild in mir.

**Zu sich SELBST finden**
Allmählich erkenne ich, dass nicht alles Gute in meinem Vorbild mir entspricht, dass es zwar gut ist, aber mit meinem wahren Sein nicht übereinstimmt. So ändere ich mich weiter und werde mehr und mehr der, der ich wirklich bin.

**Zu Gott finden**
Indem ich immer mehr ich selbst geworden bin, erkenne ich immer klarer auch, wie ich gemeint bin, wie ich eigentlich sein sollte und ich verwirkliche immer mehr die Vollkommenheit meines „Wahren Selbst", also Gott, der immer vollkommener in mir und durch mich wirkt.

WEIL DU EINMALIG BIST!

*Niemand hat Deine Fingerabdrücke und*
*niemand hat Deine Stimme.*
*Niemand hat Deine Geschichte und*
*Niemand sagt „ich liebe Dich" wie Du.*
*Niemand glaubt an Gott, wie Du und*
*Niemand denkt ans Sterben so wie Du.*
*Niemand träumt wie Du und*
*Niemand verwirklicht Träume wie Du.*
*Niemand sieht die Welt mit Deinen Augen.*
*Niemand ist wie Du in Deinem Land,*
*auf Deinem Kontinent, in Deiner Galaxie.*
*Denn Niemand ist wie Du,*
*weil Du einmalig bist!*
*Du meintest Dich zu kennen,*
*doch dann bricht Neues in Dir auf,*
*Du machst Dich auf zu neuen Ufern,*
*und das Alte fällt von Dir.*
*Viele fürchten und verspotten Dich.*
*Du paßt nicht mehr, bist unbequem,*
*für ihren Schleier, der vor Täuschung stinkt.*
*Doch Du bist gelassen, nur Dir treu*
*und liebst Dich selbst wie je zuvor.*
*Du liebst Dich und Du glaubst an Dich,*
*weil Du einmalig bist!*
*Den Weg der vor Dir liegt*
*kennt keiner und*
*niemand ist ihn je gegangen.*
*Dein Leben ist ein Abenteuer*
*in ein fremdes, unbekanntes Land.*
*Niemand wird Dir jemals folgen*
*und niemand wird Dich je versteh'n.*

*Das ist der Lohn und auch der Preis.*
*Weil Du einmalig bist!*
*Bleib bei uns wie Du bist,*
*wir brauchen Dich, denn*
*wenn Du fehlst, entsteht ein Loch.*
*Wir brauchen Dich. Wir lieben Dich,*
*so wie Du bist,*
*weil Du einmalig bist!*

(Ulrich Schaffer)